2015年江苏省实验教学与实践教育中心建设专项经费支持

知识产权案件审判模拟

聂 鑫◎主 编

尚苏影 谢 喆 王 瑶 沈 菁◎副主编

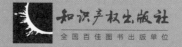

知识产权出版社

全国百佳图书出版单位

图书在版编目（CIP）数据

知识产权案件审判模拟／聂鑫主编.—北京：知识产权出版社，
2017.12
ISBN 978-7-5130-5101-9

Ⅰ.①知… Ⅱ.①聂… Ⅲ.①知识产权法—审判—案例—中国
Ⅳ.①D923.405

中国版本图书馆 CIP 数据核字（2017）第 214596 号

责任编辑：刘　睿　邓　莹　　　　　　　责任校对：潘凤越

文字编辑：邓　莹　　　　　　　　　　　责任出版：刘译文

南京理工大学知识产权创新实践教育中心系列教材

知识产权案件审判模拟

Zhishichanquan Anjian Shenpan Moni

南京理工大学知识产权学院　组织编写

聂　鑫　主编　　尚苏影　谢　喆　王　瑶　沈　菁　副主编

出版发行：	知识产权出版社 有限责任公司	网　　址：	http：//www.ipph.cn
社　　址：	北京市海淀区气象路 50 号院	邮　　编：	100081
责编电话：	010-82000860 转 8113	责编邮箱：	liurui@cnipr.com
发行电话：	010-82000860 转 8101/8102	发行传真：	010-82000893/82005070/82000270
印　　刷：	保定市中画美凯印刷有限公司	经　　销：	各大网上书店、新华书店及相关专业书店
开　　本：	720mm×960mm　1/16	印　　张：	20.25
版　　次：	2017 年 12 月第 1 版	印　　次：	2017 年 12 月第 1 次印刷
字　　数：	295 千字	定　　价：	60.00 元
ISBN 978-7-5130-5101-9			

编委会

总　序

当前，我国正在深入推进知识产权强国建设，知识产权人才作为建设知识产权强国最基本、最核心、最关键的要素日益受到高度重视。近年来，我国相继发布《深入实施国家知识产权战略行动计划（2014~2020年）》《关于新形势下加快知识产权强国建设的若干意见》《国家创新驱动发展战略纲要》《"十三五"国家知识产权保护和运用规划》《知识产权人才"十三五"规划》等重要政策文件，对我国知识产权人才培养提出了新的要求。

知识产权作为一门独立的学科，有自己独特的研究对象，有自己特有的基本范畴、理念、原理、命题等所构成的知识体系；知识产权作为一种特定的专业，有自己特殊的人才培养目标，也有自己特定的人才培养规格。结合知识产权的学科特点，知识产权人才培养应当符合以下三个基本定位：

第一，知识产权人才应当是复合型人才。知识产权归属于法学，但与管理学、经济学、技术科学等有着交叉和融合，因此知识产权人才应当具备多学科的知识背景。他们除了掌握法学的基础知识外，还应当能够理解文、理、工、医、管等学科的基本原理和前沿、动态，成为懂法律、懂科技、懂经济、懂管理的复合型人才。第二，知识产权人才应当以应用型人才为主。知识产权是一门实践性极强的学科，无论是知识产权的确权与保护，还是知识产权的管理与运营，都是实践性工作。立法、司法机关、行政管理部门、公司企业、中介服务机构等实务部门对知识产权人才有着广泛的需求。第三，知识产权人才应当是高端型人才。知识产权跨学科的特点，意味着单一的本科学历根本无法实现知识产权专业的目标要求，要使知识产权人才有较高的起点、较广博的知识，双学士、硕士、博士、博士后等高学历人才应当成为今后知识产权人才培养的主流。

知识产权人才培养是我国高校中最年轻、最有生命力的事业。但从总体上看，由于当前高校知识产权人才培养在复合型师资、培养方案、课程设置、实验条件等方面存在诸多困难与问题，从而导致我国知识产权人才数量和能力素质与上述目标定位还存在一定差距，特别是高层次和实务型知识产权人才严重缺乏。因此，要以知识产权人才培养定位为目标，提升知识产权人才培养的软硬件条件，实现知识产权人才培养工作的科学化、体系化和制度化，为知识产权强国建设提供坚实的智力支撑。

值得欣慰的是，围绕上述培养目标，我国很多高校已经开始积极探索知识产权人才培养的新途径。例如，南京理工大学知识产权学院，借助工信部、国家知识产权局以及江苏省政府三方共建的契机，在国内率先成立独立建制的知识产权学院，建立起"3+1+2"知识产权本科实验专业、法律硕士（知识产权）专业、知识产权管理硕士点、知识产权管理博士点，并建立了省级知识产权创新实践教学中心。

本套系列教材正是基于上述背景由南京理工大学知识产权创新实践教育中心组织编写的。该系列教材共六本，分别为《知识产权案件审判模拟》《知识产权国际保护》《知识产权代理实务》《专利文件撰写》《专利检索与分析精要》和《企业知识产权管理理论与实践》。从学科背景上看，该系列教材涵盖法学、管理学、经济学、情报学、技术科学等不同学科知识，符合"知识产权人才应当是复合型人才"的要求；从课程设置上看，该系列教材更加注重知识产权诉讼、专利文书撰写、专利检索分析等知识产权实务技能的培养，符合"知识产权人才应当以应用型人才为主"的要求；从适用对象上看，该系列教材既可作为高校知识产权专业本科生和研究生的课程教学教材，也可作为企事业单位知识产权高级法务人员和管理人员的参考教材，符合"知识产权人才应当是高端型人才"的要求。衷心希望通过该套教材的出版发行，总结出我国复合型、应用型、高端型知识产权人才培养的先进经验，以期为加快知识产权强国建设贡献力量。

　　是为序。

中南财经政法大学文澜资深教授、博士生导师

2017 年 6 月

目　　录

第一章　知识产权案件审判模拟概述

【导读】

本章内容涉及知识产权案件审判模拟概述，分五节阐述。第一节概括介绍知识产权案件审判模拟的概念和特点。明确知识产权诉讼虽然不是一种单独的诉讼类型，但是和一般诉讼相比，它有着自身的特点，这些特点决定了知识产权诉讼从审理要求到审理技巧都会和一般诉讼有所区别。第二节介绍知识产权案件审判模拟在知识产权教学中的地位和作用，以明确该课程设置在整个知识产权教学体系中的重要性。诉讼是一个收集、审查判断和运用证据认识案件事实的过程，举证、质证和认证是在诉讼过程中围绕证据展开的各个环节。鉴于此，第三节主要介绍知识产权案件审判模拟中的举证、质证和认证。第四节和第五节主要就知识产权案件审判模拟的组织实施和教学评估两方面进行介绍，为教师组织实施知识产权案件审判模拟，学生参与知识产权案件审判模拟提供参考和指导。本章教学重点为知识产权案件审判模拟的组织实施和教学评估。

第一节　知识产权案件审判模拟的概念和特点

一、知识产权案件审判模拟的概念

近年来，知识产权案件继续呈现出新类型案件多，审理难度大，社会关注度高的特点。据最高人民法院《中国法院知识产权司法保护状况（2014 年）》统计：2014 年，全国地方人民法院共新收和审结知识产权民事一审案件 95 522 件和 94 501 件。其中，新收专利案件 9 648 件；商标案件 21 362 件；著作权案件 59 493 件；技术合同案件 1 071 件；不正当竞争案件 1 422 件（其中垄断民事案件 86 件）；其他知识产权案件 2 526 件。全年共审结涉外知识产权民事一审案件 1 716 件；审结涉港澳台知识产权民事一审案件 426 件。全国地方人民法院共新收和审结知识产权民事二审案件 13 760 件和 13 708 件；共新收和审结知识产权民事再审案件 80 件和 94 件（含旧存）。最高人民法院新收和审结知识产权民事案件 336 件和 339 件（含旧存）。❶ 而且，在互联网产业、物理化学、计算机软件、集成电路布图设计、植物新品种等领域产生了许多疑难复杂案件。知识产权案件数量的不断增加以及审判要求的不断提高对知识产权专业人才提出了更高的要求。高校知识产权人才培养的目标就是通过理论化、系统化的专门教育培养符合社会需求的复合型知识产权专业人才。尤其在本科教育阶段，高校知识产权人才培养的目标更应定位为应用型知识产权人才的培养。知识产权案件审判模拟这种集理论教学和实践能力培养于一身的教学活动，一方面可以提高学生的参与感，另一方面可以帮助学生在实践的过程中回顾和检验理论知识的学习，随着知识产权人才培养目标定位的清晰化，知识产权案件审判模拟教学必然成为知识产权本科教学活动中必不可少的重要环节。

知识产权案件审判模拟是知识产权教学体系中的一种理论与实践相结合的不可或缺的教学模式，是指在知识产权教学过程中，在教师的指导下分析和理解具有代表性的知识产权案件，并由不同的学生扮演法官、公诉人、当事人、诉讼代理人以及其他诉讼参与人等不同诉讼角色，按照严格的法定程序在虚拟的法庭中对真实或者虚拟的知识产权刑事案件、知识产权民事案件和知识产权行政案件进行模拟审判演练的一种教学活动。

---

❶ 最高人民法院. 中国法院知识产权司法保护状况（2014）［M］. 北京：人民法院出版社，2015.

二、知识产权案件审判模拟的特点

知识产权案件审判模拟是知识产权专业进行实践性教学的需要，这一重要的实践教学环节具有不同于其他教学环节的一些特点，具体表现在以下几个方面。

（一）教学方式的实践性

知识产权案件审判模拟是知识产权教学方式理论与实践的结合，是学生在教师的指导下，将所学实体法和程序法的理论知识运用到具体知识产权案件的审理活动之中，其实践性特点非常突出。知识产权案件审判模拟的进行需要由学生自己进行实际操作和演练，学生在知识产权案件审判模拟的过程中分别扮演不同诉讼角色，按照实体法和程序法的相关规定和要求实际演示法庭审理的全过程。在知识产权模拟审判中，一方面，学生需要在教师的指导下选择案例，编写与知识产权模拟审判有关的剧本；另一方面，学生还需要按照角色要求撰写相关诉讼法律文书，进行法庭诉讼活动。可以有效地在实践中锻炼学生的实际操作能力，提高学生分析问题和解决问题的能力。

（二）知识产权诉讼案件的差异性

知识产权案件审判模拟的对象是知识产权诉讼案件。知识产权诉讼案件是指人民法院审理的涉及知识产权的各种诉讼案件的总称，包括知识产权民事诉讼案件、知识产权刑事诉讼案件和知识产权行政诉讼案件。所以，知识产权诉讼并不是一种单独的诉讼类型，仍是民事诉讼、行政诉讼及刑事诉讼的总和，在审理程序上和一般的民事诉讼、行政诉讼及刑事诉讼案件相比并无二致。但是，知识产权诉讼案件和一般诉讼案件相比，具有技术类案件比例高、案件社会影响大，关注度高、涉外案件多等特点，这些特点决定了知识产权诉讼案件从审理要求到审理技巧都会和一般诉讼案件有所区别。

（三）诉讼角色的虚拟性

参与知识产权案件审判模拟中的各种诉讼角色，都是在教师的指导和分配下由学生进行扮演的。在知识产权刑事审判模拟中，被害人、附带民事诉讼的当事人、合议庭组成成员、公诉人、书记员、辩护人、代理人、证人、鉴定人以及被告人、法警等都是由学生自己扮演。在知识产权民事审判模拟和行政审判模拟中，原告及其诉讼代理人、被告及其诉讼代理人、合议庭成员、书记员、证人、鉴定人、法警等诉讼角色，也均由学生扮演。这就是说，在知识产权案件审判模拟中，无论是知识产权民事诉讼、刑事诉讼还是行政诉讼，诉讼角色都是虚拟的，在法庭上担任各种角色的学生，并不是真实的诉讼主体，而是由学生模拟扮演的虚拟主体。

（四）庭审过程的演示性

知识产权案件审判模拟中诉讼角色的虚拟性决定了知识产权案件审判模拟庭审过程的演示性。由于知识产权案件审判模拟的诉讼角色都是由学生扮演的，因此，从一开始，知识产权案件审判模拟就带有强烈的演示性质。在模拟的庭审过程中，担任各种不同诉讼角色的学生，都需要按照实体法和程序法的要求演示自己在该知识产权案件中所担任的诉讼角色，由他们共同完成整个知识产权审判的演示任务。在知识产权案件审判模拟这场演示活动中，担任各种不同诉讼角色的学生是演员，指导教师和旁听学生以及其他人员都是观众，由他们观看整个演示活动，在演示结束后对演示的过程进行讨论和评价。

（五）场景布置的模仿性

知识产权案件审判模拟的场景布置要求全面模仿人民法院审理案件真实的法庭，从室内的环境布置到参与人员的座位设置和衣着打扮都应与人民法院法庭保持一致。不仅如此，有些学校的模拟法庭设备，比起人民法院法庭的设备甚至还要更为先进和齐全。在模拟法庭，无论是合议庭背后墙上的国徽、审判区内的审判台，还是双方当事人的席位、刑事被告人以及旁听席位，都应当与真正的法庭没有区别。令学生们感觉到走进模拟法庭就像走进了真正的法庭一样，如此，一方面能够令参与的学生们在模拟法庭当中充分感受到法庭的庄严，另一方面也可以让学生们对真实的法庭更为熟悉。法庭场景的高度模仿性是模拟法庭必须具备的特点，如果不能全面模仿真实的法庭，模拟法庭也就难以达到模拟审判教学的目的。

【思考与练习】

1. 知识产权诉讼案件和一般诉讼案件相比，有何特点？

2. 知识产权案件审判模拟这一重要的实践教学环节有何特点？

第二节　知识产权案件审判模拟在知识产权教学中的地位和作用

一、知识产权案件审判模拟在知识产权教学中的地位

在知识产权教学中，知识产权案件审判模拟究竟应当处于一种什么样的地位？或者说在知识产权教学体系课程设置中，知识产权案件审判模拟应该处于一种什么样的地位？我们认为，在知识产权教学中，知识产权案件审判模拟具有十分重要的地位。知识产权教学是为知识产权人才的培养服务的，目前，社会上惯于将从事与知识产权相关的研究或者法律实务的专门人才合称为知识产权人才，具体来说包括了知识产权行政管理、执法司法人员、企事业单位中从事知识产权管理工作的人员、知识产权教学和研究人员等其他从事知识产权工作的专门人才。知识产权人才大体可划分为四个类型：教研型人才、管理型人才、执法司法人才和服务型人才。[1]

从就业方向来看，知识产权教研型人才主要从事知识产权教学研究的工作；知识产权管理型人才主要在各级政府机关、企业事业单位以及其他机构承担知识产权管理工作；知识产权执法司法人才主要在各级人民法院、检察院、公安机关从事知识产权审判、控诉和侦查的工作；知识产权行政执法工作；知识产权服务型人才主要在知识产权中介机构、律师事务所从事知识产权实务工作。

不同类型的知识产权人才有着不同的培养要求，高校进行知识产权人才培养的过程是不断探索的过程，探索更契合人才培养目标的教学方法，

---

[1]　吴汉东. 知识产权年刊（2006 年）[M]. 北京：北京大学出版社，2006：12.

探索更符合不同类型知识产权人才工作需求和期待的教学内容。在知识产权课程教学体系中，知识产权案件审判模拟的教学对以上四类知识产权人才都非常重要，知识产权教研型人才需要通过对现有程序的合理性进行思考，探求更先进更本土化的制度建设；知识产权管理型人才通过对现有程序的了解，提高管理的效能；知识产权执法司法人才和知识产权服务型人才更是在工作中直接运用相关程序。因此，在知识产权人才培养的课程体系中设置知识产权案件审判模拟这门课程是具有合理性的。

就以上四类知识产权人才的培养目标来看，学生是否能够做到理论与实践相结合是一个重要的考量标准。开设实践性课程，是知识产权人才培养教学改革的重要内容，知识产权案件审判模拟课程是知识产权人才培养课程体系中的核心实践课程，对提高学生的实际操作能力，将理论运用于实践有着举足轻重的作用。

知识产权专业课程分为必修课和选修课两大类，必修课是每一个学生都必须修学分的课程，选修课是由学生根据兴趣爱好自己选择修学分的课程。从南京理工大学知识产权的人才培养方案来看，知识产权案件审判模拟被列为集中实践教学课程，是知识产权第二学士学位和知识产权双学位学生的必选课程。该门课程设置为 1 个学分，16 个课时。成为必修课的知识产权案件审判模拟，一方面，可以引起学生和教师的高度重视，通过课程的学习，培养学生的实际操作能力；另一方面，学生和教师的高度重视不仅有利于这门课程的硬件建设，如模拟法庭教室的建设、模拟法庭设备的配置等，而且有利于这门课程的软件建设，如师资力量的培养、教学大纲、教材和案例库的建设等。

二、知识产权案件审判模拟在知识产权教学中的作用

随着我国知识产权事业的飞速发展，社会对知识产权的复合型人才的需求急剧上升，知识产权人才的培养模式成为了各高校积极思考和探索的问题。在培养目标中应当将培养有能力从事知识产权工作的人才作为一个重要方面；在培养要求中应当强化学习知识产权方面的相关知识和技能的

重要性；在课程设置中应当开设较多的知识产权方面的相应课程；在各集中实践性教学环节应当专门安排一些训练学生从事知识产权相关工作能力的内容，甚至还需要安排一些专门的知识产权实践课程。❶ 在知识产权教学的课程体系中，知识产权案件审判模拟就是一门实践性特别强的课程，它在整个知识产权人才培养体系中起到了多方面的积极作用。具体来说，表现在下列几个方面。

（一）实现理论教学与实践教学的结合

传统的知识产权教学，更多地沿用了传统法学的教学方法和教学模式：以教师讲和学生听为主，由教师在课堂上讲授书本知识，由学生在课堂上听教师讲授，做课堂笔记。这种模式基本上是由教师直接向学生灌输某一法律领域的基本原理和知识。在这种模式中，教师处于主动地位，学生处于被动地位，既不利于发挥学生的主观能动性，也不利于将所学的知识正确运用到实践活动之中。而知识产权案件审判模拟课程，不仅需要学生掌握与知识产权案件审判模拟案件有关的实体法和程序法的基本知识，而且需要学生具有实际操作能力以及驾驭法庭审判的能力和技巧。学生们无论在知识产权案件审判模拟中担任什么诉讼角色，都必须将理论与实践有机地结合起来，否则就无法完成知识产权案件审判模拟中自己所担任角色的任务。任何一个在知识产权案件审判模拟中担任角色的学生，都希望自己在知识产权案件审判模拟过程中的表现得到老师和同学们的认可和积极评价，这就会促使他们主动运用所学的实体法知识认真分析案情，并严格按照程序法的规定和要求作好开庭的充分准备，以便在知识产权案件审判模拟中突出自己的能力和技巧。对于没有直接担任诉讼角色的学生而言，他们同样必须参加知识产权案件审判模拟活动，通过参加案情讨论、旁听、总结等活动将自己所学的理论知识与知识产权案件审判模拟实践结合起来。可以认为，知识产权案件审判模拟是将知识产权理论教学与实践教学有机

---

❶ 钱建平. 基于特色专业建设的知识产权人才培养路径选择 [J]. 江苏高教：2013，（2）：94.

结合起来的最好方式之一。

（二）锻炼学生的组织协调能力、收集资料能力以及分析问题和解决问题的能力

知识产权案件审判模拟课程是对学生能力的一种全方位的锻炼，首先，锻炼的是他们的组织协调能力，一般来说，知识产权案件审判模拟因选取的案件不同，诉讼角色的多少也就不同，因此并不是每一个同学都能在知识产权案件审判模拟中担任主要的诉讼角色。而且，知识产权案件审判模拟的组织实施，需要进行大量的组织工作，只有组织得当，才能进行成功的演出。这就必然要考验到学生的组织协调能力，特别是分组后每组组长的组织协调能力。其次，知识产权案件审判模拟可以锻炼学生收集资料的能力，为了锻炼学生，知识产权案件审判模拟实施过程中，资料的收集整理、司法文书的写作等都要求由学生自己完成。这就可以锻炼他们通过各种途径收集、整理和利用资料的能力。最后，知识产权案件审判模拟还可以全面锻炼学生分析问题和解决问题的能力。因为无论知识产权案件审判模拟的是真实发生的知识产权案件还是经过学生自主改编后的虚拟的知识产权案件，参与表演的学生都必须运用相关的实体法知识分析案情，运用相关的程序法知识进行知识产权案件审判模拟。这个过程就能使学生分析知识产权案件中存在问题的能力得到很大程度的提高，而且在分析案中问题后，知识产权案件审判模拟还必须对案件作出相应判决使案件得到合理解决，从而锻炼了他们解决知识产权纠纷问题的能力。

（三）培养学生的法律职业道德

法律职业道德对于一个从事法律工作的法律人来说是十分重要的。"只有法律知识，断不能算作法律人才；一定要于法律学问之外，再备有高尚的法律道德。"❶尤其是对知识产权执法司法人才和知识产权服务型人才来说，"一定要有法律的道德，才有资格来执行法律"。❷因此，在知识产

---

❶ 孙晓楼等. 法律教育 ［M］. 北京：中国政法大学出版社，1997：2.

❷ 孙晓楼等. 法律教育 ［M］. 北京：中国政法大学出版社，1997：13.

权教学中，除了要求学生掌握基本的知识产权相关法律知识之外，更为重要的是要培养学生的公正理念、法治信仰和法律精神，使他们成为一个真正的拥有法律理想和法律人格的法律人。而法律职业素质的培养，一方面需要教师的传授和指导，另一方面也需要学生对法律实践的真实体验。在知识产权案件审判模拟教学中，学生通过自己担任知识产权案件审判模拟中的各种角色，亲身体验知识产权案件的审理过程，能有效塑造自己的角色意识。通过不同角色的扮演，使学生亲身体验到了法律职业中不同角色的道德要求，有利于其道德认知的内化，即法律职业道德情感和态度的养成。❶

（四）促进教师的教学水平和教学能力的提高

知识产权案件审判模拟的教学，不仅对学生具有重要的意义，对教师也同样具有重要的意义。知识产权案件审判模拟课程的讲授，不仅是讲授与知识产权审判有关的理论知识，更重要的是要全面指导学生审判模拟的各个环节。这就要求指导教师具有较高的教学水平和较强的教学能力。因为知识产权案件审判模拟课程既有课堂讲授，又有实践指导。而且课堂讲授不仅要讲授知识产权案件审判模拟的基本知识和基本原理，更要讲授各类知识产权案件审判的操作规程，这就要求教师具有比较丰富的实践经验。同时，实践指导要求教师能够全程指导知识产权模拟审判的全过程，这就要求教师熟悉各类知识产权案件的具体审理过程，能够完整地指导各类知识产权案件的模拟审判活动。显然，这也就给教师提出了许多新的要求，这些要求必然促使教师努力提高自己的教学水平和教学能力。

【思考与练习】

1. 知识产权案件审判模拟在知识产权教学中有何作用？

2. 知识产权案件审判模拟课程着重培养学生哪方面的能力？

---

❶ 房文翠. 法学教育价值研究——简论我国法学教育改革的走向 ［M］. 北京：北京大学出版社，2005：115.

第三节　知识产权案件审判模拟中的举证、质证和认证

证据是诉讼的核心问题，诉讼从本质上来看就是一个收集证据、审查判断证据、运用证据认识案件事实的过程，即证明过程。举证、质证和认证就是在诉讼过程中围绕证据展开的各个环节。举证是客观事实再现的过程，质证是对客观事实审验、质疑、辩驳的过程，认证是对客观事实固定的过程，三者共同的指向都是客观事实。在知识产权案件审判模拟教学过程中应该尽可能按照法定程序进行举证、质证和认证。因此，了解民事诉讼程序、刑事诉讼程序和行政诉讼程序中举证、质证和认证的具体程序，掌握三个环节之间的关系是保证知识产权案件审判模拟顺利进行的前提。

一、举证、质证和认证的内涵及关系

举证，就是拿出、出示证据，或者说拿出证据来证明某种事实、行为，是诉讼过程中的重要环节。举证是法律关系发生、发展、变更终止及其导致发生争议的事实在诉讼中的一种再现。根据在诉讼活动中用以证明案件事实证据的规律，举证所用证据一般应具有以下特征，才能作为有效的定案证据，起到证明案件事实的作用。第一，证据的客观性。证据本身是一种客观存在，这种客观存在是可以被人认识和感知的。如物证、书证、证人证言、鉴定结论、视听资料等。若不能在现有条件下被人们认识和感知，它就不能作为定案证据用以证明案情。因此，诉讼证据必须是能证明案件真实情况的、不依赖于主观意识而存在的客观事实。这一客观事实只能发生在诉讼主体进行的活动中，发生在诉讼法律关系形成、变更或消灭的过程中，是当时作用于他人感官而被看到、听到或感受到的、留在人的记忆中的，或者作用于周围的环境、物品引起物件的变化而留下的痕迹物品，也可能由文字或者某种符号记载下来，甚至成为视听资料等。客观性是诉讼证据的最基本的特征。第二，证据的关联性。作为证据的事实不仅应该

是一种客观存在，而且它必须是与案件的待证事实具有逻辑上的联系，从而才能够进一步说明案件事实。正因为如此，它才能以其自身的存在单独或与其他事实一起证明待证事实的存在或不存在。如果作为证据的事实与要证明的事实没有联系，即使它是真实的，也不能作为证明争议事实的证据。第三，证据的合法性。证据的合法性是指证据必须由当事人按照法定程序提供，或由法定机关、法定人员按照法定的程序调查、收集和审查。也就是说，诉讼证据不论是当事人提供的还是人民法院主动调查收集的，都要符合法律规定的程序，不按照法定程序提供、调查收集的证据不能作为认定案件事实的根据。另外，证据的合法性还包括证据必须具备法律规定的形式。对某些法律行为的成立，法律规定了特定的形式，不具备法律所要求的形式，该项法律行为就不能成立。

我国民事诉讼法中，证据的合法性表现为：作为定案依据的证据必须具有合法性的来源，合法的形式，由合法的主体通过合法的途径方法收集，并经依法查证、核实与判断。《民事诉讼法》第63条第2款规定："证据必须查证属实，才能作为认定事实的依据。"第64条第3款规定："人民法院应当按照法定程序，全面、客观地审查核实证据。"这些都是关于证据取得和使用合法性要件的规定。我国行政诉讼法中，关于证据的合法性规定与民事诉讼中的规定相同。《最高人民法院关于行政诉讼证据若干问题规定》第55条规定："法庭应当根据案件的具体情况，从以下方面审查证据的合法性：（一）证据是否符合法定形式；（二）证据的取得是否符合法律、法规、司法解释和规章的要求；（三）是否有影响证据效力的其他违法情形。"第58条规定："以违反法律禁止性规定或者侵犯他人合法权益的方法取得的证据，不能作为认定案件事实的依据。"我国刑事诉讼法中，《刑事诉讼法》第61条规定："严禁以非法的方法收集证据。凡经查证确实属于采用刑讯逼供或者威胁、引诱、欺骗等非法的方法取得的证人证言、被害人陈述、被告人供述，不能作为定案的根据。"

由此可见，证据的合法性要求证据必须是法定人员依照法律规定的程序和方法收集的，证据必须具备合法的形式，同时证据还必须有合法的来源。

质证,是指当事人、诉讼代理人及第三人在法庭的主持下,采用询问、辨认、质疑、辩驳等核实方式对当事人及第三人提出的证据就其真实性、合法性、关联性以及证明力的有无、大小予以说明和质辩的活动或过程。《最高人民法院关于民事诉讼证据的若干规定》第47条规定:"证据应当在法庭上出示,由当事人质证。未经质证的证据,不能作为认定案件事实的依据。"

质证是以举证为前提和基础,是指当事人之间,就对方所举证据的真伪来证明待证事实的是与非,进行相互的辩论。而且,未经法庭调查质证的证据,最后不能作为定案证据。因此,不论是当事人所举之证,还是由法院调取之证,都必须在法庭上由双方当事人进行相互质证和辩论。所谓"真理越辩越明",质证既是法庭调查核实证据的一种方式,也是当事人的一种重要的诉讼权利。

因此,掌握庭审质证规则,通过质证结果确认证据的效力在整个知识产权案件审判模拟中显得尤为重要,在知识产权案件审判模拟的进行过程当中,审判人员需要把握当事人的当庭质证规则和进行顺序。质证过程有时简单且无异议,有时会复杂到与其他证据具有关联性,并可能引出新的证据。质证内容较为简单时进行一轮就会结束,质证内容较为复杂时可能要进行二至三轮。

进行质证、辩证的目的是更为准确地认证,也是为认定案件的某一待证事实进行的辩论。因此,在知识产权案件审判模拟的庭审过程中应当认真地听取双方的质证意见,不可随意地压制当事人的质证和辩证。首先需要对证据进行互相审验。双方当事人对在法庭上举出的,法院调取的各种证据应互相进行审查和检验,审查其客观性、关联性和合法性。其次需要对证据进行互相质疑。双方在审查对方证据材料时发现的疑点,可以互相进行质询;接着是对证据进行互相辩驳。对出现在法庭上的各种证据材料证明的事实和效力互相进行辩论和反驳;最后是对证据进行互相认可。双方当事人对经过前阶段审验、质疑,辩驳后的证据材料,进行互相认可,当庭作出承认或否认该证据的明确态度。

举证是质证的前提和基础，质证是为了证明举证证据的可采性和证明力，使法院可以正确认定证据的效力。未经质证的证据，不能作为认定案件事实的依据，而最后法官对证据是否认证，则取决于质证的质量与结果，因此在知识产权案件审判模拟过程中需要对质证环节引起足够的重视。如一方在知识产权案件审判模拟中的法庭辩论环节引用未经质证的证据作为辩论基础时，相对方只要提出异议，法官就应该立即要求其制止。

每一轮次的质证，如果质证方否认或有所怀疑的，都应该要求质证方运用相关的法律规范，逻辑推理或事实证据来对抗对方所举证据，达到说明其无效或值得质疑的程度，该轮质证才算结束。双方当事人对证据材料逐一质证后，如果因为一方或双方当事人提出新的证人不能到庭或新的证据不能当庭举出影响案件事实的，可以在其他问题查清后，宣布休庭延期审理，确定举证期限，再继续开庭进行举证、质证。时限如一方对另一方证据材料表示承认，确认或默认的，经过当庭质证的证据材料则会具有证明效力。所以质证是举证和认证的关键环节。

认证是对当事人所举证据经过双方质证后，对该证据是否具备能证明案情效力，即有效还是无效所作出的认定。认证必须对证据从合法性、关联性、真实性的角度进行综合考察，同时应向当事人明确证据有效还是无效，以及是否予以采纳。

认证是庭审程序中不可缺少的必经程序，案件的事实是否清楚是通过认证确认的。所以，认证既是举证和质证的活动的延续性步骤，更是正确处理案件的基础和保障。只有经过认证程序，前面的举证和质证程序才会具有法律意义。认证是处理案件的前提和基础，案件事实通过了完整的举证质证和认证程序，事实清楚才能依法作出公正的裁决，证据认定正确，裁决才不会出现错误，如果认证错误，势必导致对案件处理的错误。

举证是质证与认证的前提和基础，质证则是举证和认证的核心，认证是举证和质证的结果。三者相互联系，相互作用，但共同的指向是案件的客观事实，只有举证、质证和认证三个环节运用准确，才能保证案件最后裁决的准确性。

二、知识产权案件审判模拟中的举证

(一) 举证责任的设置

如前所述，知识产权诉讼并不是一种单独的诉讼类型，仍是民事诉讼、行政诉讼及刑事诉讼的总和。所以，知识产权诉讼的举证责任和一般的民事诉讼、行政诉讼及刑事诉讼案件是一致的。在三大诉讼制度中，每个诉讼制度对举证责任都作出了明确的规定。第一，民事诉讼的证明责任。我国《民事诉讼法》第64条规定："当事人对自己提出的主张，有责任提供证据。当事人及其诉讼代理人因客观原因不能自行收集的证据，或者人民法院认为审理案件需要的证据，人民法院应当调查收集。人民法院应当按照法定程序全面地、客观地审查核实证据。"可见我国民事诉讼法将"谁主张，谁举证"作为举证责任分配的原则标准。《最高人民法院关于民事诉讼证据的若干规定》第2条规定："当事人对自己提出的诉讼请求所依据的事实或者反驳对方诉讼请求所依据的事实有责任提供证据加以证明。没有证据或者证据不足以证明当事人的事实主张的，由负有举证责任的当事人承担不利后果。"第二，刑事诉讼的证明责任。我国《刑事诉讼法》第49条规定："公诉案件中被告人有罪的举证责任由人民检察院承担，自诉案件中被告人有罪的举证责任由自诉人承担。"第50条规定："审判人员、检察人员、侦查人员必须依照法定程序，收集能够证实犯罪嫌疑人、被告人有罪或者无罪、犯罪情节轻重的各种证据。严禁刑讯逼供和以威胁、引诱、欺骗以及其他非法方法收集证据，不得强迫任何人证实自己有罪。必须保证一切与案件有关或者了解案情的公民，有客观地充分地提供证据的条件，除特殊情况外，可以吸收他们协助调查。"这些规定均表明在公诉刑事案件中，举证责任分配的规则是由公诉方承担举证责任，被告方不承担任何的举证责任。在审判过程中，公诉方需要向法庭提供充分的证据来证明其所指控被告方的犯罪事实成立，而且其证明程度要达到法定的标准，即形成了完整的排除合理怀疑的证据链。由公诉方提供证据证明被告方有罪，而被告方没有义务向法庭证明自己无罪。也就是说，被告方可以不向法庭提供任何证据，仅对公诉方提出的证据加以质疑，就被认为是完成了辩护的任务。被告方甚至可以不作任何辩护，法庭也不能因此作出对被告方不利的判决。公诉方如果不能提供或者所提证据不足以说服审判者，就要承担败诉的不利后果。第三，行政诉讼的证明责任。《中华人民共和国行政诉讼法》第34条规定："被告对作出的行政行为负有举证责任，应当提供作出该行政行为的证据和所依据的规范性文件。被告不提供或者无正当理由逾期提供证据，视为没有相应证据。但是，被诉行政行为涉及第三人合法权益，第三人提供证据的除外。"从立法上明确了作为被告的行政机关应当举出证据证明自己行政行为的合法性。行政诉讼是处理解决行政纠纷案件的法律制度，行政诉讼中的举证责任有如下特点：行政诉讼强调了行政机关的举证责任，未将法院依职权取证和原告或第三人举证置于同等地位。被告负举证责任是行政诉讼的特有原则；行政诉讼举证责任是单方责任，即举证责任由被诉的行政机关单方承担，不同于民事诉讼中的"谁主张、谁举证"。行政机关的举证范围不仅局限于事实证据，还包括行政机关作出具体行政行为的规范性文件。《行政诉讼法》和《最高人民法院关于执行行政诉讼法若干问题的司法解释以及最高人民法院关于行政诉讼证据若干问题的规定》中对被告举证内容、时间、程序等均作出了严格的限制性规定。教师在指导学生进行知识产权案件审判模拟以及学生在组织知识产权案件审判模拟演练时，举证责任的设置都是重点的环节，在程序上和技巧上都需要特别加强。

（二）举证技巧的掌握

知识产权案件审判模拟的教学过程中，指导教师应当尤其注重培养学生的举证技巧。在庭审过程中，应注重强调当事人的举证责任，并明确举证所应承担的诉讼风险。首先，组织知识产权案件审判模拟的指导教师应该帮助学生明确在知识产权案件审判模拟过程中应该根据不同类型的知识产权案件确定不同的举证责任，继而在充分保障当事人行使举证权利的同时，强化举证义务。其次，指导学生进一步了解庭前的举证指导制度和庭上的举证引导制度。根据争议的焦点，针对当事人的自身特点，确定庭前指导当事人应重点收集哪些证据以及如何有效收集证据；根据知识产权案件类型，向当事人发送举证须知，以确保当事人举证合法。同时，开庭过程中要及时根据案件争议的焦点引导当事人围绕诉讼焦点，有步骤地适时适当举证。再次，指导学生掌握举证充分的标准和举证责任转移的时机，了解举证责任的合理分担。让学生了解到在审判实践中多数案件的案情细节甚至关键情节往往是不可能被证据逐一完全证明的，所以举证充分总是相对的，在这种情况下，作为审判人员就必须抓住基本事实和基本证据，对其进行必要的逻辑分析，利用审判逻辑和审判经验通过自由心来证明案件的真实情况。在真实的庭审过程中，只要诉方提供的证据能够证明支持其诉讼请求的基本事实存在并符合法律逻辑的，举证责任就应该转移到辩方，由辩方对诉方进行反驳或列举出对抗证据。此时，作为审判人员的主要任务是认真听证，经过记证和析证后做好引导质证和认证的准备。这个环节的完成往往需要审判人员长时间审判经验的积累以及自身法律逻辑的支撑，非一日之功，作为指导教师在进行知识产权案件审判模拟这一环节教学的过程中一方面应该强调技巧合理展开的每个时间点，另一方面还需通过在具体的知识产权案件中进行演示和例举，供学生参考和学习。

三、知识产权案件审判模拟中的质证

如果将质证作为一种法庭调查的方式来进行划分，质证的主体应包括当事人、法院和其他诉讼参与人。质证的内容是在法庭上出示的证据：一方面包括在法庭上能够出示的证据，而不是所有的法定证据种类，即仅限于双方当事人为证明该案件争议的事实而提供的书证、物证和视听资料等；另一方面包括当事人在证据交换过程中认可并记录在卷的证据，此类证据不需要在法庭上进一步质证，经审判人员在庭审中说明后，可以直接作为认定案件事实的依据。尤其需要注意的是，在质证过程中对对方的证据中的自认内容，我国《最高人民法院关于民事诉讼证据的若干规定》的第8条第1款规定："诉讼过程中，一方当事人对另一方当事人陈述的案件事实明确表示承认的，另一方当事人无须举证。但涉及身份关系的案件除外。"可见，根据证据规则，自认即免除了相对方的举证责任。同时，对于涉及国家秘密、商业秘密、个人隐私的证据和法律规定的其他应当保密的证据也需要特殊注意，我国《民事诉讼法》第68条规定："证据应当在法庭上出示，并由当事人互相质证。对涉及国家秘密、商业秘密和个人隐私的证据应当保密，需要在法庭出示的，不得在公开开庭时出示。"因此，根据法律规定，涉及国家秘密、商业秘密和个人隐私的证据，不得在开庭时公开质证，但并不是说此类证据就不需质证。

我国《最高人民法院关于民事诉讼证据的若干规定》的第51条规定："质证按下列顺序进行：（一）原告出示证据，被告、第三人与原告进行质证；（二）被告出示证据，原告、第三人与被告进行质证；（三）第三人出示证据，原告、被告与第三人进行质证。人民法院依照当事人申请调查收集的证据，作为提出申请的一方当事人提供的证据。人民法院依照职权调查收集的证据应当在庭审时出示，听取当事人意见，并可就调查收集该证据的情况予以说明。"

质证的内容主要包括证据的证据能力和证据的证明力两个方面。质证应当审查证据的证据能力。证据能力，即证据资格或者称为证据的可采性，是指一定的事实材料作为诉讼证据的法律上的资格，故又称作证据资格。是否具有证据能力，要由法律作出规定或者由最高人民法院通过司法解释、判例来确定。如前所述，证据必须具有真实性、关联性、合法性的特征，因此质证需要围绕这几个特点，并针对证据有无证明力以及证明力大小，进行质疑、说明与辩驳。任何一个具体事实，要经过质证程序最终成为定案的根据，必须符合真实性、关联性、合法性的要求。以民事诉讼为例，根据我国现行民事诉讼法和司法解释的规定，证据能力规则主要包括以下几种：第一，证人资格。《最高人民法院关于民事诉讼证据的若干规定》的第53条规定："不能正确表达意志的人，不能作为证人。待证事实与其年龄、智力状况或精神健康状况相适应的无民事行为能力人和限制民事行为能力人，可以作为证人。"第二，禁止以非法手段收集证据。《最高人民法院关于民事诉讼证据的若干规定》的第 68 条规定："以侵害他人合法权益或者违反法律禁止性规定的方法取得的证据，不能作为认定案件事实的依据。"第三，调解或者和解中的妥协不具有证据能力。《最高人民法院关于民事诉讼证据的若干规定》的第 67 条规定："在诉讼中，当事人为达成调解协议或者和解的目的作出妥协所涉及的对案件事实的认可，不得在其后的诉讼中作为对其不利的证据。"第四，证据或者证人证言须接受质证。《民事诉讼法》第 63 条规定："证据包括当事人的陈述；书证；物证；视听资料；电子数据；证人证言；鉴定意见；勘验笔录。证据必须查证属实，才能作为认定事实的根据。"《最高人民法院关于民事诉讼证据的若干规定》的第 47 条规定："证据应当在法庭上出示，由当事人质证。未经质证的证据，不能作为认定案件事实的依据。当事人在证据交换过程中认可并记录在卷的证据，经审判人员在庭审中说明后，可以作为认定案件事实的依据。"

此外，质证应当审查证据的证明力。证据的证明力，是指证据在证明案件事实方面所起到的作用。基于证据关联性的要求，所有的证据都应当具有证明案件事实的作用，但证据不同，其证明作用力的大小也会有所不同，即不同证据的证明力强弱有所不同。例如，直接证据的证明力就往往大于间接证据的证明力，原始证据的证明力就强于传来证据的证明力。证明力的强弱往往是通过对立或矛盾的证据之间的比较表现出来的。

要明确证据证明力概念，必须了解证据具有形式上的证明力和实质上的证明力。这里以物证为例来说明形式上的证明力和实质上的证明力之间的关系。一个物证要具有证明力，必须满足两个条件：一是要求物证本身是真实的，而不是伪造的；二是要求物证表达的内容是真实可靠的，与待证事实有关联性，能够证明待证事实。前一个条件得到满足，该物证就具有形式上的证明力；后一个条件得到满足，该物证就具有实质上的证明力。形式上的证明力是实质上的证明力的前提，有形式上的证明力，才可能有实质上的证明力，没有形式上的证明力就不可能有实质上的证明力。但有形式上的证明力，不一定有实质上的证明力。物证记载的内容不真实或者和案件待证事实不具有关联性时，即使具备形式上的证明力也不具有实质上的证明力。因此，作为法院认定待证事实根据的证据，必须同时具有形式上的证明力和实质上的证明力。

当事人针对证据的证明力有无以及证明力大小，进行质疑、说明与辩驳的过程也是法官心证的形成过程，法官一方面要根据每个证据本身所具有的不同特点，具体问题具体分析，进行必要的查证核实；另一方面要综合全案证据，审查所有的证据之间是否存在一致性；尤其最后在庭审质证时，不仅要从证据本身出发，对证据进行质证，而且也要从程序上，对证据进行质证。因此，质证的全过程对法官自身的法律素质和法律逻辑提出了很高的要求，这也是指导教师在讲授知识产权案件审判模拟课程时需要重点强调的问题。

在我国，为了限制法官滥用自由裁量权，法律和司法解释根据不同情形规定了不同证据的证明力，包括证明力的规则和有关证据证明力的等级，通过制度限制权力。

第一，有完全证明力的证据。《最高人民法院关于民事诉讼证据的若干规定》第 70 条规定："一方当事人提出的下列证据，对方当事人提出异议但没有足以反驳的相反证据的，人民法院应当确认其证明力：（1）书证原件或者与书证原件核对无误的复印件、照片、副本、节录本；（2）物证原物或者与物证原物核对无误的复制件、照片、录像资料等；（3）有其他证据佐证并以合法手段取得的、无疑点的视听资料或者与视听资料核对无误的复制件；（4）一方当事人申请人民法院依照法定程序制作的对物证或者现场的勘验笔录。"《最高人民法院关于民事诉讼证据的若干规定》第 71 条规定："人民法院委托鉴定部门作出的鉴定结论，当事人没有足以反驳的相反证据和理由的，可以认定其证明力。"第 72 条规定："一方当事人提出的证据，另一方当事人认可或者提出的相反证据不足以反驳的，人民法院可以确认其证明力。一方当事人提出的证据，另一方当事人有异议并提出反驳证据，对方当事人对反驳证据认可的，可以确认反驳证据的证明力。"第 74 条规定："诉讼过程中，当事人在起诉状、答辩状、陈述及其委托代理人的代理词中承认的对己方不利的事实和认可的证据，人民法院应当予以确认，但当事人反悔并有相反证据足以推翻的除外。"此类证据应当确认完全证明力的证据。

第二，不具有完全证明力的证据。不具有完全证明力的证据，需要与其他证据一起才能证明某一待证事实。有关需要其他证据予以补强的证据规则称为补强证据规则，即某一证据不能单独作为认定案件事实的依据，只有在其他证据以佐证方式补强的情况下，才能作为定案证据。我国《民事诉讼法》第69条规定："人民法院对视听资料，应当辨别真伪，并结合本案的其他证据，审查确定能否作为认定事实的根据。"第71条规定："人民法院对当事人的陈述，应当结合本案的其他证据，审查确定能否作为认定事实的根据。"《最高人民法院关于民事诉讼证据的若干规定》第69条规定："下列证据不能单独作为认定案件事实的依据：（1）未成年人所作的与其年龄和智力状况不相当的证言；（2）与一方当事人或者其代理人有利害关系的证人出具的证言；（3）存有疑点的视听资料；（4）无法与原件、原物核对的复印件、复制品；（5）无正当理由未出庭作证的证人证言。"这些规则属于补强证据规则，即有关证据不能单独作为认定案件事实的依据，其证明力需要其他证据补强。

第三，证明力大小需要综合判断的证据。由于证人证言的复杂性，其证明力大小往往需要综合判断。《最高人民法院关于民事诉讼证据的若干规定》第78条规定："人民法院认定证人证言，可以通过对证人的智力状况、品德、知识、经验、法律意识和专业技能等的综合分析作出判断。"

第四，最佳证据。最佳证据规则，起源适用于书证。是现代英美法系国家中关于文字材料可采性的一项重要证据规则。其基本精神是："以文件内容而不是以文件本身作为证据的一方当事人，必须提出文件内容的原始证据。"但是《最高人民法院关于民事诉讼证据的若干规定》第49条规定："对书证、物证、视听资料进行质证时，当事人有权要求出示证据的原件或者原物。但有下列情况之一的除外：出示原件或者原物确有困难并经人民法院准许出示复制件或者复制品的；原件或者原物已不存在，但有证据证明复制件、复制品与原件或原物一致的。"最高人民法院关于执行《中华人民共和国刑事诉讼法》司法解释的第 70 条规定："据以定案的物证应当是原物。原物不便搬运，不易保存，依法应当由有关部门保管、处理，或者依法应当返还的，可以拍摄、制作足以反映原物外形和特征的照片、录像、复制品。物证的照片、录像、复制品，不能反映原物的外形和特征的，不得作为定案的根据。物证的照片、录像、复制品，经与原物核对无误、经鉴定为真实或者以其他方式确认为真实的，可以作为定案的根据。"第 71 条规定："据以定案的书证应当是原件。取得原件确有困难的，可以使用副本、复制件。书证有更改或者更改迹象不能作出合理解释，或者书证的副本、复制件不能反映原件及其内容的，不得作为定案的根据。书证的副本、复制件，经与原件核对无误、经鉴定为真实或者以其他方式确认为真实的，可以作为定案的根据。"这表明我国法律所规定的最佳证据规则不仅适用于书证，而且适用于物证、视听资料等证据类型。

《最高人民法院关于民事诉讼证据的若干规定》第 77 条规定："人民法院就数个证据对同一事实的证明力，可以依照下列原则认定：（1）国家机关、社会团体依职权制作的公文书证的证明力一般大于其他书证；（2）物证、档案、鉴定结论、勘验笔录或者经过公证、登记的书证，其证明力一般大于其他书证、视听资料和证人证言；（3）原始证据的证明力一般大于传来证据；（4）直接证据的证明力一般大于间接证据；（5）证人提供的对与其有亲属或者其他密切关系的当事人有利的证言，其证明力一般小于其他证人证言。"这是在数个证据对同一待证事实都有证明力的情况下，对其证明力大小的规定。

质证的方法主要包括以下四种：（1）单一质证，即一事一证一质。即将对方当事人所举的证据和法院调取的证据逐一加以质证，并提出反驳证据或意见。（2）一组一质证，即阶段质证，即一事一证，一证一质。（3）分类质证，即对证据或诉讼请求依据一定的标准先进行分类，确定几条线索，再加以质证。（4）综合质证，即对全案待证事实和所有证据进行集中质证。以上四种质证方式，在审判实践中可以单独运用，也可以交叉运用。指导教师可以根据不同案情需要，指导学生综合运用质证的方法。

四、知识产权案件审判模拟中的认证

在诉讼过程中，认证是审判活动的中心内容。控辩双方或原、被告双方在取证、举证、质证之后，由法官进行的认证无疑是决定证据最后取舍的关键环节。认证是指审判法官在开庭审理中，基于对当事人及其诉讼代理人提供的和人民法院自行调查收集的经过当庭质证的所有证据，按照一定的原则、标准、方法进行分析、研究、审查、核实、判断、鉴别，在法庭上确定其证明力有无或大小，进而认定案件事实的审理活动。简言之，认证就是对证据的认定。无论是在刑事诉讼还是在民事诉讼或行政诉讼中，法官都要进行认证。认证是法官行使审判权的一项重要职能，是具有特定法律效力的司法行为，因此，诉讼中认证的主体只能是法官，而不能是其他诉讼参与人。

值得注意的是认证是对证据的认定，而不是对案件事实的认定。也就是说，认证的对象是举证质证过的证据，而不是案件事实。在诉讼活动中，证据和案件事实都是需要认定的。但认定证据与认定案件事实却是两个密切相关又相互区别的概念。认定证据是认定案件事实的方法，认定案件事实是认定证据的目的。在诉讼活动中，认定证据是为认定案件事实服务的，但是认定证据并不等于认定案件事实，认证的标准是证据应具备客观性、关联性和合法性。《最高人民法院关于民事诉讼证据的若干规定》的第65条规定："审判人员对单一证据可以从下列方面进行审核认定：证据是否原件、原物，复印件、复制品与原件、原物是否相符；证据与本案事实是否相关；证据的形式、来源是否符合法律规定；证据的内容是否真实；证人或者提供证据的人，与当事人有无利害关系。"第66条规定："审判人员对案件的全部证据，应当从各证据与案件事实的关联程度、各证据之间的联系等方面进行综合审查判断。"《最高人民法院关于行政诉讼证据若干问题的规定》第54条规定："法庭应当对经过庭审质证的证据和无须质证的证据进行逐一审查和对全部证据综合审查，遵循法官职业道德，运用逻辑推理和生活经验，进行全面、客观和公正地分析判断，确定证据材料与案件事实之间的证明关系，排除不具有关联性的证据材料，准确认定案件事实。"第55条规定："法庭应当根据案件的具体情况，从以下方面审查证据的合法性：证据是否符合法定形式；证据的取得是否符合法律、法规、司法解释和规章的要求；是否有影响证据效力的其他违法情形。"第56条规定："法庭应当根据案件的具体情况，从以下方面审查证据的真实性：证据形成的原因；发现证据时的客观环境；证据是否为原件、原物，复制件、复制品与原件、原物是否相符；提供证据的人或者证人与当事人是否具有利害关系；影响证据真实性的其他因素。"这些规定，都充分说明法官的认证应以证据具备关联性、合法性和真实客观性为标准，而绝不是以双方对案件事实无异议为标准。

法官在具体认证的过程中应该尽可能做到以下几点：第一，要求当事人在开庭前提交证据副本并与对方当事人交换，以便于审判人员据此熟悉并研究案情，作好充分的准备工作；第二，对较为复杂的案件召开庭前听证会，充分听取双方当事人发表的意见；第三，开庭时坚持发挥合议庭成员的集体作用，每人持一份证据认定表格，认真听证、记证、析证，及时交换意见，避免审判长或主审人过于主观，对于认定难度较大的证据亦可作短暂休庭，进行讨论；第四，确实不能当庭认定的不必要强求当庭认证，可在庭后提交审判委员会讨论决定。

【思考与练习】

1. 知识产权案件审判模拟中的举证、质证、认证之间有何关系？
2. 质证的方法主要包括哪几种？
3. 依据法律和司法解释的相关规定，证明力分成几个等级？

第四节 知识产权案件审判模拟的组织实施

一、数字化模拟法庭的建设

要开设知识产权案件审判模拟课程，模拟法庭的建设是必不可少的。

该课程是知识产权专业的实验课，模拟法庭就是知识产权专业的实验室。我国很多省市的司法审判机关已经建设并使用了数字化法庭审理案件，为了契合培养实践型、应用型知识产权人才的需要，有条件的情况下应当在开设知识产权案件审判模拟课程的高校建设数字化模拟法庭这样一种通过计算机网络、音视频以及其他真实法庭上的设备，模仿审判机关法庭审判的教学环境（教学场所）。并最大限度地发挥高校数字化模拟法庭的作用，更快更好地培养高层次、高技能、跨学科、复合型的，能够适应社会高科技发展要求和审判机关需要的复合型知识产权人才。

如前所述，高校本科阶段知识产权人才的培养目标主要是培养应用型人才，而不是只培养研究型人才。因此，高校知识产权教育目标应定位在培养跨学科、复合型且具有应用能力的人才，知识产权的教学应将学生传授法学知识和与法律工作所需要的跨学科知识、训练学生的综合法律技能，以及培养学生的法律职业道德有机结合。数字化模拟法庭实践教学活动与法学教育目标相适应，是实现高校法学教育目标的有效途径。既能让学生将法学理论和实践相结合，更重要的是能满足其未来知识产权相关工作的实际需要。数字化模拟法庭作为知识产权教学实践活动环境，对提高学生的实际工作能力和满足实际工作部门对知识产权人才的需要有着积极的意义。因此，数字化模拟法庭的建设不仅符合知识产权人才培养的目标，而且非常切合我国知识产权教育的发展趋势——注重跨学科、复合型应用人才的培养。

数字化模拟法庭应将现代数字网络技术和现实法庭场景紧密结合，在充分展示法庭神圣、权威、庄重、严肃的基础之上运用现代网络信息技术，采用全新的现代化设备和操作系统。

从硬件上来说，数字化模拟法庭实验室的建设应当有专门的实验场地，面积应该不小于150~200平方米，旁听席应能容纳200人左右。而且，实验室内的一切布置，必须完全比照人民法院正规的法庭进行。这样的设计使得模拟法庭实验室既可以作为模拟法庭课程的专用教室，可以让学生在这里进行模拟法庭实验，又可以作为人民法院审理真实案件的正规法庭，因为在模拟法庭课程教学中，有时需要邀请人民法院来模拟法庭审理真实的案件，让学生可以现场观摩人民法院的审判活动。具体来说，数字化模拟法庭结构布局及各部分必配设备（以刑事法庭为例）包括有以下几个部分。

第一，审判区。本区域主要由法官席、公诉人席、辩护席、书记员席、被告人席、证人席6个部分组成。

（1）法官席。法官席应当配置的设备主要包括法庭专用座椅以及数字化的固定桌面显示牌、数字话筒发言设备、桌面显示终端和同声传译等。悬挂国徽一个，其大小参照人民法院法庭悬挂的标准国徽而定。①桌面显示牌是用于显示法官的职称、法院的徽章等，可以有多种文字和色彩图形，任意变换。②数字话筒是用于发言、申请发言和翻译。发言和翻译时有指示灯指示，还可以进行数码录音。③桌面显示终端是用于显示与案件有关的各种资料以及最后的审判结果，显示远程当事人和证人的图像，通过终端进行提问和白板交流（适用于聋哑人）实现数字化视频会议。④同声传译装置是用于对多语种的案件提供庭审翻译，并且可以将翻译的文字显示在桌面显示终端上实现听、读两种功能。

（2）公诉席。公诉席应当配置的设备主要是桌椅和桌面显示终端、数字话筒和桌面显示牌。

（3）辩护席。辩护席应当配置的设备主要是桌椅，规格与公诉席桌椅相同。另外也需要相应的桌面显示终端、数字话筒以及桌面显示牌。

（4）书记员席。书记席应当配置的设备主要包括桌椅、电脑、桌面显示终端，数字话筒和桌面显示牌。

（5）被告人席。被告人席应当配置的设备主要是栅栏状围框、座椅和数字话筒。栅栏状围框应可移动，不需要时可从法庭撤下。

（6）证人席。证人席应当配置的设备主要是座椅、证人席台、数字话筒、视频展示台仪器以及桌面显示牌。

（7）操作控制台。操作控制台应当配置的设备主要是电脑1台、物证展示台和触摸屏操作台各1个。①电脑用于展示电子证据、远程作证和声像资料。②物证展示台用于展示各种证据，并将证据映射到投影仪和液晶显示屏上。③触摸屏操作台用于显示器画面（包括远程作证画面）切换、投影仪控制、灯光和声音调节，等等。

第二，旁听席。旁听席由听众椅组成，根据房屋面积确定椅子数量，椅子规格大小可根据实际情况进行配置。在审判区与旁听席之间应根据模拟法庭实际情况安置警戒栏。

第三，投影设备装置。投影设备主要是投影仪1台、电动升降大屏幕1张、40英寸以上的液晶显示屏1台、吊架1副。投影仪装置于模拟法庭内天花板合适位置，40英寸以上的液晶显示屏装置于审判区与旁听席之间合适位置，电动升降大屏幕装置于法官席后侧合适位置（左右侧均可）。❶

此外，从软件上来说，需要建设法律实务综合模拟平台，该平台是完全模拟诉讼实务中的程序和标准的法律案件审理程序的整个过程的一套训练系统。系统应覆盖现今所有法律机构办案流程，分别模拟法院、检察院、公安机关、仲裁机构和行政调解的各种诉讼与非诉流程。通过引导式的实训流程操作，帮助学生熟悉并掌握案件办理的每个环节；通过系统内置的真实案件和证据扫描件来引导学生对案件进行分析研究，从而提升法律知识理解能力、法律逻辑思维能力、法律证据运用能力和法律文书书写能力等。令学生获得更多机会体验不同的诉讼角色，通过隐含在系统功能内的实务办案方法全面锻炼学生的法律思维，提高法律实务技能。

二、知识产权案件审判模拟案例的选用

知识产权案件审判模拟活动的开展，还必须选用适当的案例，这是知识产权案件审判模拟教学中的一个重要环节。整个知识产权案件审判模拟教学实践环节的开始，就是指导教师组织学生分组选择合适的案例进行知识产权案件审判模拟演练。知识产权案件审判模拟的案件来源，可以到各级人民法院或者律师事务所调取已经审结的案例，也可以在网络上搜集相

---

❶ 李恩情，严峻丽. 重庆邮电大学数字模拟法庭设计方案［S］. 2006：6~9.

关案例，还可以由指导教师根据知识产权案件审判模拟教学的需要设计编写适当的案例。在数字化模拟法庭的建设的法律实务综合模拟平台中应该包含了知识产权案件审判模拟的案例库建设，课程开始以后可以由指导教师参与从案例库中挑选合适的知识产权案件审判模拟案例供学生使用，一般来说，对所选案例有以下要求：第一，所选知识产权案例不宜过于复杂，否则可能出现学生在开庭过程中难以控制庭审的局面。第二，用于知识产权案件审判模拟的案例，应当明确、简单且典型，而且要有一定的争议性和可辩性。如果没有争议性和可辩性，担任诉讼角色的学生和参加旁听的学生都不会有太大的兴趣，就会影响模拟法庭的效果。第三，应当尽量选择诉讼角色齐全，且诉讼参与人比较多的知识产权一审案件，这样一方面案件内容会更加完整，另一方面可以使更多的同学能够在模拟法庭中扮演不同的诉讼角色，充分调动学生参与的积极性。当然，对于已经选定的案件，如果诉讼角色不多，也可以在教师的指导下对案件内容作出适当修改，增加诉讼参与人，如增加鉴定人、证人等。第四，在建设知识产权案件审判模拟案例库时，应该尽可能地周延到知识产权民事案件、知识产权刑事案件和知识产权行政案件，以保证学生有机会接触到不同类型的知识产权案件，进而了解到不同类型的知识产权案件的诉讼流程和彼此之间的差异性。

三、知识产权案件审判模拟角色的分配

由于受到诉讼角色数量的限制，一个教学班的学生在进行知识产权案件审判模拟的审判活动时，不可能每一个学生都有机会扮演庭审中的角色，这就需要对模拟法庭的角色进行分配，而且根据模拟审判案件的不同，角色的分配也会有所不同。但是，不管是否担任其中的诉讼角色，都应当让每一个学生参与到模拟法庭活动之中，那些不能出庭担任角色的学生，也应将他们分配到其中的一个小组，协助出庭的学生作好庭审准备。

在知识产权刑事案件模拟法庭中，可以将学生分为模拟审判组、模拟控诉组、模拟辩护组和综合组。模拟审判组出庭的人员包括 3 名合议庭成

员和 1 名书记员，其他人员协助出庭人员工作；模拟控诉组可以由 2 名公诉人出庭公诉，有被害人的案件还可以安排被害人及其法定代理人或者诉讼代理人出庭，附带民事诉讼案件可以有附带民事诉讼原告及其代理人出庭，其余人员协助出庭的公诉人工作；模拟辩护组出庭的人员根据案件被告的数量来确定，可以有 1~3 个被告人，每一个被告人可以请 2 名辩护律师，附带民事诉讼案件还可以有附带民事诉讼被告人及其代理人出庭，未出庭的人员协助出庭人员工作；综合组出庭的人员包括法警、证人、鉴定人、翻译人员等，出庭人数根据案件具体需要而定，未出庭的其他人员协助出庭人员工作。

在知识产权民事案件和行政案件模拟法庭中，可以将学生分为模拟审判组、模拟原告组、模拟被告组和综合组。模拟审判组出庭的人员包括 3 名合议庭成员和 1 名书记员，其他人员协助出庭人员工作；模拟原告组可以根据案件情况确定 1~2 名原告出庭，每一个原告可以聘请 2 名代理人出庭，其余人员协助出庭人员工作；模拟被告组可以根据案件情况确定被告 1~2 人出庭，每一个被告可以聘请 2 名代理人出庭，其余人员协助出庭人员工作；综合组出庭的人员包括法警、证人、鉴定人、翻译人员等，出庭人数根据案件具体需要而定，未出庭的其他人员协助出庭人员工作。

四、知识产权案件审判模拟的准备、排练和开庭

对学生进行分组及分配诉讼角色的工作完成后，学生就应当根据自己担任的角色去准备材料，其他未担任角色的学生也应当根据自己所在的组的需要，协助担任角色的组员准备材料，共同完成模拟法庭的开庭审判任务。

当诉讼角色分配定位后，担任诉讼角色的人员就要开始着手庭审材料和司法文书的准备。例如，在知识产权刑事案件中公诉人应当准备起诉书、公诉意见书，辩护人应当准备辩护词，被告人应当准备法庭上的发言，被害人应当准备法庭上的陈述内容，附带民事诉讼当事人应当分别准备起诉状和答辩词；在知识产权民事案件和行政案件中，原告应当准备起诉状，

被告应当准备答辩状，双方代理人应当准备代理词；在各类案件中担任合议庭成员的学生应当准备庭审提纲；证人、鉴定人都应当分别准备好证人证言和鉴定结论；其他工作人员应当根据自己的分工范围做好自己在知识产权案件审判模拟开庭审判中应当做的工作。

在知识产权案件审判模拟正式模拟开庭前，学生需进行排练工作，在排练时应当邀请指导老师现场指导。排练的地点可以在正规的模拟法庭进行，也可以在教室进行，但应当按照模拟法庭的要求布置彩排场面和固定角色的座位。排练的目的就是对模拟法庭的正式开庭进行预演，以便发现问题，使将来知识产权案件审判模拟的正式开庭更加完美。

经过数次排练，就可以开始准备正式模拟开庭了。正式模拟开庭应当在正规的模拟法庭进行。开庭前应当发布开庭公告，法庭审理的程序要根据案件分别按照刑事诉讼法、民事诉讼法和行政诉讼法的相关规定进行。也就是说，正式模拟开庭时，模拟法庭的审判就要像是人民法院在审理真实案件一样，要让在座的每一个人都感觉到这不是模拟法庭，而是人民法院的真实法庭。正式开庭的过程，可以让学生拍照或者录像作为教学资料进行保存，保存下来的教学资料可作为示范材料供之后学习该课程的学生们借鉴和学习。

【思考与练习】

1. 数字化模拟法庭的建设需要哪些硬件设备？
2. 如何选用合适的知识产权案件审判模拟案例？
3. 知识产权案件审判模拟角色的分配应该依据什么原则？

第五节　知识产权案件审判模拟的教学评估

一、知识产权案件审判模拟教学评估的意义

知识产权案件审判模拟于知识产权教学的重要性可以类比模拟法庭于法学教学的重要性。在法学教学中，模拟法庭实验教学早期依附于诉讼法

学教学之中，近年来才发展成为一门独立的课程。如前所述，随着模拟法庭实验作为独立课程的开设，模拟法庭实验应当成为培养学生职业素质和综合能力的一门重要实践型课程。在模拟法庭实验教学日益普及的今天，其教学效果无疑值得关注。因此，在知识产权教学的过程中将知识产权案件审判模拟设置为重要的实践环节，有必要从教学目的和教学效果上对该课程进行评估。

二、知识产权案件审判模拟教学评估的标准

知识产权案件审判模拟教学的评估应当包括以下六个方面的内容。

一是评估其是否可以培养学生运用实体法分析案件的能力。审判的目的是解决实体纠纷，而实体纠纷的解决依赖于实体法的规定。在实体纠纷发生后，如何选择相应的实体法规定来主张自己的权利或判断当事人的责任并非易事。在知识产权案件审判模拟的实验教学中，指导教师应该抛弃以往模拟法庭只涉及程序法问题的传统做法，有针对性地引导学生根据案情分析相关实体法律关系，判断实体责任，从而提高学生运用实体法分析案件的能力。

二是评估其是否可以提高学生的程序意识和程序操作能力。讲究程序、注重程序已经成为现代法治国家的重要标志，也是法律职业人应有的思维方式。在知识产权案件审判模拟实验教学中，指导老师通过要求学生严格地按照诉讼法规定的环节和步骤进行模拟审判，从而让学生在实践中体会程序的价值，感悟程序的真谛，并掌握庭审操作规范，培养程序意识和程序操作的能力。

三是评估其是否可以培养学生的证据意识和证据运用能力。证据是诉讼的灵魂，是法院赖以裁判的依据。在知识产权案件审判模拟实验教学中，要让学生切实地感受到打官司就是打证据，从而培养强烈的证据意识。不仅如此，还要培养学生运用证据证明案件事实的能力，让学生在案件事实复杂的情况下，能迅速地抓住案件的主要矛盾，明确双方的争论点和共识点，并体会到如何围绕争论点向法庭举证，如何对对方提交的证据进行质

证和认证，等等。

四是评估其能否提升学生庭审语言表达能力。法庭语言作为一种专业性很强的语言，除了一般语言表达所要求的准确、流畅外，还有一些特殊的要求，譬如法官的庭审语言必须保持中立，不能带有任何倾向性；公诉人、律师对当事人、证人的庭审质询也有特别的要求，如不能采用诱导性的提问方式，等等。这些庭审语言的技巧和规律，需要在实践中反复的训练才能逐渐地掌握。指导教师在模拟法庭实验教学中，有意识地根据庭审语言的要求培养学生这方面的能力。

五是评估其能否提高学生法律文书的写作能力。撰写法律文书是法科学生的基本功，也是法律职业人必备的技能。就法律文书的写作而言，从理论上讲并不是很难；但是要让学生写出符合要求的法律文书并非易事。在知识产权案件审判模拟中，指导教师应该要求学生根据提供的案卷材料以及所扮演的角色，撰写相关司法文书，这为培养学生法律文书写作能力提供了很好的实战机会。指导教师应该抓住此机会，通过学生自己写作、指导教师批改、点评的方式培养学生的法律文书写作能力。条件允许的情况下，在做知识产权法律实务综合模拟平台建设时，可以在程序中设置法律文书写作环节，学生需要按照诉讼流程完成相应的文书写作，教师可以在线批改，确定该程序无误且法律文书写作符合要求时再进行下一步骤的工作。

六是评估其能否培育学生法律职业伦理。正义是法律的天然属性，诉讼是输送正义的基本方式。对于学习法律的学生来说，法律职业伦理教育，绝不是教师空洞的道德说教，而应是由学生实实在在地去体验与感悟，诚如有学者所言："法律职业道德教育的独特性决定了法学教育必须寻求一种不同角色交往的教学方法，为学生提供情感体验的情感场，才能使学生将道德认知内化为道德判断和推理能力。"通过不同的角色扮演，使学生亲身体验到法律职业中不同角色的道德要求，有利于其道德认知的内化，即法律职业情感和态度的养成。而知识产权案件审判模拟实验正好为此提

供了环境。❶

三、知识产权案件审判模拟教学评估的方法

知识产权案件审判模拟的教学评估的对象包括教师的教学方式评估和学生的教学效果评估两个方面。教学方式对教学效果的影响体现了过程控制对结果的作用，这种影响又反作用于教学方式，为了实现更好的教学效果，教师必须积极地去思考更好的教学方式。只有对教学方式进行不断的优化，才能保证这种积极的影响可以持续性地发生作用。

知识产权案件审判模拟课程中教师教学方式的优化主要体现在对现有模拟法庭课程存在的种种弊端进行完善和改进，将更符合知识产权案件审判模拟教学目的要求的教学方式合理地设计在教学环节当中。现有的模拟法庭课程存在的弊端主要有两个：一是学生自主性不强。一般由教师给出案例，甚至有部分老师还详细地为学生设计出庭审笔录和庭审剧本，学生只需按照老师的庭审笔录彩排，最后演练时背出来即可。这样的教学模式下，学生更像演员而不像导演，往往课程结束后对庭审的流程还是不太清楚；二是从现有的模拟法庭实验教学之实践来看，我国绝大多数模拟法庭实验教学尚停留在与一元教学目标相对应的程序性模拟审判上，而未能和实体法进行有机结合，很大程度地影响了模拟法庭实验教学的教学效果。

鉴于知识产权案件审判模拟课程有别于一般的法学课程，因此其考核内容、方式和标准均应当有别于普通法学课程。以南京理工大学知识产权学院的知识产权案件审判模拟课程为例，该课程没有设置专门的考试环节，对学生的考核点主要落脚在其参与该课程的实践过程中，学生的每个实验环节都是在参加课程考核；各个实验环节结束以后，进行一次本组最终的案件审判模拟开庭演示；每个学生在本组的案件审判模拟结束后需要再提交一份课程实验报告，这就代表此门课程的学习和考试均已结束。其中，学生参与模拟法庭实验的成绩占此课程评定总成绩的 80%，在所有实验结

---

❶ 陈学权.模拟法庭实验教学方法新探［J］.中国大学教学，2012（8）：87.

束后的实验报告占此课程成绩评定的 20%。此种考核模式和传统法学课程考核的区别在于重在对学生学习过程、而非结果的考察。

从现有多数的模拟法庭教学模式来看，一般都是首先由教师给出模拟的案例，再由学生分组后自行挑选诉讼角色，继而由学生课后在教师的指导下自行组织模拟练习，最后再进行本组最终的案件审判模拟。在这种教学模式下，往往会因为教学班级规模太大，学生分组后在分配诉讼角色时无法兼顾所有的同学，由此形成的局面是学生扮演的角色相对固定，而且锻炼的机会比较少，其弊端是："在模拟法庭教学中，因担任角色的不同，任务的轻重也不一样，其中任务最重的是审判长，得到锻炼的机会最多。另外，在民事案件中，能够得到较多锻炼机会的是原被告的代理人；在刑事案件中，辩护人和出庭参加应诉的检察员任务也较重，其他人员的任务相对要轻。所以，在一场模拟法庭训练中，只有少数几个人的能力的训练效果比较明显，而其他人员能力的提升却十分有限，比如证人、书记员、法警，他们大多只是做少量的工作。"❶

为了解决此类教学困境，南京理工大学知识产权学院的知识产权案件审判模拟课程的教学作出了如下尝试：知识产权案件审判模拟课程为 1 学分，16 课时，课程容量学生约为 30 人。在教学计划安排上，分成三个部分，第一部分为理论教学部分，主要内容是与知识产权案件审判模拟课程紧密相关的课程介绍和组织学生分组，设计在第 1~2 次课，每次 2 课时，共 4 课时；第二部分是审判模拟练习部分，由每组的组长组织进行开庭练习，教师参与并分别指导。每次 3 课时，设计为 3 次课，共 9 课时。第三部分是审判模拟验收部分，由每组分组最后演示最终的案件审判模拟开庭，一般进行演示开庭的分为 3 组，每组 1 课时，设计在最后 1 次课，共 3 课时。

教学计划中的三个部分中，第二部分和第三部分是该课程的重点环节。第二部分的教学安排为：由教师提供 6 个案例，3 组同学用抽签的方式决

---

❶ 廖辉. 教学组织形式的革新——协同教学的理论与实践问题探讨 [J]. 乐山师范学院学报，2004（10）：27~29.

33

定练习案例。第二部分的审判模拟练习每组安排 1 次模拟开庭审判，共 3 次模拟开庭审判。这 3 次开庭审判由 1 个知识产权民事一审案件、1 个知识产权刑事一审案件和 1 个知识产权行政诉讼一审案件构成。第三部分的教学安排是每组依据本组的一审案件进行改编，分别将 3 个案件的上诉案件作为第三部分学生最后的验收案例。

第三部分利用第二部分一审案件进行改编进行二审，一方面可以让学生较为完整地了解一审程序和二审程序，能够进行自主的比较和学习；另一方面可以提高学生的参与性，而不是停留在"教师给案例，学生读案例"的传统模拟法庭教学模式中。案例的改编要求学生在一审结束后能够根据该案一审的情况进行分析，准确把握案件的争议焦点，为其寻找法律依据、理论依据及类似的典型案例，从而设计出二审的方案。学生在改编的过程中，既熟悉了程序，又加强了证据的选择和运用等实体法的巩固和学习，为学生提供了一个融合实体法与程序法规定于具体案件的机会。令学生能实现从被动学习到主动学习的角色转换，不仅可以准确掌握审判模拟案件中所涉及的实体法知识，对审判模拟案件中所涉及的程序法也印象深刻，而且可以将课堂所学的法学理论知识、司法基本技能等综合运用于实践，以实现理论和实践的结合。如此一来，就可以突破以往模拟法庭教学中的一个弊端——将模拟法庭片面地理解为诉讼法的附属和延伸，继而灵活地将知识产权案件审判模拟课程设计成为连接程序法和实体法的桥梁。

在第二部分和第三部分的 6 次开庭审判中，共需要 6 名同学担任审判长，12 名同学担任其他合议庭成员；按每次审判配备 2 名书记员，第二部分和第三部分的实验需要 12 人担任书记员。按每个案件的公诉人、辩护人、代理人各 2 人的标准，第二部分和第三部分的 6 次审判需要 36 人担任公诉人、辩护人以及知识产权刑事案件被害人和知识产权民事、知识产权行政诉讼当事人的代理人。而且，如果所选案件涉及共同犯罪、共同诉讼的情形，每个案件就会有 3 名以上的当事人，因此总共需要 20 人左右担任当事人。按每个案件需要 3 名证人和鉴定人出庭的标准，第二部分和第三部分的实验课程需要近 20 人担任证人和鉴定人。根据上述角色数量，按照

30 人的课容量，完全可以保证每位同学都可以承担类似合议庭组成成员、起诉方的公诉人（或原告代理人、被告代理人）、被起诉方的辩护人（或者被告代理人）、案件的当事人、证人或鉴定人这样的比较重要的诉讼角色。

第二部分和第三部分的 6 次模拟审判中，有 6 位同学担任审判长的角色，一般来说，担任审判长的同学工作量相对较多，而且担任过审判长后对庭前准备、宣布开庭、法庭调查、法庭辩论、合议庭评议和宣告判决等程序都会比较熟悉，相对来说可以得到较为完整的训练。因此，在进行角色分配时，对另外 12 名担任合议庭组成成员的同学，教师还可以给他们每人分配 1 次担任书记员的机会，要求他们将整个庭审过程记录下来，并负责该实验结束后的卷宗整理工作。从以往的实践效果来看，担任过书记员的同学进行法庭记录和卷宗整理的工作会比较辛苦和繁杂，但在熟悉庭审程序方面的训练效果不亚于审判长。如遇案件人数要求较多，本组成员无法一一代入角色的情况，由两种解决方案：第一种就是由某几位组员一人分饰两角，比如不同时上庭的证人和鉴定人等角色可以由一人承担；第二种解决方案就是可以向他组"借人"，由他组承担角色工作不重的成员"客串"到本组进行模拟。传统模拟法庭教学中存在的一个共性问题：较少同学可以承担重要角色从而可以得到较好的训练，而大多数的同学都因承担边缘性角色而得不到很好训练。这样的教学安排和设计，就可以解决上述问题，可以保证让所有参加知识产权案件审判模拟课程学习的同学在 6 次模拟审判中都能得到训练的机会，而且每次所承担的诉讼角色都不相同。参与感的加强可以直接提高实践教学的教学质量，以达到实践训练的教学目标。

以上知识产权案件审判模拟课程的组织规则和诉讼角色的分配方案，教师在课程的第一部分即理论教学部分第一次上课为学生分组时就应当向学生详细介绍，分组后各组组员在教师拟定的诉讼角色中自行分配或者以抽签的方式进行分配，从而确定每位学生在以后的各次模拟审判中所承担的诉讼角色。依照这种教学设计思路，可以让学生在知识产权案件审判模拟的课程学习中承担不同的诉讼角色，从而为学生创造机会去思考不同诉讼参与人的不同思维角度和思维方式，全面锻炼和提高学生的诉讼技能。

教师在课程的第一部分教学中还需要向学生介绍该课程的评估标准，第一部分的理论教学教师主要依据学生的考勤状况给出平时分；第二部分的审判模拟练习教师会要求组长对每次的模拟审判进行考勤，并提交书面材料介绍本组成员在模拟审判中承担的工作，教师会结合其在练习中的表现给出平时分，第三部分的知识产权案件审判模拟的验收环节，教师对学生的考核主要包括以下两个部分：第一，言辞辩论的评分。评价的标准主要包括：（1）程序是否合法，操作是否规范；（2）法律运用是否准确，说理是否透彻；（3）语言表达是否流畅、精彩；（4）临场应变能力如何；（5）服装道具是否齐备、正规。其中法律知识占考核的 30%，逻辑推理能力占考核的 20%，言辞表达能力占考核的 20%，临场应变能力占考核的 20%，组织安排占考核的 10%，总分 100 分。第二，司法文书写作的评分。对学生制作的各种法律文书，包括起诉书、答辩状、代理词、辩护词、公诉词、判决书等，从形式、内容以及所反映出来的法律文书写作技巧进行评价。其中法学造诣（对事实与法律的了解）占考核的 20%，逻辑推理（适当与清楚合理的分析）占考核的 20%，搜集资料及运用能力占考核的 20%，书状构架的清晰程度与组织能力占考核的 20%，书状格式占考核的 20%，总分 100 分。两部分的评分结束后取平均分作为本组的最后得分。

在知识产权案件审判模拟的验收部分即知识产权案件审判模拟开庭活动结束后，指导教师应当就本次模拟法庭庭审过程和庭审表现进行全面点评。点评应当围绕着案件事实是否调查清楚、证据是否确实充分、庭审程序是否完整合法、法庭辩论是否有理有据、运用法律是否得当、语言表达是否清晰、出庭技巧是否把握恰当以及存在什么问题等方面进行。点评时，既要介绍模拟审判过程做得好的部分，对表现优秀的出庭人员予以肯定，又要介绍模拟审判过程中的不足之处，具体指出在哪些方面存在欠缺，以及应该如何改进。

在知识产权案件审判模拟三部分的实践教学以及教师的指导点评全部

结束后，教师还应要求每位学生完成两份实验报告，第一份实验报告要求学生介绍自己在本组中所承担的任务，每一个学生都要就模拟审判的实践活动进行总结，总结可以就整个模拟审判活动全面进行，也可以就模拟审判中的某个具体环节发表意见。并对自己在第二部分和第三部分两次模拟审判实验中的表现及得失进行反思和总结，从而引发他们对法律职业技能和伦理的更多思考；第二份实验报告要求学生完成其他两组的法律意见书，可以对其他两组审判模拟从形式到内容，从实体法的要求到程序法的要求作出客观的评价，并提出自己的想法或者进行角色代入，如果由自己承担其中某个角色将会如何更好地发挥等。

如前所述，知识产权案件审判模拟这门课程的评分由两部分构成，学生参与模拟法庭实验的成绩占此课程总成绩的 80%，由第一部分和第二部分的平时成绩以及第三部分言辞辩论和书状写作构成；在所有实验结束后每人两份的实验报告占此课程总成绩的 20%。南京理工大学知识产权学院数年的知识产权案件审判模拟课程的教学实践证明，这样的课程教学设计和安排可以使学生从案例的选择和改编到实验前的准备、模拟审判开庭的进行，再到实验之后的总结，都能够高度重视，从而促使学生对知识产权案件审判模拟课程自始至终均保持较高的自主性和积极性。知识产权案件审判模拟课程结束后，学生从实体法的理论到程序法的实践，从程序和流程的把握到司法文书的写作等各方面都会得到训练和加强，从而取得良好的实践教学效果。

【思考与练习】

1. 知识产权案件审判模拟教学评估有何意义？

2. 应该从哪些角度对知识产权案件审判模拟进行教学评估？

3. 知识产权案件审判模拟包括哪些教学评估的方法？

第二章　知识产权民事案件审判模拟

【导读】

本章主要介绍知识产权民事案件审判模拟的相关内容，共分四节：第一节概述知识产权民事审判在我国的历史发展，并介绍知识产权民事诉讼的类型、特点及知识产权民事诉讼的管辖；第二节介绍知识产权民事审判一审普通程序的模拟训练流程；第三节介绍知识产权民事审判第二审程序的模拟训练流程；第四节介绍知识产权民事诉讼主要法律文书的格式写法和注意事项。本章教学重点为熟悉知识产权民事诉讼的一审、二审审判流程，掌握相关诉讼文书的撰写方法，提升举证、质证、辩论技能。

第一节　知识产权民事诉讼概述

一、知识产权民事诉讼的类型

知识产权民事诉讼按照不同的分类方法，可以有以下几种分类。

（一）按照知识产权的类别区分，知识产权民事诉讼分类

1. 著作权民事诉讼

包括著作权及与著作权有关权益权属、侵权、合同纠纷案件；申请诉前停止侵犯著作权、与著作权有关权益行为；申请诉前财产保全、诉前证据保全案件；其他著作权、与著作权有关权益纠纷案件。

2. 商标权民事诉讼

包括商标专用权权属纠纷案件；侵犯商标专用权纠纷案件；商标专用

权转让合同纠纷案件；商标许可使用合同纠纷案件；申请诉前停止侵犯商标专用权案件；申请诉前财产保全案件；申请诉前证据保全案件；其他商标案件。

3. 专利权民事诉讼

包括专利申请权纠纷案件；专利权权属纠纷案件；专利权、专利申请权转让合同纠纷案件；侵犯专利权纠纷案件；假冒他人专利纠纷案件；发明专利申请公布后、专利权授予前使用费纠纷案件；职务发明创造发明人、设计人奖励、报酬纠纷案件；申请诉前停止侵权、财产保全案件；发明人、设计人资格纠纷案件等。

4. 植物新品种民事诉讼

包括植物新品种权属、侵权、合同纠纷案等。

5. 集成电路布图设计民事诉讼

包括集成电路布图设计权属、侵权、合同纠纷案等。

6. 不正当竞争民事诉讼

包括仿冒纠纷；商业贿赂不正当竞争纠纷；虚假宣传纠纷；侵害商业秘密纠纷；低价倾销不正当竞争纠纷；捆绑销售不正当竞争纠纷；有奖销售纠纷；商业诋毁纠纷；串通投标不正当竞争纠纷；垄断纠纷；垄断协议纠纷；滥用市场支配地位纠纷；经营者集中纠纷等。

(二) 按照民事案由划分，知识产权民事诉讼分类

1. 知识产权权属纠纷

包括著作权权属纠纷（著作权权属纠纷；出版者权权属纠纷；表演者权权属纠纷；录音录像制作者权权属纠纷；广播组织权权属纠纷；计算机软件著作权权属纠纷）；商标权权属纠纷；专利权权属纠纷（专利申请权权属纠纷；专利权权属纠纷）；植物新品种权权属纠纷（植物新品种申请权权属纠纷；植物新品种权权属纠纷）；集成电路布图设计专有权权属纠纷；网络域名权属纠纷；发现权纠纷；发明权纠纷；其他科技成果权纠纷等。

2. 知识产权侵权纠纷

包括著作权侵权纠纷（侵害作品发表权纠纷；侵害作品署名权纠纷；

侵害作品修改权纠纷；侵害保护作品完整权纠纷；侵害作品复制权纠纷；侵害作品发行权纠纷；侵害作品出租权纠纷；侵害作品展览权纠纷；侵害作品表演权纠纷；侵害作品放映权纠纷；侵害作品广播权纠纷；侵害作品信息网络传播权纠纷；侵害作品摄制权纠纷；侵害作品改编权纠纷；侵害作品翻译权纠纷；侵害作品汇编权纠纷；侵害其他著作财产权纠纷；侵害出版者权纠纷；侵害表演者权纠纷；侵害录音录像制作者权纠纷；侵害广播组织权纠纷；侵害计算机软件著作权纠纷）；商标权侵权纠纷；专利权侵权纠纷（侵害发明专利权纠纷；侵害实用新型专利权纠纷；侵害外观设计专利权纠纷；假冒他人专利纠纷；发明专利临时保护期使用费纠纷；职务发明创造发明人、设计人奖励、报酬纠纷；发明创造发明人、设计人署名权纠纷）；植物新品种权侵权纠纷；集成电路布图设计专有权侵权纠纷；侵害企业名称（商号）权纠纷；侵害特殊标志专有权纠纷；网络域名侵权纠纷；不正当竞争纠纷等。

3. 知识产权合同纠纷

包括著作权合同纠纷；商标合同纠纷；专利合同纠纷；植物新品种合同纠纷；集成电路布图设计合同纠纷；商业秘密合同纠纷；技术合同纠纷；特许经营合同纠纷；企业名称（商号）合同纠纷；特殊标志合同纠纷；网络域名合同纠纷；知识产权质押合同纠纷等。

二、知识产权民事诉讼的特点

知识产权作为一种新型权利类型，具有独有性、地域性、时效性、无形性等特征，其与传统民法中的物权、债权、人身权等相比存在相当大的差异。故知识产权民事诉讼相较于传统的民事诉讼，具有以下一些特点。

（一）诉讼主体范围广

在知识产权民事诉讼中，诉讼主体的范围非常广泛，诸如知识产权权利人、权利受让人、被许可人以及其他利害关系人都可以成为知识产权民事诉讼主体。知识产权民事法律关系在产生、变更和消灭过程中所发生的一系列的事件或行为，往往会涉及多个与该事件或行为相关联的民事主体，这些相关民事主体，在同一诉讼中都可能成为诉讼主体。

（二）诉讼法律关系复杂

知识产权纠纷一般可分为权属纠纷、侵权纠纷、合同纠纷三大类别。由于知识产权往往兼具财产权和人身权的特点，以及不同诉讼主体所享有的知识产权的权利范围不尽相同，甚至不同权利人所享有的形式上合法的知识产权可能也存在权利冲突，故在确定权属、确认侵权、厘清合同责任等方面所涉及的不同法律关系一般均较为复杂。

（三）专业技术性突出

由于知识产权涉及自然科学、社会科学、人文科学等诸多科学领域，其专业技术性非常突出。故在知识产权民事诉讼中，无论是对知识产权权属问题的确认，还是对是否存在侵权事实的认定，往往都需要有较强的专业技术知识作为支撑。这对于诉讼主体、诉讼参加人、诉讼参与人，乃至审判人员，都在知识面、学科背景、专业知识等方面提出了较高要求。

（四）举证要求严格

由于知识产权客体具有无形性的特点，故知识产权诉讼的举证范围较一般民事诉讼要复杂得多。在知识产权诉讼中，对知识产权权利人而言，首先，要证明自己拥有合法来源的、有效的知识产权，并证明自己知识产权的权利范围；其次，还要提供能够证明自身知识产权被侵犯的事实证据，这一类证据仅凭权利人自身尚难以取得，往往要通过专业调查公司、公证机构乃至科学技术鉴定方可获得，这无疑大大增加了知识产权权利人的维权难度；最后，即使是在自身知识产权被侵犯的事实得以查证的基础上，如何证明自身所主张的损失赔偿额度切实合理仍需大量的举证，无论是证明权利人的实际损失还是侵权人的非法获利，相关证据都难以顺利取得。故在提起知识产权民事诉讼前，要进行大量艰苦复杂的取证工作。

三、知识产权民事诉讼的管辖

鉴于知识产权权利的特殊性，我国知识产权民事诉讼的管辖相较于一般民事诉讼的地域管辖、级别管辖、专属管辖而言，存在一定的特殊之处。分别介绍如下。

（一）知识产权民事诉讼的地域管辖

（1）专利侵权纠纷案件，由侵权行为地或者被告住所地人民法院管辖。侵权行为地包括：被控侵犯发明、实用新型专利权的产品的制造、使用、许诺销售、销售、进口等行为的实施地；专利方法使用行为的实施地，依照该专利方法直接获得的产品的使用、许诺销售、销售、进口等行为的实施地；外观设计专利产品的制造、销售、进口等行为的实施地；假冒他人专利的行为实施地；上述侵权行为的侵权结果发生地。

原告仅对侵权产品制造者提起诉讼，未起诉销售者，侵权产品制造地与销售地不一致的，制造地人民法院有管辖权；以制造者与销售者为共同被告起诉的，销售地人民法院有管辖权。

销售者是制造者的分支机构，原告在销售地起诉侵权产品制造者制造、销售行为的，销售地人民法院有管辖权。

（2）著作权侵权纠纷案件、商标侵权纠纷案件，由侵权行为的实施地、侵权复制品储藏地或者查封扣押地、被告住所地人民法院管辖。侵权复制品储藏地，是指大量或者经常性储存、隐匿侵权复制品所在地；查封扣押地，是指海关、版权、工商等行政机关依法查封、扣押侵权复制品所在地。

著作权侵权纠纷案件、商标侵权纠纷案件，对涉及不同侵权行为实施地的多个被告提起的共同诉讼，原告可以选择其中一个被告的侵权行为实施地人民法院管辖；仅对其中某一被告提起的诉讼，该被告侵权行为实施地的人民法院有管辖权。

（3）涉及计算机网络著作权的侵权纠纷案件由侵权行为地或者被告住所地人民法院管辖。侵权行为地包括实施被诉侵权行为的网络服务器、计算机终端等设备所在地。对难以确定侵权行为地和被告住所地的，原告发现侵权内容的计算机终端等设备所在地可以视为侵权行为地。

（4）涉及计算机网络域名的侵权纠纷案件，由侵权行为地或者被告住所地的中级人民法院管辖。对难以确定侵权行为地和被告住所地的，原告发现该域名的计算机终端等设备所在地可以视为侵权行为地。

（5）植物新品种侵权纠纷案件，由被告住所地或者侵权行为地所属的省、自治区、直辖市人民政府所在地的中级人民法院和最高人民法院指定的中级人民法院管辖。植物新品种侵权纠纷案件中的侵权行为地，是指未经品种权所有人许可，以商业目的生产、销售该植物新品种的繁殖材料的所在地，或者将该授权品种的繁殖材料重复使用于生产另一品种的繁殖材料的所在地。

（6）集成电路布图设计专有权侵权纠纷案件，由被告住所地或者侵权行为地所属的省、自治区、直辖市人民政府所在地的或者所属的经济特区所在地的或者所属的大连、青岛、温州、佛山、烟台市的中级人民法院管辖。

（7）其他知识产权侵权纠纷案件，由侵权行为地或者被告住所地人民法院管辖。

（8）知识产权权属纠纷案件，由被告住所地人民法院管辖。

（9）知识产权合同纠纷案件，由被告住所地或者合同履行地人民法院管辖。合同当事人可以在书面合同中协议选择被告住所地、合同履行地、合同签订地、原告住所地、标的物所在地人民法院管辖，但不得违反级别管辖和专属管辖的规定。

（二）知识产权民事诉讼的级别管辖和指定管辖

（1）著作权民事纠纷案件，由中级以上人民法院管辖。各高级人民法院根据本辖区的实际情况，可以确定若干基层人民法院管辖第一审著作权民事纠纷案件。

（2）专利纠纷第一审案件，由各省、自治区、直辖市人民政府所在地的中级人民法院和最高人民法院指定的中级人民法院管辖。最高人民法院根据实际情况，可以指定基层人民法院管辖第一审专利纠纷案件。

（3）第一审商标民事案件，由中级以上人民法院及最高人民法院指定的基层人民法院管辖。涉及对驰名商标保护的民事、行政案件，由省、自治区人民政府所在地市、计划单列市、直辖市辖区中级人民法院和最高人民法院指定的中级人民法院管辖。

（4）高级人民法院管辖诉讼标的额在 2 亿元以上的第一审知识产权民事案件，以及诉讼标的额在 1 亿元以上且当事人一方住所地不在其辖区或者涉外、涉港澳台的第一审知识产权民事案件。

（5）经最高人民法院指定具有一般知识产权民事案件管辖权的基层人民法院，可以管辖诉讼标的额在 500 万元以下的第一审一般知识产权民事案件，以及诉讼标的额在 500 万元以上 1 000 万元以下且当事人住所地均在其所属高级或中级人民法院辖区的第一审一般知识产权民事案件，具体标准由有关高级人民法院自行确定并报最高人民法院批准。

（6）除应当由经最高人民法院指定具有一般知识产权民事案件管辖权的基层人民法院管辖的以外，均由中级人民法院管辖。

（三）知识产权民事诉讼的专属管辖

2014 年 8 月，全国人大常委会会议通过《关于在北京、上海、广州设立知识产权法院的决定》。2014 年 11 月 3 日，最高人民法院发布知识产权法院案件管辖的有关规定，明确三地知识产权的一审案件管辖范围、跨区域管辖的案件类型、知识产权授权确权案件范围等重要问题。按照该规定：

（1）知识产权法院管辖所在市辖区内的下列第一审案件。

①专利、植物新品种、集成电路布图设计、技术秘密、计算机软件民事和行政案件；

②对国务院部门或者县级以上地方人民政府所作的涉及著作权、商标、不正当竞争等行政行为提起诉讼的行政案件；

③涉及驰名商标认定的民事案件。

（2）广州知识产权法院对广东省内本规定第 1 条第（1）项和第（3）项规定的案件实行跨区域管辖。

（3）北京市、上海市各中级人民法院和广州市中级人民法院不再受理知识产权民事和行政案件。

广东省其他中级人民法院不再受理本规定第1条第（1）项和第（3）项规定的案件。

北京市、上海市、广东省各基层人民法院不再受理本规定第1条第（1）项和第（3）项规定的案件。

（4）案件标的既包含本规定第1条第（1）项和第（3）项规定的内容，又包含其他内容的，按本规定第1条和第2条的规定确定管辖。

（5）下列第一审行政案件由北京知识产权法院管辖：

①不服国务院部门作出的有关专利、商标、植物新品种、集成电路布图设计等知识产权的授权确权裁定或者决定的；

②不服国务院部门作出的有关专利、植物新品种、集成电路布图设计的强制许可决定以及强制许可使用费或者报酬的裁决的；

③不服国务院部门作出的涉及知识产权授权确权的其他行政行为的。

（6）当事人对知识产权法院所在市的基层人民法院作出的第一审著作权、商标、技术合同、不正当竞争等知识产权民事和行政判决、裁定提起的上诉案件，由知识产权法院审理。

（7）当事人对知识产权法院作出的第一审判决、裁定提起的上诉案件和依法申请上一级法院复议的案件，由知识产权法院所在地的高级人民法院知识产权审判庭审理。

（8）知识产权法院所在省（直辖市）的基层人民法院在知识产权法院成立前已经受理但尚未审结的本规定第1条第（1）项和第（3）项规定的案件，由该基层人民法院继续审理。

除广州市中级人民法院以外，广东省其他中级人民法院在广州知识产权法院成立前已经受理但尚未审结的本规定第1条第（1）项和第（3）项规定的案件，由该中级人民法院继续审理。

【思考与练习】

1. 我国知识产权民事诉讼的类型有哪些？

2. 我国知识产权民事诉讼的特点是什么？

3. 我国知识产权民事诉讼的地域管辖如何规定？

4. 我国知识产权民事诉讼的专属管辖如何规定？

5. 我国知识产权民事诉讼的级别管辖如何规定？

第二节　知识产权民事案件一审普通程序模拟

一、模拟案例背景材料

【案例简介】

上海西斯科技有限公司（以下简称"西斯公司"）
诉上海盛名科技有限公司著作权侵权纠纷案

西斯公司是专业从事图片、视频拍摄及经营的企业。该公司在互联网上开设有"西斯图片库"图片网站，拥有近 10 万张各类素材图片。为保障自身版权利益，西斯公司在每张图片中均加载了"西斯视讯"的数字水印，并在网站首页"权利声明"栏目下该公司法律声明："本网站所有图片版权均为上海西斯视讯有限公司所有，未经合法授权，禁止转载，违者必究。"

2016 年 10 月 11 日，西斯公司工作人员发现：上海盛名时尚网（系由上海盛名科技有限公司创办）网页"时尚新闻"栏目下名为"十一期间张家界游人爆棚"的新闻题图图片使用了一张"张家界天门山景区"的图片，经西斯公司工作人员核对，该图片系"西斯图片库"中的一张版权照片（编号 tyg56696），拍摄者为西斯公司特约摄影师王某，系香港特别行政区居民。但由于公司与王某之间已多年未曾联系，现已无法联系到他，且西斯公司与其签署的劳务协议也未找到，只找到了王某的香港永久居民身份证复印件一张。

2016 年 10 月 15 日，西斯公司委派工作人员田某赴上海市杨浦区工商行政管理局查阅上海盛名科技有限公司（以下简称盛名公司）企业档案，确定其住址、法定代表人等内容。花费查询费 200 元。

2016 年 10 月 16 日，西斯公司以特快专递方式向盛名公司发出《版权质询函》一份，指出该公司侵权事实，要求其出示版权使用合法证明，并要求其赔偿人民币计 5 000 元，并保留就其侵权行为追究其法律责任的权利。

2016 年 10 月 20 日，西斯公司派员到上海市公证处，在公证员张某、赵某面前，操作该公证处的计算机，通过屏幕录像专家对涉案网页内容进行了证据保全并刻录成光盘。经对网页照片认真观察，发现该图片左下角有两个"水印"，分别为"西斯视讯"和"图乐世界"。上海市公证处出具了（2016）沪证经字第 1899 号公证书，西斯公司支出公证费用计人民币 1 300 元。

2016 年 10 月 20 日，盛名公司收到西斯公司发出的《版权质询函》，公司经询问相关工作人员，得知该新闻制作人员所使用图片系从百度图片搜索中下载，确未办理过版权授权手续。10 月 22 日，盛名公司删除了侵权网页的图片和文字内容。但未对西斯公司发出的《版权质询函》予以回复。盛名公司曾与"自然图片社"签有图片许可使用协议，使用 100 张图片的一年使用费仅 3 000 元。

2016 年 10 月 24 日，西斯公司委托上海全程律师事务所律师姜某代理本案，要求姜某作为代理律师提起诉讼，索赔金额为人民币 5 000 元、维权合理费用 4 500 元（含律师代理费 3 000 元），共计人民币 9 600 元。并向姜某提供了一份落款为"王某"的手写书面声明，内容为"本人系西斯公司签约摄影师，以下 12 张照片为本人拍摄，版权属于西斯公司"，并附有包括涉案图片在内的 12 张照片，落款时间为"2015 年 12 月 30 日于上海"。以及西斯公司与案外人"威创公司"签署的《著作权许可使用合同》1 份，约定西斯公司许可威创公司使用西斯图片库自然风景图片 30 张，许可使用期 1 年，许可使用费 50 000 元，但未提供发票。

2016 年 10 月 25 日，西斯公司向上海市杨浦区人民法院提起著作权侵权诉讼。盛名公司在接到起诉状副本后，聘请上海财贸律师事务所律师贾某作为诉讼代理人积极应诉。

二、一审普通程序庭审前的准备

（一）原告方庭审前的准备

原告方针对模拟案例，向法庭提交的起诉材料包括以下几种。

（1）原告主体证明材料：原告系自然人的，应当提交身份证复印件；原告为法人或者其他组织的，应当提交企业法人营业执照、法人机构组织代码证、社团法人证书、法定代表人身份证明书等能够证明原告主体身份的相关材料的复印件并在复印件上加盖单位公章。（相关文书格式请参见本章第四节）

（2）诉讼代理人证明文书：无论是委托本单位员工还是委托律师作为诉讼代理人，均应向法庭提交加盖公司公章的授权委托书，授权委托书应明确记载委托人和受托人身份、委托事项和委托权限。

诉讼代理人是本单位员工的，应当将工作证、身份证复印件作为授权委托书的附件一并提交；诉讼代理人是律师的，应当将所在律师事务所出具的律师出庭函作为授权委托书的附件一并提交。（相关文书格式请参见本章第四节）

（3）起诉状：起诉状是指公民、法人或其他组织，在认为自己的合法权益受到侵害或者与他人发生争议时或者需要确权时，向人民法院提交的请求人民法院依法裁判的法律文书。依据《中华人民共和国民事诉讼法》第121条的规定，起诉状应当记明下列事项：①原告的姓名、性别、年龄、民族、职业、工作单位、住所、联系方式，法人或者其他组织的名称、住所和法定代表人或者主要负责人的姓名、职务、联系方式；②被告的姓名、性别、工作单位、住所等信息，法人或者其他组织的名称、住所等信息；③诉讼请求和所根据的事实与理由；④证据和证据来源，证人姓名和住所。（相关文书格式和撰写方法请参见本章第四节）

一般来说，按照模拟训练要求，原告方应当在模拟案例下达后3日内将上述材料递交给合议庭，并由合议庭向被告方转交副本。

【参考实例】

针对模拟案例，起诉状的参考实例如下：

民事起诉状

原告：上海西斯科技有限公司

住所地：上海市宝山区＊＊路＊＊号

法定代表人：张＊＊董事长

被告：上海盛名科技有限公司

住所地：上海市杨浦＊＊路＊＊号

法定代表人：李＊＊董事长

诉讼请求：

1. 依法判令被告停止侵害原告"张家界天门山景区"（编号 tyg56696）图片著作权的行为；

2. 依法判令被告赔偿原告经济损失计人民币 5 000 元；

3. 依法判令被告赔偿为本案支出的合理费用人民币 4 500 元；

4. 依法判令被告承担本案诉讼费用。

事实和理由：

原告是专业从事图片拍摄和经营的合法企业。原告在互联网上开设有"西斯图片库"图片网站，拥有近 10 万张各类素材图片。为保障自身版权利益，原告在每张图片中均加载了"西斯视讯"的水印，并在网站首页"权利声明"栏目下刊登有明确法律声明："本网站所有图片版权均为上海西斯视讯有限公司所有，未经合法授权，禁止转载，违者必究。"

2016 年 10 月 11 日，原告工作人员发现被告创办经营的上海盛名时尚网网页"时尚新闻"栏目下名为"十一期间张家界游人爆棚"的新闻题图图片使用了一张"张家界天门山景区"的图片，系原告"西斯图片库"中的一张原告拥有版权的照片（编号 tyg56696），拍摄者为原告方特约摄影师王某。

针对被告方的著作权侵权行为，原告于 2016 年 10 月 16 日以特快专递方式向被告发出《版权质询函》一份，指出被告侵权事实，要求其出示版权使用合法证明，并要求其赔偿人民币计 5 000 元，并保留就其侵权行为追究其法律责任的权利。但被告至今未予答复。

原告认为：公民、法人的著作权依法受法律保护。被告在明知自身没有使用涉案图片的合法许可的情况下，未经原告同意就擅自使用该涉案图片于自身经营活动，被告的行为已经违反了《中华人民共和国著作权法》

第 47 条第 7 款之规定，已经构成了对原告享有著作权的作品的非法使用，且主观恶意明显，被告依法应当承担停止侵害、赔偿损失等民事责任。

原告为维护自身合法权益，共支出工商查询费用 200 元、公证费用 1 300 元、聘请律师费用 3 000 元，上述费用属于《中华人民共和国著作权法》第 49 条所规定的"权利人为制止侵权行为所支付的合理开支"。故该部分合理费用依法也应由被告承担。

为此，原告特诉至贵院，希望贵院依法支持原告的所有诉讼请求，维护原告的合法权益。

　　此致
上海市杨浦区人民法院

具状人：上海西斯科技有限公司
二〇一六年十月二十五日

附：

起诉状副本一份

证据清单及证据若干

（4）证据清单：证据及其来源是我国民诉法规定的起诉状应当载明的内容。但在知识产权民事审判实践中，由于当事人提交的证据较多，不适于在起诉状中载明。故在实际操作过程中，多是以当事人制作证据清单并附于证据后作为起诉状的附件。（相关文书格式和撰写方法请参见本章第四节）

【训练要点】

证据清单的制作方法如下。

证据清单一般采用列表式方法制作，载明证据序号、证据名称、证据来源、证明目的等。

通常情况下，当事人在开庭前向法庭提交的多为证据复印件，因此，可以在证据清单最下一栏写明"上述证据均系复印件，证据原件在庭审时一并出示"字样。

证据清单应当载明"证据提交人"，证据提交人为自然人的，应当亲笔签名并写明提交时间；证据提交人为法人或者其他组织的，应当加盖单位印鉴章并写明提交时间。

证据清单及所附证据应当按照起诉状的份数提交副本。

【参考实例】

针对模拟案例，证据清单参考实例见表2-1。

表2-1 证据清单

序号	证据名称	证据来源	证明目的
1	"西斯图片库"网站《电信与信息服务业务经营许可证》	上海市通信管理局颁发	原告是涉案西斯图片库网站的合法开办者
2	王某《声明》	王某	原告是涉案图片的著作权人
3	（2012）沪证经字第1899号公证书	上海市公证处	被告侵权事实
4	《版权质询函》及寄送凭证	原告	原告已就被告侵权事实向被告主张权利
5	工商查询费单据	原告	原告为调查被告侵权事实支出工商查询费200元
6	公证费单据	原告	原告为调查被告侵权事实支出公证费1 300元
7	律师代理合同及发票	原告	原告因提起诉讼支出律师代理费3 000元
8	《著作权许可使用合同》	原告	原告版权图片有偿使用价格

以上证据均系复印件，证据原件在开庭时一并提交。

证据提交人：上海西斯科技有限公司（公章）

二〇一六年十月二十五日

（二）被告方庭审前的准备

被告方在接到起诉状副本后，应当在答辩期内向法院提交如下材料：

（1）被告主体身份证明材料（同原告方）；

（2）诉讼代理人证明材料（同原告方）；

（3）答辩状：答辩状是民事诉讼被告针对起诉状的内容，在法定期限内根据事实和法律进行回答和辩驳的文书。答辩状是法律赋予处于被告地位的案件当事人的一种权利，其有处置答辩权的自由，可以答辩，也可以沉默。

依据《中华人民共和国民事诉讼法》第125条之规定：被告应当在收到法院送达的原告起诉状副本之日起15日内提出答辩状。答辩状应当记明被告的姓名、性别、年龄、民族、职业、工作单位、住所、联系方式；法人或者其他组织的名称、住所和法定代表人或者主要负责人的姓名、职务、联系方式。人民法院应当在收到答辩状之日起5日内将答辩状副本发送原告。

一般来说，在模拟训练中，被告方应当在接到合议庭转交的原告方起诉状及证据副本材料后3日内将上述材料提交给合议庭，并由合议庭将副本转交原告。

【参考实例】

针对模拟案例，答辩状参考实例如下：

民事答辩状

答辩人：上海盛名科技有限公司

住所地：上海市宝山区＊＊路＊＊号

法定代表人：李＊＊董事长

答辩人针对原告上海西斯科技有限公司诉答辩人著作权侵权纠纷一案，依法答辩如下。

答辩请求：依法驳回原告的所有诉讼请求。

事实和理由：

一、原告不能证明其是涉案图片的合法著作权人

本案中，原告藉以证明其是涉案图片合法著作权人的唯一证据就是所

谓王某的《声明》。但答辩人认为：该份证据不具备确实充分的证明效力。首先，该份证据是否为王某本人书写，原告并未提供证据证明。仅凭该声明随附的王某的香港特别行政区永久居民身份证，不能证实该《声明》确为王某本人书写。因此，该证据真实性存疑。其次，即使该《声明》确为王某本人书写，该《声明》要作为证据使用，原告应当证明该份证据形成于中国大陆境内。否则根据《最高人民法院关于民事诉讼证据的若干规定》第 11 条第 2 款 "当事人向人民法院提供的证据是在香港、澳门、台湾地区形成的，应当履行相关的证明手续"的规定，该《声明》未依法办理相关的证明手续，证据形式不合法，法院依法不应予以确认。再次，该《声明》所附图片虽然确实与答辩人曾使用的图片完全一致，但答辩人使用的图片上有两个 "水印"，分别为 "西斯视讯"和 "图乐世界"。由此，该图片的著作权人究竟是西斯视讯还是图乐世界甚至可能是第三人尚不能确定。故原告未能证明其是涉案图片的合法著作权人。

二、答辩人的侵权情节轻微

2016 年 10 月 10 日，答辩人创办经营的上海盛名时尚网网页 "时尚新闻"栏目下名为 "十一期间张家界游人爆棚"的新闻题图图片确实使用了一张 "张家界天门山景区"的图片。在答辩人接到原告所发的《版权质询函》后，经答辩人询问该网页制作上传人员得知，该图片系该工作人员从百度图片搜索中下载取得并使用，确实没有获得过图片著作权人的同意。但答辩人使用该图片是用于新闻报道，并非用于商业经营活动，且在得知该图片未经许可使用后，答辩人随即删除了该网页。应当说，答辩人使用该图片即使构成侵权，答辩人也未从该侵权行为中有任何获利，侵权情节及侵权后果均属轻微。

三、原告的索赔请求过高，不应得到支持

本案中，原告就答辩人一次性短暂使用一张图片的行为索赔人民币5 000 元，显然过高。首先，从原告自己提交的《著作权许可使用合同》

的约定来看，该证据虽系原告与案外人签署，与本案没有直接关系，且原告也只提供了合同文本，并未提供该合同确实已经履行的相关证据。但即使是这样，该合同反映出原告方对于使用自己拥有版权图片1年的许可使用费也仅有人民币1 600余元，这与原告方在本案中提出的索赔金额相去甚远。在答辩人提交的与"自然图片社"签署的《图片许可使用合同》中，仅以每年3 000元的价格就可以使用该图片社任意100幅图片。两相比较，原告的索赔金额显然过高，不应得到支持。

综上所述，答辩人认为：原告方不能证明其是涉案图片的合法著作权人，答辩人侵权行为情节轻微，且原告索赔金额明显高于一般市场价格或者其因侵权行为遭受的损失。故答辩人请求贵院依法驳回原告的所有诉讼请求。

　　此　　致
上海市杨浦区人民法院

答辩人：上海盛名科技有限公司
二〇一六年十一月五日

（4）证据清单（同原告方）；针对模拟案例，被告方制作证据清单实例见表2-2。

表2-2　证据清单

序号	证据名称	证据来源	证明目的
1	《图片许可使用合同》及发票	被告	图片使用一般市场价格为30元/幅

以上证据均系复印件，证据原件在开庭时一并提交。

证据提交人：上海盛名科技有限公司（公章）
二〇一六年十一月五日

（三）合议庭庭审前的准备

（1）在模拟训练中，合议庭成员应当及时向原告方转交答辩材料和向被告方转交起诉材料，以确保模拟训练的顺利进行。

（2）合议庭应当在接到原被告双方所提交的诉讼材料后，着手准备《庭审流程》，预先了解和熟悉庭审各环节合议庭要进行的各项工作，并做好分工。

（3）一般来说，庭审由审判长主持，另两位审判员应分别负责就案件事实问题向原被告双方发问。判决书由合议庭成员讨论后共同撰写。（相关文书格式参见本章第四节）

三、一审普通程序庭审流程

知识产权案件民事审判一审案件一般采用民事诉讼普通程序审理。民事案件一审普通程序包括开庭准备、宣布开庭、法庭调查、法庭辩论、法庭调解以及合议庭评议、宣判、闭庭等六个环节。下面结合模拟案例，将庭审各环节演示如下。

（一）开庭准备

【法律依据】

《中华人民共和国民事诉讼法》第 137 条第 1 款：

开庭审理前，书记员应当查明当事人和其他诉讼参与人是否到庭，宣布法庭纪律。

【流程说明】

（1）开庭准备由书记员主持进行；

（2）核实各方当事人是否已到庭、核实其他诉讼参与人是否到庭、核查旁听人员身份；

（3）上述核查工作完毕后，由书记员要求全体到庭人员起立，并邀请合议庭成员入庭。

【参考实例】

针对模拟案例，开庭准备流程参考实例如下：

书记员：请肃静！原告上海西斯科技有限公司诉被告上海盛名科技有限公司著作权侵权纠纷一案，即将开庭审理。现在请当事人和其诉讼代理人入庭。

（原告、原告代理人及被告、被告代理人入庭）

书记员：原告是否到庭？

原告：已到庭。

书记员：被告是否到庭？

被告：已到庭。

书记员：原告代理人是否到庭？

原告代理人：已到庭。

书记员：被告代理人是否到庭？

被告代理人：已到庭。

书记员：请肃静，现在宣布法庭纪律。

全体人员在庭审活动中应当服从审判长的指挥，尊重司法礼仪，遵守法庭纪律，不得实施下列行为：

（一）鼓掌、喧哗；

（二）吸烟、进食；

（三）拨打或接听电话；

（四）对庭审活动进行录音、录像、拍照或使用移动通信工具等传播庭审活动；

（五）其他危害法庭安全或妨害法庭秩序的行为。

诉讼参与人发言或提问，应当经审判长或独任审判员许可。

旁听人员不得进入审判活动区，不得随意站立、走动，不得发言和提问。

媒体记者经许可实施第 1 款第 4 项规定的行为，应当在指定的时间及区域进行，不得影响或干扰庭审活动。

书记员：全体起立，请审判长、审判员入庭）

书记员：报告审判长，原告上海西斯科技有限公司代理人姜＊＊、被告上海盛名科技有限公司代理人贾＊＊均已到庭。庭前准备工作就绪，请开庭。

审判长：全体请坐下。

（二）宣布开庭

【法律依据】

《中华人民共和国民事诉讼法》第 137 条第 2 款：

开庭审理时，由审判长核对当事人，宣布案由，宣布审判人员、书记员名单，告知当事人有关的诉讼权利义务，询问当事人是否提出回避申请。

【流程说明】

（1）核对当事人：审判长在书记员已核对诉讼参加人身份的基础上，重新简单核对出庭人身份后，应征询各方当事人：对对方出庭人员的身份是否有异议。经各方当事人确认无异后，即宣布：经法庭当庭核对确认，出庭的诉讼参加人符合法律规定，准予参加本案的庭审活动。

（2）宣布案由：审判长敲击法槌，正式宣布开庭、宣布案由。

（3）宣布合议庭成员、书记员名单：审判长宣布，本院受理本案后，依法组成合议庭。合议庭组成人员和书记员的名单已告知各方当事人。然后具体介绍合议庭组成人员和书记员，并说明其基本职务情况。

（4）告知当事人有关诉讼权利：一般表述为，开庭前已经将《当事人的权利义务告知书》送达各方当事人，审判长逐一询问各方当事人，是否知悉自己在诉讼中的权利和义务。

（5）询问当事人是否申请回避：在当事人确认知悉诉讼权利义务后，审判长应逐一询问各方当事人，是否申请合议庭成员和书记员回避，当事人确认不提出回避申请的，庭审活动方得以继续进行。

（6）宣告庭审的阶段：由审判长宣布庭审各阶段，一般分为法庭调查、法庭辩论、法庭调解，调解不成的，法庭将休庭评议后进行宣判。

（7）庭审指示：审判长还应强调：各方当事人应当正确行使诉讼权利，切实履行诉讼义务，遵守法庭规则，服从法庭指挥，确保庭审活动的顺利进行。

【参考实例】

针对模拟案例，宣布开庭流程参考实例如下：

［宣布开庭］

审判长：现在核对当事人、诉讼参与人基本情况。

审判长：原告陈述一下你的企业名称、住所地、法定代表人。

原告：上海西斯科技有限公司，住所地在上海市宝山区＊＊路＊＊号，法定代表人就是我本人张＊＊，是公司的董事长。

审判长：原告委托代理人的姓名、身份、委托代理权限？

原告代理人：上海全程律师事务所姜＊＊律师，委托代理权限为一般诉讼代理。

审判长：被告陈述一下你的企业名称、住所地、法定代表人。

被告：上海盛名科技有限公司，住所地在上海市杨浦区＊＊路＊＊号，法定代表人就是我本人李＊＊，是公司的董事长。

审判长：被告委托代理人的姓名、身份、委托代理权限？

被告代理人：上海财贸律师事务所贾＊＊律师，委托代理权限为一般诉讼代理。

审判长：原、被告对对方的出庭人员身份是否有异议？

原告：没有。

被告：没有。

审判长：经审查，原、被告出庭人员符合法律规定，可以参与本案庭审活动。

审判长：（敲击法槌）现在开庭。上海市杨浦区人民法院今天公开开庭审理原告上海西斯科技有限公司诉被告上海盛名科技有限公司著作权侵权纠纷一案，依据《中华人民共和国民事诉讼法》第39条第1款、第134条的规定，本案由审判员＊＊＊担任审判长，审判员＊＊＊、＊＊＊，人民陪审员＊＊＊、＊＊＊组成合议庭适用普通程序进行审理，书记员＊＊＊担任法庭记录。

审判长：有关当事人诉讼权利与义务的规定，庭审前已以书面形式告知双方当事人。原、被告对诉讼权利、义务是否清楚？原告？

原告：清楚。

审判长：被告是否清楚？

被告：清楚。

审判长：根据我国《民事诉讼法》第 44 条、第 45 条之规定，如双方当事人对本案合议庭人员，书记员，认为有下列情况之一的，可以提出理由申请回避。

1. 是本案当事人或者当事人诉讼代理人的近亲属的；

2. 与本案有利害关系；

3. 与本案当事人有其他关系，可能影响对案件公正审理的。

审判长：原告是否申请回避？

原告：不申请。

审判长：被告是否申请回避？

被告：不申请。

审判长：本次庭审分为以下几个阶段：法庭调查、法庭辩论、当事人最后陈述、法庭调解，调解不成的，法庭将休庭评议后进行宣判。为保证庭审的顺利进行，合议庭希望各方当事人应当正确行使诉讼权利，切实履行诉讼义务，遵守法庭规则，服从法庭指挥，确保庭审活动的顺利进行。各方当事人是否清楚了？原告？

原告：清楚了。

审判长：被告？

被告：清楚了。

（三）法庭调查

【法律依据】

《中华人民共和国民事诉讼法》第 138 条：

法庭调查按照下列顺序进行：

（1）当事人陈述；

（2）告知证人的权利义务，证人作证，宣读未到庭的证人证言；

（3）出示书证、物证、视听资料和电子数据；

（4）宣读鉴定意见；

（5）宣读勘验笔录。

【流程说明】

法庭调查是指审判人员在诉讼参与人的参加下，在庭审中依照法定程序调查、核实案件事实和证据的诉讼活动。法庭调查是法庭审理案件的中心环节。在民事审判中，法庭调查一般可分为：诉辩阶段、归纳小结阶段、举证质证阶段和问答阶段。各阶段的主要流程如下。

（1）诉辩阶段：在审判长指示引导下，首先请原告宣读起诉状或者简要陈述诉讼请求及所依据的事实和理由。然后请被告宣读答辩状或者简要陈述诉讼主张及所依据的事实和理由。

（2）归纳小结阶段：为顺利推进庭审，在诉辩阶段结束后，审判长应当根据当事人陈述，结合案件的其他诉讼材料，对双方诉辩阶段情况进行归纳。并明确双方没有争议的事实、双方存在争议的事实，并征询当事人是否同意。

（3）举证质证阶段：归纳小结后，由审判长宣布进入举证质证阶段。

当事人举证，应在审判长引导和指示下，根据具体调查事项，有针对性地提供证据材料。当事人应当庭出示证据和进行说明。说明的内容包括证据的名称、种类、来源、内容以及证明对象等。

当事人质证，应当在审判长引导和指示下，针对证据的真实性、有效性、关联性、合法性、证据证明力有无以及证明力大小，进行辨认与辩驳。质证时，法庭应当首先指示质证当事人对证据作出是否认可的意思表示。如不认可，应提出具体的理由，并组织当事人展开质辩。

举证质证应当交叉进行，合议庭可根据案件实际情况和双方证据数量、种类，要求各当事人采用"一举一质""类举类质"或者"全举全质"的方式进行。一般先由原告举证，被告质证；再由被告举证，原告质证。举证质证可以按照证人出庭、书证、物证、电子证据、鉴定意见、勘验意见的顺序进行。

（4）问答阶段：在举证质证结束后，法庭根据案件审理的需要，可以给当事人相互发问的机会。由审判长宣布，当事人有问题需要向对方当事人发问的，经法庭许可，可以发问。并逐一征询各方当事人，如果当事人申请发问的，请发问。法庭审查确认后，指示被问当事人答问。合议庭根据案件审理的需要，也可以向当事人发问。设置问答阶段的目的，在于进一步查明案件事实，尤其是与案件处理紧密相关，而双方当事人在举证质证阶段又没有涉及或者没有明确的事实。

【参考实例】

针对模拟案例，法庭调查流程参考实例如下：

［法庭调查］

1. 诉辩阶段

审判长：根据《中华人民共和国民事诉讼法》第 138 条的规定，现在进行法庭调查。首先由原告及其诉讼代理人陈述诉讼请求和事实理由。

原告代理人：宣读起诉状。（略）

审判长：原告对诉讼请求、事实、理由有无变更或补充？

原告：没有。

审判长：由被告及其诉讼代理人陈述答辩意见及事实理由。

被告代理人：宣读答辩状。（略）

审判长：被告对答辩意见有无变更或补充？

被告：没有。

2. 归纳小结

审判长：根据双方诉辩意见，本庭认为以下事实是双方认可的事实：

（1）本案所涉"西斯图片库"系由原告西斯公司开办运营；

（2）本案所涉"盛名时尚网"系由被告盛名公司开办运营；

（3）被告使用本案所涉图片确未得到著作权人的许可。

双方争议事实有：

（1）原告西斯公司是否是本案所涉图片的著作权人；

（2）被告是否应当就其使用涉案图片行为向原告承担赔偿责任；

（3）原告主张的赔偿数额是否适当。

审判长：原告，对本庭归纳的争议事实有无异议？

原告代理代：没有。

审判长：被告，对本庭归纳的事实焦点有无异议？

被告代理人：没有。

3. 举证质证阶段

审判长：现在由原、被告双方举证、质证。合议庭提醒原、被告双方，举证质证应围绕本庭归纳的争议事实进行，按（1）～（3）的顺序一一列举，并简要说明每一证据来源及其证明的事实。对对方出示的证据有权质证，发表承认或否认的意见，否认对方证据应简要说明理由，并提供证据予以反驳。所有证据应在质证阶段出示，否则本庭不予认证。鉴于本案双方证据数量不多，故本案举证质证采用"全举全质"的方式进行，即首先由原告方将所有证据当庭举证，然后由被告就原告全部证据进行质证；再由被告方将所有证据举证，然后由原告就被告全部证据进行质证。

审判长：现在首先由原告出示证据？

原告代理人：原告方向法庭提交 8 份证据，具体为：

（1）上海市通信管理局颁发"西斯图片库"网站《电信与信息服务业务经营许可证》，证明原告是涉案西斯图片库网站的合法开办者；

（2）王某《声明》及附件，证明涉案图片的拍摄者是王某，其是原告的特约摄影师，其所拍摄涉案图片系职务行为，该图片著作权归原告所有；

（3）上海市公证处出具的（2016）沪证经字第 1899 号公证书，证明被告未经原告许可使用涉案图片，构成侵权；

（4）原告向被告发送的《版权质询函》及寄送凭证，证明原告已就被告侵权事实向被告主张权利；

（5）工商查询费单据，证明原告为调查被告侵权事实支出工商查询费 200 元；

（6）公证费单据，证明原告为调查被告侵权事实支出公证费 1 300 元；

（7）律师代理合同及发票，证明原告因提起诉讼支出律师代理费3 000元；

（8）《著作权许可使用合同》，证明原告图片库图片系有偿使用。

原告举证完毕。

审判长：好！下面由被告质证。

被告代理人：好的。被告对原告出示的证据1、3、4、5、6、7号证据的真实性、有效性及与本案的关联性没有异议。对证据2、8的真实性、有效性及与本案关联性有异议。

针对证据2，被告认为：该份证据是否为王某本人书写，原告并未提供证据证明。首先，仅凭该声明随附的王某的香港特别行政区永久居民身份证，不能证实该《声明》确为王某本人书写。因此，该证据真实性存疑。其次，即使该《声明》确为王某本人书写，该《声明》要作为证据使用，原告应当证明该份证据形成于中国大陆境内。否则根据《最高人民法院关于民事诉讼证据的若干规定》第11条第2款"当事人向人民法院提供的证据是在香港、澳门、台湾地区形成的，应当履行相关的证明手续"的规定，该《声明》未依法办理相关的证明手续，证据形式不合法，法院依法不应予以确认。再次，该《声明》所附图片虽然确实与答辩人曾使用的图片完全一致，但答辩人使用的图片上有两个"水印"，分别为"西斯视讯"和"图乐世界"。由此，该图片的著作权人究竟是西斯视讯还是图乐世界抑或是第三人尚无法确定。

针对证据8，被告认为：该《著作权许可使用合同》系原告与案外人签署，与本案没有直接关系，且原告也只提供了合同文本，并未提供该合同确实已经履行的相关证据。从该合同的价格条款约定看，反映出原告方对于使用自己拥有版权图片1年的许可使用费也仅为人民币1 600余元，这与原告方在本案中提出的索赔金额相差甚大。

被告质证意见发表完毕。

审判长：好。原告，你对被告的质证意见有无反驳意见。

原告代理人：有的。王某的声明已经载明了其书写地点为上海，故不需要进行公证认证手续；王某已经表明涉案图片的著作权归原告所有，被告没有相反证据推翻这一事实；王某的声明后所附图片与被告侵权网页使用图片一致，进一步佐证了被告侵权事实。而针对证据8，其已能证明原告的版权图片的使用是有偿使用，至于价格问题，正常使用价格和侵权赔偿金额不能简单划等号，否则不能体现出对侵权行为的惩罚性。

审判长：好！下面由被告出示证据。

被告代理人：被告向法庭提交一份证据。即被告方与"自然图片社"签订的《图片许可使用合同》及发票，证明一般风景图片的许可使用市场价格仅为30元/幅。

审判长：请原告对被告证据进行质证。

原告代理人：好的。原告认为，该证据系被告与案外人签署，原告无法认定其真实性；图片作为创作作品，本身具有不同的艺术价值，也就具有不同的市场价格，该证据所载明的价格与本案没有关联性。质证意见发表完毕。

审判长：被告对原告的质证意见有无反驳意见？

被告代理人：有的。被告不仅出示了合同，还出具了支付有偿使用费的发票，足以证明该合同的真实性；网络图片库在网上有很多，被告通过该合同只是证明一般图片许可使用的市场价格。

4. 问答阶段

审判长：原、被告双方是否需要相互发问？

原告代理人：没有。

被告代理人：不需要。

审判长：那下面合议庭问双方几个问题。首先问原告：王某与你单位是何关系？

原告：王某系我单位的签约摄影师，由其拍摄照片，我公司支付报酬，所拍摄照片的著作权归原告所有。

审判长：原告是否能够提供你单位与王某签署的劳务协议？或者支付给王某劳务报酬的支付凭证？

原告：劳务协议是签署过的，但距现在时间久远，找不到了。劳务报酬的支付是现金支付，没有支付凭证。

审判长：原告是否能够提供能够证明王某所书写的声明是在上海市所写的相关证据？

原告：该声明确实是王某在上海书写，但原告目前没有相关证据加以证实。

审判长：涉案图片上的另一个水印"图乐世界"与你单位是否具有业务关系？

原告：没有。原告不知晓"图乐世界"的相关情况。

审判长：下面问被告几个问题？被告你们使用涉案图片的来源是什么？

被告：是我单位工作人员在百度图片搜索中下载而来。

审判长：被告在使用涉案图片时有无关注到图片上的水印？

被告：没有仔细观察。因为该图片是用于一个描述性新闻报道的题图，不是用于商业经营。

审判长：好！针对本案的事实，原、被告双方还有无补充陈述？

原告：没有。

被告：没有。

审判长：好！法庭调查结束。通过法庭调查，结合原、被告双方的陈述和举证质证意见，合议庭认为：本案中被告盛名公司使用涉案图片未得到著作权人许可事实成立，但本案双方争议焦点集中在：（1）原告西斯公司是否具有涉案图片的著作权？（2）如果原告西斯公司是涉案图片的著作权人，被告盛名公司应当承担的侵权赔偿额度应当如何认定？

原被告双方对合议庭总结的本案争议焦点有无异议或者补充？

原告：没有。

被告：没有。

【训练要点】

一、知识产权民事诉讼中的举证基本要求

（1）举证方在向法庭提出证据材料时，应向法庭说明该证据材料的来源、种类及希望证明的案件事实。

（2）证据材料为物证的，一般应提供原物。对于不宜直接提取的物证，或者易损坏、消失、变质、易燃、易爆物品等，可以提供该物证的照片、录像，或对该物证的检查笔录等。

（3）证据材料为书证的，应当提供原件。提供原件确有困难的，可以提交复制件、影印件、副本、节录本等。

（4）证据材料为勘验笔录及鉴定结论的，应当提供原件。

（5）证据材料为视听资料的，应当提交未被剪辑、加工过的原始资料。

（6）证据材料为证人证言的，提供该证言的证人应当出庭作证。证人必须具有作证资格。

（7）证据材料有使用外国语言文字的，应由提供该证据材料的一方翻译成我国通用的语言文字。证据材料的翻译，应由专门的翻译机构进行。

（8）当事人提交在域外形成的证据，应当经所在国公证机关予以证明，并经我国该国领事馆认证，或者履行我国与该国相关条约规定的证明手续。

（9）当事人提供外文书证或者外文说明资料，应当附有中文译文。对方当事人提出异议的，应提交该中文译本的公证文书。

（10）下列事实，当事人无须举证证明：①众所周知的事实；②自然规律及定理；③根据法律规定或者已知事实和日常生活经验法则，能推定出的另一事实；④已为人民法院发生法律效力的裁判所确认的事实；⑤已为仲裁机构的生效裁决所确认的事实；⑥已为有效公证文书所证明的事实。

前款（1）（2）（5）（6）项，当事人能够举出相反证据足以推翻的除外。

二、著作权民事诉讼中的举证和抗辩

（一）著作权民事诉讼中权利人的举证范围

1. 原告享有合法有效的著作权的证据

在著作权民事诉讼中，权利人首先要证明所主张的著作权合法有效，并且自己是合法的所有权人。提交该类证据的目的在于证明著作权的归属、该作品是否仍然受法律保护、该作品的外在表现形式、权利的性质和范围等。

（1）著作权登记证书——最直接的证明著作权归属的证据。尽管我国著作权法并不要求必须以著作权登记证书作为权利证明的依据，但提交著作权登记证书是一种最简捷、最有效的证明权利方式。

（2）根据著作权法的相关规定，如无相反证据，在作品上署名的公民、法人或其他组织为作者。

如果是原创作品，应当提供原创作品的证明，包括涉及著作权的底稿、原件、摄影作品的底片、计算机软件的源程序等。

如果作品已经作为合法出版物获得公开出版发行，则提供合法出版物就具有较强的证据效力。

一般来说，人们对作品的底稿、原件作为证据比较熟悉，司法解释的规定增加了合法出版物可以作为证据使用，在一些情况下，就不需要再找作品的底稿、原件来证明了。

（3）权利人的权利若是获得许可取得，则应当提供作者的授权合同或许可协议等。

（4）合作的作品应当提供合作创作的协议等证据。

（5）著作权系受让取得，应当提供著作权转让协议。根据著作权法的相关规定，著作权的财产权利可以全部或部分转让，转让著作权财产性权利应当订立书面合同。但若未采取书面合同形式的，根据最高法院的司法解释，法院依据合同法的有关规定审查合同是否成立。

（6）原告主张的作品在著作权的保护期内。

2. 被告侵犯著作权的证据

"接触加实质性相似"是多年来司法实践总结出来的著作权侵权判定规则。根据这一规则，原告只要证明被告接触了原告的作品，被控侵权作品与原告的作品相同或者实质性相似，原告即完成了举证责任。

（1）"实质性相似"。

当原、被告作品完全相同或基本相同的时候，对于是否构成抄袭的认定是比较容易的，对于文字作品和美术作品，将两部作品进行直观比较就可以得出是否相同或近似的结论。但实践中往往要比这复杂得多，需要通过整体比对、逐个比对等来认定是否构成"实质性相似"。

（2）"接触"——被告接触原告作品的证据。

以直接证据证明被告已实际接触原告的作品，如被告曾经阅读过、购买过、收到过原告作品，或者被告曾在原告处工作等方式接触过原告作品。

证明被告有"合理的可能"接触过原告的作品，也可以认定被告接触了原告的作品，如原告的作品曾经以发行、展览、放映等公开方式公之于众。

3. 侵权行为导致损害赔偿的证据

（1）权利人的实际损失：包括权利人因侵权所造成复制品发行减少量×该复制品单位利润之积；或者侵权复制品销售量×该复制品单位利润之积；被告侵权使原告利润减少的数额；被告以报刊、图书出版或类似方式侵权的，可参照国家有关稿酬的规定，参考作品的知名度、侵权期间的市场影响力、作者知名度、被告的过错程度等，在国家有关稿酬规定的 2～5 倍内确定赔偿数额；商业用途中使用文字、美术、摄影等作品，用于商品包装装潢、商品图案、宣传资料等，可以根据作品的知名度、在产品中的显著性、被告的经营规模、侵权方式、范围、获利等因素确定赔偿数额；原告合理的许可使用费；权利人的其他实际损失。

（2）侵权人违法所得：权利人的实际损失难以计算的，可以按照侵权人的违法所得给予赔偿。计算方式为：侵权复制品的销售数量×每件侵权复制品的单位利润之积。

（3）法定赔偿：当权利人的实际损失或者侵权人违法所得都不能确定的，著作权法规定可由法院根据作品类型、合理许可使用费、作品的知名度和市场价值、权利人的知名度、作品的独创性以及侵权行为、范围、程度、后果等因素，判决给予 50 万元以下的赔偿数额。

（4）合理开支：为制止侵权行为所支付的"合理开支"一般包括：律

师费；公证费及其他调查取证费；交通住宿费；诉讼材料印制费；权利人为制止侵权或诉讼支付的其他合理费用等。

（二）著作权民事诉讼中被告的抗辩主张

（1）原告不是涉案作品的著作权人：作为著作权侵权案件的被告方，如果对权利人的权利主张进行抗辩，最直接最有效的方式就是否定权利人所享有的著作权。

（2）涉案作品相同或近似具有合法理由：著作权法保护的是作品的表达形式，不同的两个作者完全有可能创作出表达形式相同或类似的作品。被告能够举证证明存在下列事实之一，可以认定涉案作品相同或近似具有合法理由：

①与原告作品相同或相近似的部分源于被告自行创作；（由不同作者就同一题材创作的作品，作品的表达系独立完成并且具有创造性，应当认定作者各自享有独立的著作权）

②与原告作品相同或相近似的部分属于公有领域或者源于第三方；

③与原告作品相同或相近似的原因在于执行共同的标准或者表达形式有限；

④其他造成相同或近似的合理理由。

（3）被告已经尽到了合理的注意义务：这主要是针对出版者、制作者、发行者、出租者的举证责任。

三、专利权民事诉讼中的举证和抗辩

（一）专利权民事诉讼中权利人的举证范围

1. 原告享有的专利权合法有效的证据

根据原告（即起诉人）身份的不同，可以分为专利权人起诉、专利权人的合法继承人起诉、独占许可的被许可人起诉、排他许可的被许可人起诉、普通许可的被许可人起诉5种类型以及1种特殊的涉及新产品的制造方法专利诉讼。

（1）专利权人起诉的，应当提交证明其专利真实有效的文件，包括专利证书、权利要求书、说明书和最新的专利年费缴纳凭证。若是关于实用新型专利侵权诉讼的，还应当提交国家知识产权局出具的实用新型专利检索报告。专利权的保护范围以权力要求书为准，说明书及附图的内容仅用来解释权利要求书的内容，但不能引入权利要求。

（2）专利权人的合法继承人起诉的，除了提交上述第 1 项的材料外，还需提交相关继承关系的证明。

（3）独占许可的被许可人起诉的，除了提交上述第 1 项的材料外，还需提交独占许可使用合同。

（4）排他许可的被许可人起诉的，除了提交上述第 1 项的材料外，还需要提交排他许可使用合同以及专利权人放弃诉讼的证明材料。

（5）普通许可的被许可人起诉的，除了提交上述第 1 项的材料外，还需要提交普通许可使用合同以及专利权人明确授权被许可人提起诉讼的证明材料。

（6）涉及新产品的制造方法专利诉讼的，虽然专利法规定了被告"提供其产品制造方法不同于专利方法的证明"，但并不意味着原告没有举证责任。原告的举证责任有：①证明原告有一项产品制造方法的有效发明专利；②该方法专利使用的结果是产生一项新产品；③被告制造了与其新产品相同的产品。

2. 被告实施了侵犯专利权的行为

（1）侵权人生产的被控侵权的产品，这是最直接的证据；

（2）因客观原因确实无法收集到被控侵权的产品，则可以先提供诸如侵权人在报刊上刊登的销售其产品的广告、宣传单、与他人签订的买卖合同等间接证据；

（3）被控侵权产品的销售者和使用者明知该产品是侵权产品而进行销售或使用；

（4）被控侵权产品与权利人的专利权利要求书进行比对，说明其技术特征如何落入了权利人专利的保护范围，即证明侵权成立。

3. 侵权行为导致了损害后果的发生

（1）权利人的实际损失。

权利人因侵权所受到的损失＝专利权人的专利产品减少的销售总量×每件专利产品的合理利润所得。

权利人销售量减少的总数难以确定的，则所受损失为市场上的侵权产品总数×每件专利产品的合理利润所得。

（2）侵权人的违法所得。

侵权人因侵权所获得利益＝市场上的侵权产品总数×每件侵权产品的合理利润所得。

侵权人因侵权所获得利益一般按照侵权人的营业利润计算，对于完全以侵权为业的侵权人，可以按照销售利润计算。

（3）法定赔偿。

权利人的损失或者侵权人获得的利益难以确定的，有专利许可使用费可以参照的，法院可以根据专利权的类型、侵权人的侵权性质和情节、专利许可使用费的数额以及该专利许可的性质、范围、时间等因素，参照该专利许可使用费的1~3倍合理确定赔偿数额；没有专利许可使用费可以参照或者专利许可使用费明显不合理的，法院根据专利权的类型、侵权行为的性质和情节等因素，一般在5 000元以上30万元以下确定赔偿数额，最高不超过50万元人民币。2008年10月1日实施的新《专利法》将法定赔偿数额确定为1万元以上100万元以下。

（4）合理开支。

为制止侵权行为所支付的"合理开支"一般包括律师费；公证费及其他调查取证费；交通住宿费；诉讼材料印制费；权利人为制止侵权或诉讼支付的其他合理费用等。

（二）专利权民事诉讼中被告的抗辩主张

1. 对原告的专利权宣告无效

在专利侵权诉讼中，为了赢得诉讼的胜利，被告最直接的方式就是请求专利复审委员会宣告专利无效。最好是宣告专利权利要求全部无效，即使不能全部宣告无效，至少也要通过无效程序缩小专利独立权利要求的保护范围，这对专利侵权诉讼也是有很大帮助的。

侵犯实用新型专利、外观设计专利纠纷案件的被告请求中止诉讼的，应当在答辩期内提出无效宣告请求。

2. 证明原告滥用专利权

被告需提供相应的证据证明原告的专利权已经超过保护期、已经被权利人放弃、已经被撤销或被宣告无效，也即证明原告已经不具有专利权或专利权存在瑕疵。

被告以原告恶意取得专利权抗辩，应当提供相关证据。所谓恶意取得专利权是指将明知不应当获得专利保护的发明创造，故意采取规避法律或不正当手段获得专利权。

3. 被控物不侵权

（1）被控物缺少原告专利权利要求中记载的必要的技术特征，不构成侵权；

（2）被控物的技术特征与原告专利权利要求中相对应的必要技术特征相比，有了 1 项或 2 项以上的技术特征有了本质区别，不构成侵权。

（3）个人非经营目的制造、使用的行为，不构成侵权。但单位除外，即单位未经许可制造、使用他人的专利产品，则应当承担侵权责任。

4. 被控物依法不视为侵权（根据新修订的《专利法》有关规定，被控物不认为是侵权）

（1）专利权用尽，专利权人制造或经专利权人许可制造的专利产品售出后，使用或再销售该产品的行为，不视为侵犯专利权。

（2）先用权，在专利申请日以前已经制造相同产品、使用相同方法或者已经作好了制造、使用的必要准备，并且仅在原有范围内继续制造、使用的行为，不视为侵犯专利权。

（3）科学研究和实验性使用，专为科学研究和实验而使用有关专利的行为，不视为侵犯专利权。

（4）非故意行为，为生产经营目的，使用或者销售不知道是未经专利权人许可而制造并出售的专利产品，属于侵犯专利权的行为。但是使用者或销售者能证明其产品是合法来源的，不承担赔偿责任，但应当承担停止侵权的法律责任。所谓"合法来源"是指使用者或销售者通过合法的进货渠道、正常的买卖合同和合理的价格从他人处购买的侵权产品。

（5）临时过境，临时通过中国领土、领水、领空的外国运输工具，依照其所属国同中国签订的协议或者共同参加的国际条约或者依照互惠原则，为运输工具自身需要而在其装置和设备中使用有关专利的行为，不视为侵犯专利权。

（6）为提供行政审批所需要的信息，制造、使用、进口专利药品或专利医疗器械的，以及专门为其制造进口专利药品或专利医疗器械的。

5. 被控物使用的是已有公知技术

在专利侵权诉讼中，被告提供证据证明其实施的技术或者设计属于现有技术或者现有设计。

6. 被控侵权技术来源于第三方

被告可以以其实施的技术是通过技术转让合同从第三人处合法取得为理由进行抗辩，但此抗辩理由不属于对抗专利侵权的理由，只是承担侵权责任的抗辩理由。一般情况下，转让方和受让方构成共同侵权，在确定责任时，应当由转让方首先承担责任，受让方承担一般连带责任。

7. 原告的主张超过诉讼时效

8. 要求严格适用举证责任倒置

虽然在民事诉讼举证责任中明确规定"因新产品制造方法发明专利引起的专利侵权诉讼，由制造同样产品的单位或个人对其产品的制造方法不同于专利方法承担举证责任"，但是被告的举证责任应限定在必要的范围内，即以足以证明其产品的制造方法与原告的专利方法不同为必要，而不是要求被告提供其产品的全部制造方法，这样在很大程度上能起到保护商业秘密的作用。

四、商标权民事诉讼中的举证和抗辩

（一）商标权民事诉讼中权利人的举证范围

1. 原告享有的商标权合法有效的证据

（1）商标权人起诉的，应当提交商标注册证书、商标续展注册证书、商标转让证明、商标权人名称变更证明等。

在提交商标注册证书的时候，应当明确商标权保护的范围，包括文字、图形、核准注册的产品和服务类别、是否是驰名商标，等等。

（2）商标权人的合法继承人起诉的，除了提交上述第 1 项的内容外，还应当提供相关继承关系的证明。

（3）独占许可的被许可人起诉的，除了提交上述第 1 项的材料外，还需提交独占许可使用合同。

（4）排他许可的被许可人起诉的，除了提交上述第 1 项的材料外，还需要提交排他许可使用合同以及商标权人放弃诉讼或不起诉的证明材料。

（5）普通许可的被许可人起诉的，除了提交上述第 1 项的材料外，还需要提交普通许可使用合同以及商标权人明确授权被许可人提起诉讼的证明材料。

2. 被告实施了侵犯商标权的行为

（1）未经商标注册人的许可，在同一种商品或者类似商品上使用与其注册商标相同或者近似的商标的；

（2）销售侵犯注册商标专用权的商品的；

（3）伪造、擅自制造他人注册商标标识或者销售伪造、擅自制造的注册商标标识的；

（4）未经商标注册人同意，更换其注册商标并将该更换商标的商品又投入市场的；

（5）将与他人注册商标相同或者相近似的文字作为企业的字号在相同或者类似商品上突出使用，容易使相关公众产生误认的；

（6）在同一种或者类似商品上，将与他人注册商标相同或者近似的标志作为商品名称或者商品装潢使用，误导公众的；

（7）故意为侵犯他人注册商标专用权行为提供仓储、运输、邮寄、隐匿等便利条件的；

（8）复制、摹仿、翻译他人注册的驰名商标或其主要部分在不相同或者不相类似商品上作为商标使用，误导公众，致使该驰名商标注册人的利益可能受到损害的；

（9）将与他人注册商标相同或者相近似的文字注册为域名，并且通过该域名进行相关商品交易的电子商务，容易使相关公众产生误认的。

3. 侵权行为导致的损失

（1）权利人的实际损失。权利人因侵权所受到的损失＝商标权人的商品减少的销售总量×该注册商标商品的单位利润（或者侵权商品销售量×该注册商标商品的单位利润）。

（2）侵权人的违法所得。侵权人的违法所得＝侵权商品销售量×该侵权商品的单位利润（该侵权商品单位利润无法查明的，按照注册商标商品的单位利润计算）。

（3）法定赔偿。权利人的实际损失或违法所得难以计算的，可以根据当事人的申请或法院依职权适用商标法的规定，综合考虑侵权行为各方面的因素，确定给予 50 万元以下的赔偿。

（4）合理开支。为制止侵权行为所支付的"合理开支"一般包括律师费；公证费及其他调查取证费；交通住宿费；诉讼材料印制费；权利人为制止侵权或诉讼支付的其他合理费用。

（二）商标权民事诉讼中被告的抗辩主张

1. 原告商标具有瑕疵，提出中止审理

（1）是否违反了商标注册的绝对和相对禁用条款；

（2）是否已经成为通用名称；

（3）是否为不当注册；

（4）是否为恶意抢注被告的商标；

（5）被告是否在先使用该商标并有一定影响；

（6）是否侵犯了被告的外观设计专利、企业名称、域名等在先权利；

（7）是否与被告的商标构成在类似商品上的近似商标；

（8）是否连续 3 年未使用；

（9）是否侵犯了驰名商标的权益。

2. 被控侵权产品不是被告生产的

原告用来证明被告侵权的产品并不是被告生产或销售的，或者该被控侵权商品的销售商并没有直接从被告处进货的证据，不排除是他人的假冒商品。

3. 被告使用的商标与原告主张权利的商标不相同或不相近似

被告可以根据商标近似的判定原则、方法以及注册商标显著性不强、知名度不高等方面收集被告商标与原告商标不相同或不近似的各种证据，两商标不相同或不相近似不会构成消费者的混淆。

4. 被控侵权商品与注册商标核准的商品不类似

被告可以从商品的功能、用途、主要原料、销售渠道、消费对象、价格等方面将自己的商品与原告注册商标核定使用的商品进行对比，寻找不同之处，提出商品不类似，不会构成消费者的混淆。

5. 被告的行为属于正当使用或者未将标志作为商标使用

被告在使用注册商标时，是为了向消费者表明被告商品的通用名称、图形、型号，或者是商品的质量、主要原料、功能、用途、重量、数量及其他特点的，不会构成侵权。

（四）法庭辩论

【法律依据】

《中华人民共和国民事诉讼法》第 141 条：

法庭辩论按照下列顺序进行：

（1）原告及其诉讼代理人发言；

（2）被告及其诉讼代理人答辩；

（3）第三人及其诉讼代理人发言或者答辩；

（4）互相辩论。

法庭辩论终结，由审判长按照原告、被告、第三人的先后顺序征询各方最后意见。

【流程说明】

（1）宣布法庭辩论：审判长宣布，现在进行法庭辩论。

（2）宣布法庭辩论的进行顺序和要求：法庭辩论一般可以分为对等辩

论和互相辩论两个阶段。按照原告方发表辩论意见、被告方发表辩论意见、互相辩论的顺序进行。在法庭辩论正式开始前，审判长应当向各方当事人提出进行法庭辩论的要求，如各方当事人在法庭辩论中，辩论发言应当经法庭许可；注意用语文明，不得使用讽刺、侮辱的语言；语速要适中，以便法庭记录；发言的内容应当避免重复。在法庭辩论的过程中，如有违反规则的言行，合议庭有权制止等。

（3）对等辩论：根据案件的复杂程度不同，法庭对等辩论阶段可以在审判长的引导和指示下，采取针对全案焦点一并发表辩论意见或者围绕每个争议焦点逐个进行的方法开展法庭辩论。

（4）互相辩论：在对等辩论结束后，审判长根据对等辩论的情况，引导和指示各方当事人对合议庭认为尚未辩论充分的争议焦点开展互相辩论。互相辩论时，每方当事人发表辩论意见前，应当得到合议庭的同意或者在合议庭的指示下进行，不允许擅自发言。

（5）各方当事人最后陈述：互相辩论终结后，审判长宣布法庭辩论结束，并指示各方当事人陈述最后意见。当事人陈述最后意见应当简明扼要，主要是向合议庭提出对案件的处理意见。当合议庭发现当事人最后意见过于冗长或者与案件无关，有权予以制止。

【参考实例】

针对模拟案例，法庭辩论流程参考实例如下：

［法庭辩论］

审判长：根据《中华人民共和国民事诉讼法》第141条的规定，现在进行法庭辩论。法庭辩论先进行对等辩论，再进行互相辩论，最后由原被告双方陈述最后意见。合议庭提醒各方，辩论发言应当围绕争议焦点进行，发言的内容应当避免重复；任何一方发言均应经法庭许可后方可进行；各方发表辩论意见，应当注意用语文明，不得使用讽刺、侮辱的语言；发言语速要适中，以便法庭记录。在法庭辩论的过程中，如有违反上述规则的言行，合议庭有权制止。各方听清楚了没有？原告？

原告：听清楚了。

审判长：被告？

被告：听清楚了。

审判长：好。下面先请原告围绕第一个争议焦点发表辩论意见。

原告代理人：经过法庭调查，结合双方的证据和陈述。代理人认为：西斯公司是涉案图片的著作权人。西斯公司是专业从事图片拍摄和经营的合法企业，在该公司开设的"西斯图片库"网站中，拥有各类图片近10万张。本案所涉图片就是其中之一。西斯公司已向法庭提交了该照片的实际拍摄者王某的自书《声明》，充分证明了作为实际创作者的王某所拍摄的盖章图片系其根据与西斯公司的协议为西斯公司拍摄的，该作品应属职务作品。依据我国《著作权法》第16条之规定：公民为完成法人或者其他组织工作任务所创作的作品是职务作品，合同约定著作权由法人或者其他组织享有的职务作品，著作权归法人所有。本案中，虽然西斯公司与王某的劳务协议原件无法找到，但王某以手书《声明》的方式确认了该作品的著作权归西斯公司所有。这一声明内容合法有效，应当予以认定。同时，在涉案该图片上，有西斯公司图片特有的"西斯视讯"水印，这进一步证明了该图片的著作权就是本案原告西斯公司。

首轮辩论意见发表完毕。

审判长：下面请被告围绕第一个争议焦点发表辩论意见。

被告代理人：经过刚才的法庭调查阶段的举证质证，代理人认为：西斯公司不能证明其是涉案图片的合法著作权人。本案中，西斯公司为证明其是涉案图片的著作权人，提供了王某的《声明》和上海市公证处（2016）沪证经字第1899号公证书两份证据。但代理人认为：该两份证据均不具备确实充分的证明效力，不能证明西斯公司是本案所涉图片的合法著作权人。首先，针对王某的《声明》，仅凭该声明随附的王某的香港特别行政区永久居民身份证复印件，至多能够证明在我国香港特别行政区有一个名叫王某的人存在。但该份《声明》是否是王某亲笔书写，没有任何证据加以证明；至于王某是否与西斯公司存在劳务关系，涉案图片是否为王某创作拍摄，更是无从证明。甚至连这份《声明》是否写于上海，西斯公司都没有证据证明。换而言之，该《声明》的所有内容均不具备真实性。鉴于王某系香港特别行政区居民，除非西斯公司能够举证证明该《声明》确系形成于上海，否则根据《最高人民法院关于民事诉讼证据的若干规定》第 11 条第 2 款 "当事人向人民法院提供的证据是在香港、澳门、台湾地区形成的，应当履行相关的证明手续" 的规定，该《声明》未依法办理相关的证明手续，证据形式不合法，法院依法不应予以确认。其次，在西斯公司提交的上海市公证处（2016）沪证经字第 1899 号公证书中，有关盛名公司网页所使用的涉案图片上有 "西斯视讯" 和 "图乐世界" 两个水印，按照西斯公司的逻辑，这张涉案图片的著作权也不是属于西斯公司独有。在未能查清 "图乐世界" 是否是该图片著作权人之前，该图片的著作权归属处在未知状态。故西斯公司无权就盖章图片主张著作权。

首轮辩论意见发表完毕。

审判长：好！下面由原告围绕第二个争议焦点发表辩论意见。

原告代理人：好！代理人认为：被告盛名公司存在侵犯西斯公司图片著作权用于经营活动的行为。盛名公司在答辩中已经自认其未经著作权人许可，擅自使用涉案图片的行为。对此点代理人不再赘述。但盛名公司声称其使用图片并非经营行为，而是仅用在新闻题图。对此，代理人不能认可。代理人认为：确定盛名公司是否将涉案图片用于经营活动不能只看新闻本身，通过查看西斯公司举证的上海市公证处（2016）沪证经字第 1899 号公证书中所展现的 "盛名时尚网" 侵权网页可以看出，在该网页上，有多个网络游戏、淘宝商城、京东商城的广告链接存在，因此，盛名公司使用该图片的行为是其整个网站经营行为的有机组成部分，不能单独将新闻与网页的其他内容割裂开来，因此，应当确认盛名公司非法使用涉案图片于其自身经营活动，故应当承担由其侵权行为给西斯公司造成的损失。

依据我国《著作权法》第 49 条的规定：侵犯著作权或者与著作权有关的权利的，侵权人应当按照权利人的实际损失给予赔偿；实际损失难以计算的，可以按照侵权人的违法所得给予赔偿。赔偿数额还应当包括权利人为制止侵权行为所支付的合理开支。本案中，西斯公司已经提交了有关公司图片正常许可使用的相关合同，这一合同已对图片使用费进行了约定。虽然该合同所约定的使用费比西斯公司本案中要求赔偿的 5 000 元损失略低，但考虑到合同许可使用是数十张图片的集体许可，其单价较单独使用一张图片略低完全符合常理，故该部分损失应当予以确认，同时，西斯公司为了调查盛名公司的侵权事实，维护自身合法权益，分别支出工商查询费、公证费、律师费等共计 4 500 元，上述费用均有合同票据支持，也理应得到确认和支持。辩论意见发表完毕。

审判长：下面请被告围绕第二个辩论焦点发表辩论意见。

被告代理人：好！谢谢审判长。代理人认为：由西斯公司提交的上海市公证处（2016）沪证经字第 1899 号公证书所公正的网页可以看出，盛名公司使用涉案图片是在上海盛名时尚网网页"时尚新闻"栏目下一篇名为"十一期间张家界游人爆棚"的新闻题图中使用了该图片。该使用行为仅为报道新闻，并非是经营活动，盛名公司也没有从中有任何获利。且盛名公司在得知该图片使用存在未经许可使用的情况后，立即删除了该网页。应属侵权情节轻微，没有任何获利。就西斯公司主张对盛名公司一次性使用其享有著作权的一张图片的行为索赔人民币 5 000 元，西斯公司是否有权索赔暂且不论，仅就该数额本身就明显畸高。从西斯公司自己提交的《著作权许可使用合同》的约定来看，该合同反映出西斯公司对于使用自己拥有版权图片 1 年的许可使用费也仅人民币 1 600 余元，这与西斯公司提出的索赔金额相去甚远。而在盛名公司提交的与"自然图片社"签署的《图片许可使用合同》中，仅以每年 3 000 元的价格就可以使用该图片社任意 100 幅图片。每张图片的年使用费仅 30 元。更何况，盛名公司在本案中对涉案图片的使用仅十余天而已。故西斯公司的赔偿请求不应得到支持。辩论意见发表完毕。

审判长：好！通过听取了双方的首轮辩论意见，合议庭认为：本案目前最重要的争议还是在于涉案图片的著作权归属问题。下面合议庭希望原被告双方能够继续围绕这一焦点问题进行互相辩论。原被告双方是否有新的辩论意见要发表？

原告代理人：依据我国《著作权法》第 11 条第 3 款之规定，如无相反证明，在作品上署名的公民、法人或者其他组织为作者。本案中，王某的《证明》和该图片上的"西斯视讯"水印已经能够相互印证，证明西斯公司是该图片的合法著作权人。况且，从王某《声明》所附的照片原件能够进一步证明该图片确系王某拍摄，作品的原件由原告提供，当然能够证明原告的著作权。辩论意见发表完毕。

审判长：好！下面被告有无新的辩论意见要发表？

被告代理人：有的。首先，针对原告代理人的辩论意见。我方认为：王某《声明》所附图片系打印件，并非作品原件。作品原件应当是照片底片或者是数码相机拍摄的原始电子文件，这些西斯公司均未提供。其次，西斯公司称涉案图片上的水印能够证明其是该图片的著作权人。但我方认为：图片上的水印不是署名。水印是对数字化的美术作品，打上文字、图案，进行标记的一种技术手段，水印不能等于作品的署名，不能直接用来推断作品归属。在实践中，任何人运用一定技术手段，都可以在自己获取的网络图片上加入水印标记，这种水印并无排他性的权利认证功能，必须结合其他著作权证据方能加以综合认定著作权归属。本案中，西斯公司没有证据证明其享有涉案图片的著作权，依法应当承担举证不能的后果。辩论意见发表完毕。

审判长：好的。合议庭已经充分听取了原被告双方的辩论意见，法庭辩论终结。

审判长：现在原告方作最终陈述。

原告代理人：本案侵权事实清楚，盛名公司在未经西斯公司许可的情况下，擅自非法使用西斯公司享有著作权的图片于自身经营活动，其行为已构成对西斯公司著作权的侵犯。故代理人希望合议庭能够支持西斯公司的所有诉讼请求，维护西斯公司的合法利益。

审判长：现在被告方作最终陈述。

被告代理人：西斯公司未能提供充分证据证明其是涉案图片的合法著作权人，故其原告主体不适格。盛名公司侵权行为情节轻微。故请求合议庭正确认定本案事实，合理适用法律，驳回西斯公司的所有诉讼请求。

【训练要点】

一、法庭辩论注意事项

（1）尊重审判长的指示，在发言前事先征得审判长的同意；

（2）尊重对方当事人和诉讼代理人，不使用侮辱、嘲讽性言辞；

（3）口齿清晰，语调平和，但也要有抑扬顿挫，保持中等语速，照顾书记员的记录速度；对于本方的重要观点和较复杂问题的阐述，要适当放慢语速，并加重语气，以体现对阐述内容的强调。

（4）尽量脱稿。辩论时既要从代理词出发，又不要机械地照本宣科式地宣读。做到这一点既需要代理人事前对代理词的内容有足够的熟悉，又要灵活结合庭审的实际情况，对于新出现的问题进行针锋相对的辩驳。

（5）辩论始终围绕争议焦点事实的认定和法律适用问题，始终尊重事实、尊重法律，不纠缠与案件事实无关的枝节问题，不偏离案件本身空洞地高谈阔论，不过度使用感情强烈的表达方式。

二、代理词的撰写方法和技巧

（一）代理词的基本结构

代理词是诉讼代理人在诉讼中依据事实和法律，在法庭辩论阶段发表的，以维护委托人合法权益为目的的，表明代理人对案件处理意见的法律文书。代理词属于非格式文书，但通常情况下，代理词的结构分为首部、正文、结束语、具名四个部分，具体撰写方法如下：

1. 代理词首部

代理词的首部分为标题和序言两个部分。

代理词的标题一般直接写明"代理词"字样，位置应当居中，字号要比正文部分大一个以上；为方便合议庭辨识，一般可以在"代理词"下方用括号方式写明提交代理词的诉讼代理人的委托人全称。

代理词序言主要是陈述诉讼代理人的代理身份及代理人针对本案的工作概况，以引出代理意见的征文部分。通常情况下，由于代理词主要是向合议庭提交，故一般在序言称呼用语上使用"尊敬的审判长、审判员"。

序言的主体部分可以为"＊＊＊＊＊律师事务所＊＊律师接受＊＊＊＊＊＊（委托人）的委托，在委托人与＊＊＊＊＊＊＊＊（对方当事人）＊＊＊＊＊＊＊（案由）纠纷一案中，担任＊＊＊＊＊＊＊＊的诉讼代理人。代理人在接受委托后，查阅了案件相关材料，搜集了相关证据，出席了庭审。现代理人针对本案，提出如下代理意见"。

2. 代理词正文

正文是代理词的核心内容。这一部分应围绕委托人的诉请及相关证据，灵活结合法庭调查阶段的实际情况，就案件事实的认定和法律适用以及对案件的处理结果提出自己的见解和意见。在正文部分，代理人应当在代理权限内，依据事实和法律，陈述并论证被代理人提供的事实与理由成立，从而支持其主张和请求，同时揭示、驳斥对方的错误。

一般来说，代理词正文也可以分为事实和理由两个部分。但应当与起诉状或者答辩状的撰写有所区别。代理词正文中应当综合对案件事实认定和法律适用形成鲜明的数个观点，并在每个观点下分别阐述支撑观点的案件事实和法律规定，进而形成一个逻辑清晰、层次分明的论辩体系。

3. 代理词结束语

在代理词正文后，代理人应当以高度概括性的语言对全案事实和法律适用进行归纳总结，对合议庭提出案件处理的总建议。

4. 代理词具名

代理词一般无须写明致送法院，直接写明代理人身份和撰写日期即可。

（二）代理词撰写技巧

（1）总体而言，代理词是一种论证特色鲜明的议论文体。代理词的撰写要秉持逻辑严谨、观点明确、证据论说充分、法律依据翔实的原则。

（2）代理词在阐明案件事实认定问题时，要紧密结合有关证据和法庭调查阶段的对方当事人的陈述，对案件纠纷的主要情节，形成纠纷的原因以及双方当事人的权利和义务进行有针对性的阐述，围绕庭审争议焦点进行分析，以认定性质、分清是非、明确责任。

（3）代理词在阐明法律适用问题时，要结合案件性质、案件事实、案件争议，对案件处理应当适用何种法律条文以及使用该条文得出的对案件的处理结果进行全面阐述。

（4）代理词在撰写时要注意运用书面语言和法言法语，切忌不要采用具有侮辱、嘲讽甚至谩骂语气的言辞，要充分展现"以法服人、以理服人"的平和稳健的论说风格。

【参考实例】

针对模拟案例，原告方、被告方代理词参考实例如下：

【范本一】

代　理　词

（上海西斯科技有限公司）

尊敬的审判长、审判员：

上海全程律师事务所美＊＊律师接受上海西斯科技有限公司（以下简称西斯公司）的委托，在贵院受理的西斯公司诉上海盛名科技有限公司（以下简称盛名公司）著作权侵权纠纷一案中，担任西斯公司的诉讼代理人。代理人在接受委托后，向委托人西斯公司了解了案件情况，搜集了相关证据，并参加庭审。现代理人针对本案，提出如下代理意见：

一、西斯公司是涉案图片的著作权人

西斯公司是专业从事图片拍摄和经营的合法企业，在该公司开设的"西斯图片库"网站中，拥有各类图片近10万张。本案所涉图片就是其中之一。西斯公司已向法庭提交了该照片的实际拍摄者王某的自书《声明》，充分证明了作为实际创作者的土某所拍摄的盖章图片系其根据与西斯公司的协议为西斯公司拍摄的，该作品应属职务作品。依据我国《著作权法》第16条之规定：公民为完成法人或者其他组织工作任务所创作的作品是职务作品，合同约定著作权由法人或者其他组织享有的职务作品，著作权归法人所有。本案中，虽然西斯公司与王某的劳务协议原件无法找到，但王某以手书《声明》的方式确认了该作品的著作权归西斯公司所有。这一声明内容合法有效，应当予以认定。同时，在涉案该图片上，有西斯公司图片特有的"西斯视讯"水印，这进一步证明了该图片的著作权就是本案原告西斯公司。

二、被告盛名公司存在侵犯西斯公司图片著作权用于经营活动的行为

本案被告盛名公司在答辩中已经自认其未经著作权人许可，擅自使用涉案图片的行为。对此点代理人不再赘述。但盛名公司声称其使用图片并非经营行为，而是仅用在新闻题图。对此，代理人不能认可。代理人认为：确定盛名公司是否将涉案图片用于经营活动不能只看新闻本身，通过查看西斯公司举证的上海市公证处（2016）沪证经字第1899号公证书中所展现的"盛名时尚网"侵权网页可以看出，在该网页上，有多个网络游戏、淘宝商城、京东商城的广告链接存在，因此，盛名公司使用该图片的行为是其整个网站经营行为的有机组成部分，不能单独将新闻与网页的其他内容割裂开来，因此，应当确认盛名公司非法使用涉案图片于其自身经营活动，故应当承担由其侵权行为给西斯公司造成的损失。

三、西斯公司的损失依据充分、真实有效，应当予以确认

依据我国《著作权法》第49条的规定：侵犯著作权或者与著作权有关的权利的，侵权人应当按照权利人的实际损失给予赔偿；实际损失难以计算的，可以按照侵权人的违法所得给予赔偿。赔偿数额还应当包括权利人为制止侵权行为所支付的合理开支。

本案中，西斯公司已经提交了有关公司图片正常许可使用的相关合同，这一合同已对图片使用费进行了约定。虽然该合同所约定的使用费比西斯公司本案中要求赔偿的5 000元损失略低，但考虑到合同许可使用是数十张图片的集体许可，其单价较单独使用一张图片略低完全符合常理，故该部分损失应当予以确认，同时，西斯公司为了调查盛名公司的侵权事实，维护自身合法权益，分别支出工商查询费、公证费、律师费等共计4 500元，上述费用均有合同票据支持，也理应得到确认和支持。

综上所述，代理人认为：本案侵权事实清楚，盛名公司在未经西斯公司许可的情况下，擅自非法使用西斯公司享有著作权的图片于自身经营活动，其行为已构成对西斯公司著作权的侵犯。故代理人希望合议庭能够支持西斯公司的所有诉讼请求，维护西斯公司的合法利益。

以上意见，供合议庭参考。

上海西斯科技有限公司　诉讼代理人

上海全程律师事务所姜＊＊律师

年　　月　　日

【范本二】

代　理　词

（上海盛名科技有限公司）

尊敬的审判长、审判员：

上海财贸律师事务所贾＊＊律师接受上海盛名科技有限公司（以下简称盛名公司）的委托，在贵院受理的上海西斯科技有限公司（以下简称西斯公司）诉盛名公司著作权侵权纠纷一案中，担任盛名公司的诉讼代理人。代理人在接受委托后，向委托人盛名公司了解了案件情况，查阅了相关案卷材料，搜集了相关证据，并参加庭审。现代理人针对本案，提出如下代理意见：

一、原告不能证明其是涉案图片的合法著作权人

本案中，西斯公司为证明其是涉案图片的著作权人，提供了王某的《声明》和上海市公证处（2016）沪证经字第1899号公证书两份证据。但代理人认为：该两份证据均不具备确实充分的证明效力，不能证明西斯公司是本案所涉图片的合法著作权人。

首先，针对王某的《声明》，仅凭该声明随附的王某的香港特别行政区永久居民身份证复印件，至多能够证明在我国香港特别行政区有一个名叫王某的人存在。但该份《声明》是否是王某亲笔书写，没有任何证据加以证明；至于王某是否与西斯公司存在劳务关系？涉案图片是否为王某创作拍摄？更是无从证明。甚至连这份《声明》是否写于上海，西斯公司都没有证据证明。换而言之，该《声明》的所有内容均不具备真实性。鉴于王某系香港特别行政区居民，除非西斯公司能够举证证明该《声明》确系形成于上海，否则根据《最高人民法院关于民事诉讼证据的若干规定》第11条第2款"当事人向人

民法院提供的证据是在香港、澳门、台湾地区形成的，应当履行相关的证明手续"的规定，该《声明》未依法办理相关的证明手续，证据形式不合法，法院依法不应予以确认。

其次，西斯公司称涉案图片上的水印能够证明其是该图片的著作权人。虽然依据我国《著作权法》第11条第3款之规定，如无相反证明，在作品上署名的公民、法人或者其他组织为作者。但代理人认为：图片上的水印不是署名。水印是对数字化的美术作品，打上文字、图案，进行标记的一种技术手段，水印不能等于作品的署名，不能直接用来推断作品归属。在实践中，任何人运用一定技术手段，都可以在自己获取的网络图片上加入水印标记，这种水印并无排他性的权利认证功能，必须结合其他著作权证据方能加以综合认定著作权归属。代理人需要提请合议庭的是，在西斯公司提交的上海市公证处（2016）沪证经字第1899号公证书中，有关盛名公司网页所使用的涉案图片上有"西斯视讯"和"图乐世界"两个水印，按照西斯公司的逻辑，这张涉案图片的著作权也不是属于西斯公司独有。在未能查清"图乐世界"是否是该图片著作权人之前，该图片的著作权归属处在未知状态。故西斯公司无权就盖章图片主张著作权。

二、盛名公司未因使用该图片获利

由西斯公司提交的上海市公证处（2016）沪证经字第1899号公证书所公正的网页可以看出，盛名公司使用涉案图片是在上海盛名时尚网网页"时尚新闻"栏目下一篇名为"十一期间张家界游人爆棚"的新闻题图中使用了该图片。该使用行为仅为报道新闻，并非是经营活动，盛名公司也没有从中有任何获利。且盛名公司在得知该图片使用存在未经许可使用的情况后，立即删除了该网页。应属侵权情节轻微，没有任何获利。

三、西斯公司的索赔金额畸高，不应得到支持

本案中，西斯公司主张就盛名公司一次性使用其享有著作权的一张图片的行为索赔人民币5 000元，西斯公司是否有权索赔暂且不论，仅就该数额本身就明显畸高。从西斯公司自己提交的《著作权许可使用合同》的约定来看，该合同反映出西斯对于使用自己拥有版权图片1年的许可使用费也仅人民币1 600余元，这与西斯公司提出的索赔金额相去甚远。而在盛名公司提交的与

"自然图片社"签署的《图片许可使用合同》中，仅以每年 3 000 元的价格就可以使用该图片社任意 100 幅图片。每张图片的年使用费仅 30 元。更何况，盛名公司在本案中对涉案图片的使用仅十余天而已。故西斯公司的赔偿请求不应得到支持。

综上所述，代理人认为：西斯公司未能提供充分证据证明其是涉案图片的合法著作权人，故其原告主体不适格。盛名公司侵权行为情节轻微。故请求合议庭正确认定本案事实，合理适用法律，驳回西斯公司的所有诉讼请求。

以上意见，供合议庭参考。

上海盛名科技有限公司 诉讼代理人

上海财贸律师事务所贾＊＊律师

年　　月　　日

（五）法庭调解

【法律依据】

《中国人民共和国民事诉讼法》第 142 条：

法庭辩论终结，应当依法作出判决。判决前能够调解的，还可以进行调解，调解不成的，应当及时判决。

【流程说明】

（1）宣布法庭调解。由审判长宣布，现在进行法庭调解。

（2）询问当事人调解的意愿。由审判长征询各方当事人，是否愿意调解。各方当事人均表示愿意调解的，法庭即可组织调解；有一方当事人不同意调解的，主持人宣布终结调解。随即宣布休庭（当然，在模拟审判训练中，为保持庭审的完整性，一般不进行法庭调解）。

【参考实例】

针对模拟案例，法庭调解参考实例流程如下：

［法庭调解］

审判长：依据《中华人民共和国民事诉讼法》第 142 条之规定，民事案件在判决下达以前，可以由法庭主持调解。现在征询一下双方当事人的调解意愿。原告，你方是否同意调解？

原告：我方愿意调解。

审判长：被告是否愿意调解？

被告：被告不同意调解。

审判长：好！鉴于一方当事人不同意调解，故合议庭不再组织调解。现休庭10分钟，由合议庭进行评议。（敲法槌，宣布休庭）

书记员：全体起立，请审判员退庭。

（六）评议和宣判

【法律依据】

《中华人民共和国民事诉讼法》第142条：法庭辩论终结，应当依法作出判决。判决前能够调解的，还可以进行调解，调解不成的，应当及时判决。

第147条：书记员应当将法庭审理的全部活动记入笔录，由审判人员和书记员签名。

法庭笔录应当当庭宣读，也可以告知当事人和其他诉讼参与人当庭或者在5日内阅读。

第148条：法院对公开审理或者不公开审理的案件，一律公开宣告判决。

当庭宣判的，应当在10日内发送判决书；定期宣判的，宣判后立即发给判决书。

宣告判决时，必须告知当事人上诉权利、上诉期限和上诉的法院。

【流程说明】

（1）合议庭退庭和评议。决定当庭宣判的，应于休庭后立即进行评议；择期宣判的，应在庭审结束后5个工作日内进行评议。合议庭评议案件时，先由承办法官对认定案件事实、证据是否确实、充分以及适用法律等发表意见，审判长最后发表意见；审判长作为承办法官的，由审判长最后发表意见。对案件的裁判结果进行评议时，由审判长最后发表意见。审判长应当根据评议情况总结合议庭评议的结论性意见。合议庭成员应当认真负责，充分陈述意见，独立行使表决权，不得拒绝陈述意见或者仅作同意与否的简单表态。同意他人意见的，也应当提出事实根据和法律依据，进行分析论证。评议后，合议庭应当依照规定的权限，及时对已经评议形成一致或者多数意见的案件直接作出判决或者裁定。

（2）重新入庭和宣布继续开庭。评议结束后，由书记员宣布：全体起立！请审判长、审判员入庭。待法官坐定后，书记员再宣布：请坐下。审判长敲击法槌后，即宣布：现在继续开庭。

（3）宣布评议结果。由审判长宣布：经过合议庭评议，评议结论已经作出。现予宣布……宣读完毕，审判长敲击法槌；然后书记员宣布：请坐下。宣判的内容包括：①认证结论（先前已宣布的认证结论除外），②裁判理由，③裁判结果以及诉讼费的负担。关于当事人的基本情况、案由、当事人陈述等部分内容，在当庭宣判时无须宣读。

（4）在审判长宣告裁判结果（主文）前，由书记员宣布：全体人员起立。合议庭成员和书记员以及诉讼参加人、旁听人员均应起立。

（5）交代上诉权和说明文书的送达方式。当庭宣判的，由审判长宣布：如不服本判决，可在判决书送达之日起 15 日内，向本院递交上诉状，并按对方当事人的人数提出副本，上诉于××法院。

（6）宣布闭庭。由审判长宣布：庭审结束。现在宣布闭庭！然后敲击法槌。书记员宣布：全体起立！请合议庭退庭。待合议庭成员退庭后，书记员宣布：散庭。诉讼参加人和旁听人员退庭。

（7）审阅笔录的说明。散庭后，书记员向诉讼参与人交代阅读法庭笔录的时间和地点。能够当庭阅读庭审笔录的，请诉讼参与人阅读并签名。诉讼参与人认为笔录有误，可以要求书记员更改；书记员不同意更改的，诉讼参与人予以注明或者提交书面说明附卷。

【参考实例】

针对模拟案例，评议宣判流程参考实例如下：

［评议、宣判］

休庭 10 分钟过后

书记员：全体起立，请审判长、审判员入庭。

审判长：现在继续开庭（敲法槌）。

合议庭经评议，现对原告上海西斯科技有限公司诉被告上海盛名科技有限公司著作权侵权纠纷一案进行宣判。根据西斯公司的诉讼主张及盛名公司的答辩意见，本案争议焦点在于现有证据能否证明西斯公司享有涉案图片的著作权。根据《中华人民共和国民事诉讼法》第 64 条规定，当事人对自己提出的主张，有责任提供证据。西斯公司主张对涉案图片享有著作权，则有责任提供证据予以证明，而且对涉及权属问题的证明标准对权利人要求应该更高，显然本案西斯公司未能完成举证责任。理由如下：第一，西斯公司所称涉案图片的摄影师王某为我国香港地区居民，虽然西斯公司宣称涉案《声明》系在我国大陆形成，但其并未对此主张提供证据证明。根据《最高人民法院关于民事诉讼证据的若干规定》第 11 条第 2 款"当事人向人民法院提供的证据是在香港、澳门、台湾地区形成的，应当履行相关的证明手续"的规定，该《声明》未依法办理相关的证明手续，西斯公司将其作为证据向法院提交，证据形式不合法，法院依法不应予以确认。第二，从西斯公司举证情况看，其证明其为涉案图片著作权人的证据主要为涉案《声明》、所称摄影师王某的身份信息及版权图片等。而如上所述，涉案《声明》证据形式不合法，不具有证据效力，法院不能予以确认和采信，因此西斯公司基于王某的上述证据不足以证明其享有涉案图片的著作权。第三，为进一步查清涉案图片与西斯公司及王某之间的关系，本院在庭审中已经当庭提问，西斯公司既不能联系上王某出庭作证，也无法提供其与王某的劳务协议或者报酬支付凭证，故而西斯公司自应承担相应不利法律后果。第四，尽管涉案侵权图片上有"西斯视讯"的水印，但是该图片上还有"图乐世界"的水印，因此不能仅凭"西斯视讯"的水印来认定涉案图片的著作权属于西斯公司。综上所述，根据现有证据不足以认定西斯公司享有涉案图片的著作权，西斯公司主张其为涉案图片的著作权人，不能成立，其要求盛名公司承担停止侵权及赔偿损失等法律责任，没有事实和法律依据，本院不予支持。

综上，依照《中华人民共和国著作权法》第 11 条，《最高人民法院关于审理著作权民事纠纷案件适用法律若干问题的解释》第 7 条，《中华人民共和国民事诉讼法》第 64 条第 1 款，《最高人民法院关于民事诉讼证据的若干规定》第 2 条、第 11 条之规定，判决如下：（书记员：请当事人、诉讼代理人起立）

驳回原告上海西斯科技有限公司的诉讼请求。

本案一审案件受理费人民币 150 元，由上海西斯科技有限公司承担。

审判长：原告发表对本庭判决的意见？

原告：我方将依法上诉。

审判长：被告发表对本庭判决的意见？

被告：我方同意法院的判决。

审判长：当事人于宣判后第 10 日到本院 305 室领取判决书。如不服本判决，可在判决书送达之日起 15 日内向本院提交上诉状并按对方当事人人数提交副本，上诉于上海市知识产权法院。

现在闭庭（敲击法槌）。

书记员：全体起立，请审判员退庭。

书记员：请诉讼参与人、诉讼参加人退庭。请诉讼参与人阅读笔录并签名。如认为笔录有误，可以要求书记员更改。

【训练要点】

民事裁判文书的撰写

一、民事裁判文书的基本结构

（1）民事裁判文书由标题、正文、落款三部分组成。

（2）民事裁判文书标题包括法院名称、文书名称和案号。

（3）民事裁判文书正文包括首部、事实、理由、裁判依据、裁判主文、尾部。首部包括诉讼参加人及其基本情况，案件由来和审理经过等；事实包括当事人的诉讼请求、事实和理由，人民法院认定的证据及事实；理由是根据认定的案件事实和法律依据，对当事人的诉讼请求是否成立进行分析评述，阐明理由；裁判依据是人民法院作出裁判所依据的实体法和程序法条文；裁判主文是人民法院对案件实体、程序问题作出的明确、具体、完整的处理决定；尾部包括诉讼费用负担和告知事项。

（4）民事裁判文书的落款包括署名和日期。

二、民事裁判文书标题的撰写方法

（1）民事裁判文书的标题由法院名称、文书名称和案号构成，例如："××××人民法院民事判决书（民事调解书、民事裁定书）+案号"。

（2）法院名称：法院名称一般应与院印的文字一致。基层人民法院、中级人民法院名称前应冠以省、自治区、直辖市的名称，但军事法院、海事法院、铁路运输法院、知识产权法院等专门人民法院除外。涉外裁判文书，法院名称前一般应冠以"中华人民共和国"国名；案件当事人中如果没有外国人、无国籍人、外国企业或组织的，地方人民法院、专门人民法院制作的裁判文书标题中的法院名称无需冠以"中华人民共和国"。

（3）案号由收案年度、法院代字、类型代字、案件编号组成。案号＝"（'+收案年度+'）"+法院代字+类型代字+案件编号+"号"。案号的编制、使用应根据《最高人民法院关于人民法院案件案号的若干规定》等执行。

三、民事裁判文书正文的撰写方法

（1）民事裁判文书正文包括当事人的基本情况、委托诉讼代理人的基本情况、当事人的诉讼地位、案件由来和审理经过、事实、理由、裁判依据、裁判主文、尾部等九部分；

（2）有关民事裁判文书正文部分的撰写方法，请参照本章第四节。

四、民事裁判文书的落款

（1）署名：诉讼文书应当由参加审判案件的合议庭组成人员或者独任审判员署名。合议庭的审判长，不论审判职务，均署名为"审判长"；合议庭成员有审判员的，署名为"审判员"；有助理审判员的，署名为"代理审判员"；有陪审员的，署名为"人民陪审员"。独任审理的，署名为

"审判员"或者"代理审判员"。书记员，署名为"书记员"。

（2）日期：裁判文书落款日期为作出裁判的日期，即裁判文书的签发日期。当庭宣判的，应当写宣判的日期。

（3）核对戳：本部分加盖"本件与原本核对无异"字样的印戳。

【参考实例】

针对模拟案例，民事判决书的参考实例如下。

【范本】

上海市杨浦区人民法院

民事判决书

（2016）沪杨民初字第＊＊号

原告：上海西斯科技有限公司

　　　住所地：上海市宝山区＊＊路‖‖号

　　　法定代表人：＊＊＊董事长

　　　委托代理人：上海全程律师事务所姜＊＊律师

被告：上海盛名科技有限公司

　　　住所地：上海市杨浦区＊＊路＊＊号

　　　法定代表人：＊＊＊董事长

　　　委托代理人：上海财贸律师事务所贾＊＊律师

上海西斯科技有限公司（以下简称"西斯公司"）与上海盛名科技有限公司（以下简称"盛名公司"）著作权侵权纠纷一案，本院于2016年10月25日立案后，依法适用普通程序，于2016年12月20日公开开庭进行了审理。原告人的法定代表人＊＊＊及其诉讼代理人上海全程律师事务所律师姜＊＊、被告人的法定代表人＊＊＊及其诉讼代理人上海财贸律师事务所律师贾＊＊到庭参加诉讼，本案现已审理终结。

原告西斯公司向本院提出诉讼请求：（1）依法判令被告停止侵害原告"张家界天门山景区"（编号tyg56696）图片著作权的行为；（2）依法判令被

告赔偿原告经济损失计人民币 5 000 元；（3）依法判令被告赔偿为本案支出的合理费用人民币 4 500 元；（4）依法判令被告承担本案诉讼费用。事实和理由为：原告于 2016 年 10 月 11 日发现被告创办经营的上海盛名时尚网网页"时尚新闻"栏目下名为"十一期间张家界游人爆棚"的新闻题图图片使用了一张"张家界天门山景区"的图片，经原告核对，该图片系原告开办经营的"西斯图片库"网站中的一张原告拥有版权的照片（编号 tyg56696），拍摄者为原告方特约摄影师王某。原告为保障自身版权利益，在图库每张图片中均加载了"西斯视讯"的水印，并在网站首页"权利声明"栏目下刊登有明确法律声明，内容为：本网站所有图片版权均为上海西斯视讯有限公司所有，未经合法授权，禁止转载，违者必究。发现被告的著作权侵权行为后，原告于 2016 年 10 月 16 日以特快专递方式向被告发出《版权质询函》一份，指出被告侵权事实，要求其出示版权使用合法证明，并要求其赔偿人民币计 5 000 元，并保留就其侵权行为追究其法律责任的权利。但被告未予答复。原告为调查被告侵权情况，支出了工商查询费用 200 元、公证费用 1 300 元、聘请律师费用 3 000 元。

被告盛名公司辩称：（1）西斯公司不能证明其是涉案图片的合法著作权人，其所提供的据称图片拍摄者王某的《声明》真实性存疑，且不符合证据形式要件，不具有证据证明力；（2）被告盛名公司承认确曾使用过涉案图片，但该图片系盛名公司工作人员网络下载所获得，盛名公司将该图片运用在网页新闻配图，不是商业经营行为，没有任何获利且现已删除，故其侵权行为情节轻微；（3）原告索赔金额明显高于一般市场价格或者其因侵权行为遭受的损失。故盛名公司请求驳回西斯公司的所有诉讼请求。

本案当事人围绕诉讼请求依法提交了证据，本院组织当事人进行了证据交换和质证。对当事人无异议的证据即原告证据 1、3、4、5、6、7，本院予以确认并在卷佐证。对有争议的事实和证据，本院认定如下：（1）原告证据 2 即王某手书《声明》不具备证据的形式合法性要件，本院对其证据效力不予认定。理由如下：该《声明》虽记载为"王某"手写且其附件中的 12 张图片包括涉案图片在内，但《声明》附件中的涉案图片并非底稿或其他可以依法推定王某是涉案图片作者的证据，因此，西斯公司提交的证据不足以证明王某是涉案图片作者。其次，即使王某是涉案图片的作者，但西斯公司提交的证据不足以证明《声明》上的"王某"系王某本人的签名。此外，王某系香港地区居民，西斯公司未能提交证据证明《声明》系在中国上海作出，而《声明》未依法办理相关的证明手续，根据《最高人民法院关于民事诉讼证据的若干规定》第11条第2款"当事人向人民法院提供的证据是在香港、澳门、台湾地区形成的，应当履行相关的证明手续"的规定，该《声明》未依法办理相关的证明手续，西斯公司将其作为证据向法院提交，证据形式不合法，本院依法不予确认。同时结合本案其他证据，虽然西斯公司声称其在版权图片上均加有"西斯视讯"的水印，但在本案被控侵权图片上同时出现了"西斯视讯"和"图乐世界"的水印，因此，仅凭"西斯视讯"的水印同样不能证明西斯公司对涉案图片享有著作权。（2）原告证据8即原告与案外人签署的《著作权许可使用合同》。该证据本院也不予确认。理由如下：该合同系原告与案外人签署，且原告只提供了合同文本，并未提供该合同确实已经履行的相关证据。经本院法庭当庭询问，原告称该合同尚未履行。故原告以此证明其图片使用费标准的证明目的不能实现。（3）对于被告提供的证据1即被告与自然图片社签署的《图片使用许可合同》，由于该合同真实性原告无异议，且被告也提供了证明合同已经履行的发票，本院对该证据予以确认。

本院认为：根据西斯公司的诉讼主张及盛名公司的答辩意见，本案争议焦点在于现有证据能否证明西斯公司享有涉案图片的著作权。根据《中华人民共和国民事诉讼法》第64条规定，当事人对自己提出的主张，有责任提供证据。西斯公司主张对涉案图片享有著作权，则有责任提供证据予以证明，而且对涉及权属问题的证明标准对权利人要求应该更高，显然本案西斯公司未能完成举证责任。理由如下：第一，西斯公司所称涉案图片的摄影师王某为我国香港地区居民，虽然西斯公司宣称涉案《声明》系在我国大陆形成，但其并未对此主张提供证据证明。根据《最高人民法院关于民事诉讼证据的若干规定》第11条第2款"当事人向人民法院提供的证据是在香港、澳门、台湾地区形成的，应当履行相关的证明手续"的规定，该《声明》未依法办理相关的证明手续，西斯公司将其作为证据向法院提交，证据形式不合法，法院依法不应予以确认；第二，从西斯公司举证情况看，其证明其为涉案图片著作权人的证据主要为涉案《声明》、所称摄影师王某的身份信息及版权图片等。而如上所述，涉案《声明》证据形式不合法，不具有证据效力，法院不能予以确认和采信，因此西斯公司基于王某的上述证据不足以证明其享有涉案图片的著作权；第三，为进一步查清涉案图片与西斯公司及王某之间的关系，本院在庭审中已经当庭提问，西斯公司既不能联系上王某出庭作证，也无法提供其与王某的劳务协议或者报酬支付凭证，故而西斯公司自应承担相应不利法律后果；第四，尽管涉案侵权图片上有"西斯视讯"的水印，但是该图片上还有"图乐世界"的水印，因此不能仅凭"西斯视讯"的水印来认定涉案图片的著作权属于西斯公司。综上所述，根据现有证据不足以认定西斯公司享有涉案图片的著作权，西斯公司主张其为涉案图片的著作权人，不能成立，其要求盛名公司承担停止侵权及赔偿损失等法律责任，没有事实和法律依据，本院不予支持。

综上，依照《中华人民共和国著作权法》第 11 条，《最高人民法院关于审理著作权民事纠纷案件适用法律若干问题的解释》第 7 条，《中华人民共和国民事诉讼法》第 64 条第 1 款，《最高人民法院关于民事诉讼证据的若干规定》第 2 条、第 11 条之规定，判决如下：

1. 驳回原告上海西斯科技有限公司的诉讼请求。

2. 本案一审案件受理费人民币 150 元，由上海西斯科技有限公司承担。

如不服本判决，可以在判决书送达之日起 15 日内，向本院递交上诉状，并按照对方当事人或者代表人的人数提出副本，上诉于上海市知识产权法院。

审 判 长 ＊＊＊
审 判 员 ＊＊＊
审 判 员 ＊＊＊
二〇一六年十二月二十八日

本件与原本核对无异

书 记 员 ＊＊＊

【思考与练习】

1. 知识产权民事诉讼法庭调查流程如何进行？

2. 知识产权民事诉讼法庭辩论流程如何进行？

3. 知识产权民事诉讼的权利人举证范围有哪些?

4. 知识产权民事诉讼的被告人抗辩主张有哪些?

第三节　知识产权民事案件二审程序模拟

一、模拟案例背景材料

（接上个案例）上海西斯公司在一审败诉后，经多方联系，终于找到了现已在北京工作的王某，王某提供了涉案图片的数码原件（RAW 格式）并同意出庭作证。上海西斯公司遂在法定期限内提起上诉。

二、二审程序庭审前的准备

（一）上诉人的庭前准备

上诉人的庭前准备与一审普通程序中上诉人方的准备内容基本相同，故在此不再赘述。唯一的不同是上诉人应当在法定期限内向一审法院的上级法院提交民事上诉状。

民事上诉状是民事诉讼的当事人及其法定代理人不服地方各级人民法院第一审案件的判决、裁定，在法定期限内，依法定程序，向上一级人民法院提起上诉，请求撤销、变更原审裁判而提出的书状（相关文书格式和撰写方法请参见本章第四节）。

（二）被上诉人的庭前准备

被上诉人的庭前准备与一审普通程序中被上诉人方的准备内容基本相同，故在此不再赘述。

（三）合议庭的庭前准备

合议庭的庭前准备与一审普通程序中合议庭的准备内容基本相同，故在此不再赘述。

三、二审程序庭审流程

依据《中华人民共和国民事诉讼法》第 169 条之规定：第二审人民法

院对上诉案件，应当组成合议庭，开庭审理。知识产权案件民事审判二审程序与一审程序流程基本相同，也包括开庭准备、宣布开庭、法庭调查、法庭辩论、法庭调解以及合议庭评议、宣判、闭庭等六个环节。但应当注意的是，在二审程序中，第二审人民法院一般只应当对上诉请求的有关事实和适用法律进行审查。如果当事人提供新证据的，应当在对于新提供的证据是否属于新证据进行审查，再进行举证质证。

结合模拟案例，二审庭审流程如下。

（一）开庭准备

【参考实例】

书记员：请肃静！上诉人上海西斯科技有限公司诉被上诉人上海盛名科技有限公司著作权侵权纠纷一案，即将开庭审理。现在请当事人和其诉讼代理人入庭。

（上诉人、上诉人代理人及被上诉人、被上诉人代理人入庭）

书记员：上诉人是否到庭？

上诉人：已到庭。

书记员：被上诉人是否到庭？

被上诉人：已到庭。

书记员：上诉人代理人是否到庭？

上诉人代理人：已到庭。

书记员：被上诉人代理人是否到庭？

被上诉人代理人：已到庭。

书记员：请肃静，现在宣布法庭纪律。

全体人员在庭审活动中应当服从审判长或独任审判员的指挥，尊重司法礼仪，遵守法庭纪律，不得实施下列行为：

（一）鼓掌、喧哗；

（二）吸烟、进食；

（三）拨打或接听电话；

（四）对庭审活动进行录音、录像、拍照或使用移动通信工具等传播庭审活动；

（五）其他危害法庭安全或妨害法庭秩序的行为。

诉讼参与人发言或提问，应当经审判长或独任审判员许可。

旁听人员不得进入审判活动区，不得随意站立、走动，不得发言和提问。

媒体记者经许可实施第 1 款第 4 项规定的行为，应当在指定的时间及区域进行，不得影响或干扰庭审活动。

书记员：全体起立，请审判长、审判员入庭。

书记员：报告审判长，上诉人上海西斯科技有限公司代理人姜＊＊、被上诉人上海盛名科技有限公代理人贾＊＊均已到庭。庭前准备工作就绪，请开庭。

审判长：全体请坐下。

（二）宣布开庭

【参考实例】

审判长：现在核对当事人、诉讼参与人基本情况。

审判长：上诉人陈述一下你的企业名称、住所地、法定代表人。

上诉人：上海西斯科技有限公司，住所地在上海市宝山区＊＊路＊＊号，法定代表人就是我本人张＊＊，是公司的董事长。

审判长：上诉人委托代理人的姓名、身份、委托代理权限？

上诉人代理人：上海全程律师事务所姜＊＊律师，委托代理权限为一般诉讼代理。

审判长：被上诉人陈述一下你的企业名称、住所地、法定代表人。

被上诉人：上海盛名科技有限公司，住所地在上海市杨浦区＊＊路＊＊号，法定代表人就是我本人李＊＊，是公司的董事长。

审判长：被上诉人委托代理人的姓名、身份、委托代理权限？

被上诉人代理人：上海财贸律师事务所贾＊＊律师，委托代理权限为一般诉讼代理。

审判长：上诉人和被上诉人对对方的出庭人员身份是否有异议？

上诉人：没有。

被上诉人：没有。

审判长：经审查，上诉人、被上诉人出庭人员符合法律规定，可以参与本案庭审活动。

审判长：（敲击法槌）现在开庭。上海市知识产权法院今天公开开庭审理上诉人上海西斯科技有限公司诉被上诉人上海盛名科技有限公司著作权侵权纠纷一案，依据《中华人民共和国民事诉讼法》第169条的规定，本案由审判员＊＊＊担任审判长，审判员＊＊＊、＊＊＊，人民陪审员＊＊＊、＊＊＊组成合议庭进行审理，书记员＊＊＊担任法庭记录。

审判长：有关当事人诉讼权利与义务的规定，庭审前已以书面形式告知双方当事人。上诉人、被上诉人对诉讼权利、义务是否清楚？上诉人？

上诉人：清楚。

审判长：被上诉人是否清楚？

被上诉人：清楚。

审判长：根据我国《民事诉讼法》第44条、第45条之规定，如双方当事人对本案合议庭人员，书记员，认为有下列情况之一的，可以提出理由申请回避。

1. 是本案当事人或者当事人诉讼代理人的近亲属的。

2. 与本案有利害关系。

3. 与本案当事人有其他关系，可能影响对案件公正审理的。

审判长：上诉人是否申请回避？

上诉人：不申请。

审判长：被上诉人是否申请回避？

被上诉人：不申请。

审判长：本次庭审分为以下几个阶段：法庭调查、法庭辩论、当事人最后陈述、法庭调解，调解不成的，法庭将休庭评议后进行宣判。为保证庭审的顺利进行，合议庭希望各方当事人应当正确行使诉讼权利，切实履行诉讼义务，遵守法庭规则，服从法庭指挥，确保庭审活动的顺利进行。各方当事人是否清楚了？上诉人？

上诉人：清楚了。

审判长：被上诉人？

被上诉人：清楚了。

（三）法庭调查

【流程说明】

（1）二审程序的法庭调查，与一审普通程序有所不同。二审程序的法庭调查是在已有一审判决书的基础上，就二审中出现的新证据进行调查，以进一步查明案件事实。

（2）因此，一般情况下，二审法庭调查应当首先要求上诉人和被上诉人对一审判决书已经查明的案件事实发表意见，对双方均确认的事实不再组织举证质证。

（3）在二审程序中，合议庭要着重组织当事人双方围绕存在争议的事实进行举证质证，并充分运用合议庭问答环节，由合议庭通过向双方当事人的询问进一步查明争议。

（4）在二审程序中，当事人提供新证据的，首先要对该证据是否属于新证据进行认定，然后再就该证据的真实性、有效性及关联性进行质证。

（5）涉及证人出庭的，一般程序如下：

①在当庭举证的过程中，举证当事人申请传唤证人出庭作证的，应向法庭提出。经法庭审查准许后，主持人即宣布：传……到庭。

②证人出庭就座后，主持人宣布：请证人报告本人的基本情况，并说明与本案当事人的关系。在确认其知道作证的权利和义务以及作伪证应当承担的法律责任后，请证人当庭保证或者在保证书上签名。

③证人出庭作证陈述的一般顺序：第一，根据法庭提示的调查事项，证人就其了解的事实作连贯性陈述；第二，举证当事人发问，法庭指示证人答问；第三，质证当事人发问，法庭指示证人答问。法庭根据需要也可以发问（一般在当事人发问后再行发问）。当事人或者证人对发问有异议的，可以向法庭提出。异议是否成立，由合议庭评议确定。

④证人回答发问结束后，主持人宣布：请证人退庭。可提示证人退庭

后，在休息室休息，休庭后还要审阅笔录和签名。如果需要再次出庭的再行传唤。

⑤证人退庭后，针对证人证言，法庭组织当事人进行举证说明和当庭质证。主持人先宣布：请……（举证当事人）说明。举证当事人说明后，主持人宣布：请……（质证当事人）质证。法庭可以组织质辩。

【参考实例】

针对模拟案例，法庭调查流程参考实例如下：

[法庭调查]

1. 诉辩阶段

审判长：根据《中华人民共和国民事诉讼法》第 138 条的规定，现在进行法庭调查。首先由上诉人及其诉讼代理人陈述上诉请求和事实理由。

上诉代理人：宣读上诉状（略）。

审判长：上诉人对诉讼请求、事实、理由有无变更或补充？

上诉人：没有。

审判长：由被上诉人及其诉讼代理人陈述答辩意见及事实理由。

被上诉代理人：宣读答辩状（略）。

审判长：被上诉人对答辩意见有无变更或补充？

被上诉人：没有。

审判长：由于本案是二审案件，合议庭现在首先询问一下双方当事人对一审判决书已经查明的事实是否有异议，注意是事实，而不是法律适用问题。上诉人？

上诉代理人：没有，但上诉人现在有新的证据和证人出庭作证。

审判长：好。被上诉人？

被上诉代理人：没有。

2. 诉辩小结

审判长：好。通过刚才双方的诉辩意见，双方对被上诉人使用涉案图片未取得合法许可这一事实没有异议。本庭认为本案的争议焦点为：

（1）上诉人西斯公司是否是本案所涉图片的著作权人；

（2）被上诉人是否应当向上诉人进行侵权赔偿？数额如何确定？

审判长：上诉人，对本庭归纳的争议事实有无异议？

上诉代理人：没有。

审判长：被上诉人对本庭归纳的事实焦点有无异议？

被上诉代理人：没有。

3. 举证质证阶段

审判长：现在由双方举证、质证。合议庭提醒双方当事人，举证质证应围绕本庭归纳的争议事实进行，按1、2、3的顺序一一列举，并简要说明每一证据来源及其证明的事实。对对方出示的证据有权质证，发表承认或否认的意见，否认对方证据应简要说明理由，并提供证据予以反驳。所有证据应在质证阶段出示，否则本庭不予认证。鉴于本案上诉人申请证人王某出庭，现在传证人王某到庭

审判长：证人，请陈述你的身份。

王某：好的，法庭。我叫王某，香港永久居民，身份证号码为＊＊＊＊＊＊＊＊，1981年10月30日生，现居住在北京＊＊＊＊＊＊＊＊＊＊＊。职业摄影师。

审判长：你和本案双方当事人是什么关系？

王某：我在2012年10月至2014年8月和上海西斯科技有限公司签有劳务协议，年创作拍摄图片120张，图片著作权归西斯公司，本案图片就是其中之一。我与盛名公司没有关系。

审判长：好！证人王某，根据《民事诉讼法》和《最高人民法院关于民事诉讼证据的若干规定》，证人的权利和义务如下：

（1）凡是知道案件情况的单位和个人，都有义务出庭作证。

（2）证人应当客观陈述其亲身感知的事实，不得使用猜测、推断或者评论性的语言。证人不得宣读事先准备的书面证言。

（3）证人应当如实作证，并如实回答审判人员和当事人及其诉讼代理人的询问，作伪证，应承担相应的法律责任。

（4）有要求阅读证言笔录和提出修改的权利。无阅读能力的证人，有

要求向他如实宣读证言笔录的权利。

（5）证人不得旁听法庭审理，不得与当事人和其他证人交换意见。

（6）证人的合法权利受法律保护。因作证而遭侮辱、诽谤、殴打或者被其他方法打击报复时，有权要求法律给予保护。证人有要求补偿因作证所花费用的权利。

证人，对以上交代事项是否听清？

王某：听清楚了。

审判长：好！你陈述一下你想证明的事实。

王某：好的。本案涉及的图片是我 2014 年 3 月到张家界天门山景区采风时拍摄的一组照片之一，当时是应西斯公司的要求和安排，到张家界景区采风的。此行一共拍摄了 500 余幅照片，回去后经挑选，西斯公司选取了其中的 30 张作为其图库照片。我和西斯公司签有劳务协议，约定每年我提供 120 张图片给西斯公司图库，一年的劳务费是 30 000 元。所有照片的著作权归西斯公司。这幅照片的原始数据 RAW 文件我也带来了，如果需要，我可以提供给法庭。陈述完毕。

审判长：好！双方当事人现在可以向证人发问，合议庭提醒各方当事人，询问证人不得使用威胁、侮辱及不适当引导证人的言语和方式。首先由上诉人发问。

上诉代理人：好的。请问证人，请你看一下这份《声明》，是否是你书写？

王某：是的，是我 2015 年年底在上海写的。

上诉代理人：没有问题了。

审判长：现在由被上诉人向证人发问。

被上诉代理人：请问证人，你现在是否有与西斯公司签署的劳务协议原件？

王某：没有，因为聘期已结束，公司劳务费都付清了，所以我没有保留协议。

被上诉代理人：请问证人，你是否曾经将该图片许可其他单位使用？

王某：没有。我刚刚说了，图片的著作权归西斯公司，我无权使用，也无权许可他人使用。

被上诉代理人：没有问题了。

审判长：好！证人退庭，请到休息室休息，休庭后请你签署笔录。

王某：好的。(退庭)

审判长：现在双方当事人对证人证言进行质证，首先由上诉人发表质证意见。

上诉代理人：好的。上诉人认为，证人王某的证言进一步证明了上诉人在一审期间提供的声明证据的真实性和有效性，也进一步证明了本案一审未能正确认定的基础事实，即上诉人西斯公司是涉案图片的合法著作权人。

审判长：现在由被上诉人发表质证意见。

被上诉代理人：我方认为，即使证人证言证明涉案图片是王某所拍摄，但涉案图片上的"图乐世界"水印证明该图片的著作权仍不能明确，故不能当然推定上诉人系涉案图片的著作权人。

审判长：对于证人证言，合议庭经评议认为：证人证言证明了本案涉案图片系王某拍摄，并按照证人与上诉人的约定，该图片的著作权归上诉人所有。结合证人提供的涉案图片数码原件，合议庭对证人证言予以确认。双方当事人是否还有新的证据？

上诉代理人：没有了。

被上诉代理人：没有了。

审判长：双方当事人对原审的证据是否还有需要补充说明或者质证的？

上诉代理人：没有了。

被上诉代理人：没有。

审判长：双方当事人是否需要相互发问？

上诉代理人：不需要。

被上诉代理人：不需要。

审判长：好！法庭调查结束。通过法庭调查，结合原被上诉人双方的陈述和举证质证意见，合议庭认为：本案双方争议焦点集中在：（1）上诉人西斯公司是否具有涉案图片的著作权？（2）如果上诉人西斯公司是涉案图片的著作权人，被上诉人盛名公司应当承担的侵权赔偿额度应当如何认定？

原、被上诉人双方对合议庭总结的本案争议焦点有无异议或者补充？

原上诉人：没有。

被上诉人：没有。

（四）法庭辩论

二审程序中的法庭辩论环节与一审程序基本相同，不再赘述。

【参考实例】

针对模拟案例，法庭辩论流程参考实例如下：

［法庭辩论］

审判长：根据《中华人民共和国民事诉讼法》第141条规定，现在进行法庭辩论。法庭辩论先进行对等辩论，再进行互相辩论，最后由双方陈述最后意见。合议庭提醒各方，辩论发言应当围绕争议焦点进行，发言的内容应当避免重复；任何一方发言均应经法庭许可后方可进行；各方发表辩论意见，应当注意用语文明，不得使用讽刺、侮辱的语言；发言语速要适中，以便法庭记录；在法庭辩论的过程中，如有违反上述规则的言行，合议庭有权制止。各方听清楚了没有？上诉人？

上诉人：听清楚了。

审判长：被上诉人？

被上诉人：听清楚了。

审判长：好。下面先请上诉人围绕第一个争议焦点发表辩论意见。

上诉代理人：经过法庭调查，结合双方的证据和陈述。代理人认为：通过涉案图片数码原件的提供，拍摄者王某的当庭作证及其出具的《声明》，已经足以证明上诉人西斯公司是涉案图片的著作权人。

首轮辩论意见发表完毕。

审判长：下面请被上诉人围绕第一个争议焦点发表辩论意见。

被上诉代理人：经过刚才的法庭调查阶段的举证质证，代理人认为：西斯公司尚不能充分证明其是涉案图片的合法著作权人。虽然证人王某出庭作证，但其证词仅能证明涉案图片是其拍摄，在西斯公司提交的上海市公证处（2016）沪证经字第1899号公证书中，有关盛名公司网页所使用的涉案图片上有"西斯视讯"和"图乐世界"两个水印，在未能查清"图乐世界"是否是该图片著作权人之前，该图片的著作权归属处在未知状态。故不能确认西斯公司就是涉案图片的著作权人。

首轮辩论意见发表完毕。

审判长：好！下面由上诉人围绕第二个争议焦点发表辩论意见。

上诉代理人：好！代理人认为：被上诉人盛名公司存在侵犯西斯公司图片著作权用于经营活动的行为。关于盛名公司的侵权事实，该公司已自认。但盛名公司声称其使用图片并非经营行为，而是仅用在新闻题图。对此，代理人不能认可。代理人认为：确定盛名公司是否将涉案图片用于经营活动不能只看新闻本身，通过查看西斯公司举证的上海市公证处（2016）沪证经字第1899号公证书中所展现的"盛名时尚网"侵权网页可以看出，在该网页上，有多个网络游戏、淘宝商城、京东商城的广告链接存在，因此，盛名公司使用该图片的行为是其整个网站经营行为的有机组成部分，不能单独将新闻与网页的其他内容割裂开来，因此，应当确认盛名公司非法使用涉案图片用于其自身经营活动，故应当承担由其侵权行为给西斯公司造成的损失。

依据我国《著作权法》第49条的规定：侵犯著作权或者与著作权有关的权利的，侵权人应当按照权利人的实际损失给予赔偿；实际损失难以计算的，可以按照侵权人的违法所得给予赔偿。赔偿数额还应当包括权利人为制止侵权行为所支付的合理开支。本案中，西斯公司已经提交了有关公司图片正常许可使用的相关合同，这一合同已对图片使用费进行了约定。虽然该合同所约定的使用费比西斯公司本案中要求赔偿的5 000元损失略低，但考虑到合同许可使用是数十张图片的集体许可，其单价较单独使用一张图片略低完全符合常理，故该部分损失应当予以确认，同时，西斯公司为了调查盛名公司的侵权事实，维护自身合法权益，分别支出工商查询费、公证费、律师费等共计 4 500 元，上述费用均有合同票据支持，也理应得到确认和支持。辩论意见发表完毕。

审判长：下面请被上诉人围绕第二个辩论焦点发表辩论意见。

被上诉代理人：好！谢谢审判长。代理人认为：由西斯公司提交的上海市公证处（2016）沪证经字第 1899 号公证书所公证的网页可以看出，盛名公司使用涉案图片是在上海盛名时尚网网页"时尚新闻"栏目下一篇名为"十一期间张家界游人爆棚"的新闻题图中使用了该图片。该使用行为仅为报道新闻，并非是经营活动，盛名公司也没有从中有任何获利。且盛名公司在得知该图片使用存在未经许可使用的情况后，立即删除了该网页。应属侵权情节轻微，没有任何获利。就西斯公司主张对盛名公司一次性使用其享有著作权的一张图片的行为索赔人民币 5 000 元，西斯公司是否有权索赔暂且不论，仅就该数额本身就明显畸高。从西斯公司自己提交的《著作权许可使用合同》的约定来看，该合同反映出西斯公司对于使用自己拥有版权图片一年的许可使用费也仅人民币 1 600 余元，这与西斯公司提出的索赔金额相去甚远。而在盛名公司提交的与"自然图片社"签署的《图片许可使用合同》中，仅以每年 3 000 元的价格就可以使用该图片社任意 100 幅图片。每张图片的年使用费仅 30 元。更何况，盛名公司在本案中对涉案图片的使用仅十余天而已。故西斯公司的赔偿请求不应得到支持。辩论意见发表完毕。

审判长：好！通过听取了双方的首轮辩论意见，合议庭认为：本案目前最重要的争议还是在于侵权赔偿数额如何确认。下面合议庭希望双方能够继续围绕这一焦点问题进行互相辩论。上诉人、被上诉人双方是否有新的辩论意见要发表？

上诉代理人：代理人认为，本案中上诉人因为著作权被侵权所造成的损失没有直接依据，有关被上诉人因侵权所获得的利益也无法确定。故根据我国《著作权法》第 49 条的规定，权利人的实际损失或者侵权人的违法所得不能确定的，由人民法院根据侵权行为的情节，判决给予 50 万元以下的赔偿。所以，我们希望本案赔偿数额由法庭酌定。

审判长：下面被上诉人有无新的辩论意见要发表？

被上诉代理人：我们也同意由法院酌定，但我们提醒法庭，本案中，被上诉人侵权情节轻微，系员工误操作所致，且侵权行为也仅是用于新闻报道，并非直接用于商业经营。在被上诉人了解可能涉嫌侵权后，遂删除了相关网页，侵权持续仅11天时间。以上均请合议庭充分考虑。

审判长：好的。合议庭已经充分听取了原、被上诉人双方的辩论意见，法庭辩论终结。

审判长：现在上诉人方作最终陈述。

上诉代理人：希望合议庭能够支持西斯公司的所有上诉请求，维护西斯公司的合法利益。

审判长：现在被上诉人方作最终陈述。

被上诉代理人：希望法庭考虑到本案的实际情况，依法判决。

（五）法庭调解

【参考实例】

针对模拟案例，法庭调解参考实例流程如下：

审判长：依据《中华人民共和国民事诉讼法》第142条之规定，民事案件在判决下达以前，可以由法庭主持调解。现在征询一下双方当事人的调解意愿。上诉人，你方是否同意调解？

上诉人：我方不愿意调解。

审判长：好！鉴于一方当事人不同意调解，故合议庭不再组织调解。现休庭10分钟，由合议庭进行评议。（敲法槌，宣布休庭）

书记员：全体起立，请审判员退庭。

（六）评议和宣判

【参考实例】

针对模拟案例，评议、宣判流程参考实例如下：

[评议、宣判]

休庭10分钟过后

书记员：全体起立，请审判长、审判员入庭。

审判长：现在继续开庭（敲法槌）。

合议庭经评议，现对上诉人上海西斯科技有限公司与被上诉人上海盛名科技有限公司著作权侵权纠纷上诉一案进行宣判。根据西斯公司的上诉主张及盛名公司的答辩意见，本案争议焦点在于西斯公司是否享有涉案图片的著作权以及侵权赔偿数额如何确定。针对第一个争议焦点，合议庭认为：结合涉案图片的数码原件、证人王某的证词及声明，可以确认上诉人西斯公司享有涉案图片的著作权。虽然在公证书中，涉案图片上有两个水印标记即"西斯视讯"和"图乐世界"，但合议庭认为：水印不是著作权的签名，只有和其他证据相印证，才能证明水印的著作权证明功能。本案中，上诉人提供的证据已经能够形成符合逻辑的证据锁链，多个证据相互印证，可以确证其是涉案图片著作权人的事实。被上诉人不能提供反证，故合议庭作出以上认定。关于第二个争议焦点，合议庭认为：本案中上诉人未能证明其因被侵权所导致的全部实际损失，也不能证明侵权人的侵权收益，故侵权赔偿数额由本院酌定。考虑到被上诉人将该图片用于新闻报道，并非直接的经营行为，且侵权持续时间较短，在收到上诉人函告后及时删除了侵权网页，故侵权情节轻微。

综上，依照《中华人民共和国著作权法》第49条，《中华人民共和国民事诉讼法》第169之规定，判决如下：（书记员：请当事人、诉讼代理人起立）

1. 撤销上海市杨浦区人民法院（2016）沪杨民初字第＊＊号民事判决。

2. 上海盛名科技有限公司于本判决生效之日起10日内赔偿上海西斯科技有限公司300元、公证费1 300元、工商查询费200元、律师费1 000元，合计人民币2 800元。

3. 本案一审诉讼费150元，二审诉讼费用150元，由上海西斯科技股份有限公司承担100元，上海盛名科技有限公司承担200元（由于原审诉讼费用及上诉费用均系上海西斯科技有限公司支付，上海盛名科技有限公司在支付赔偿款项时一并将应承担的诉讼费用支付给上海西斯科技有限公司）。

审判长：本判决为终审判决。当事人于宣判后第 10 日到本院 605 室领取判决书。

现在闭庭（敲击法槌）。

书记员：全体起立，请审判员退庭。

书记员：请诉讼参与人、诉讼参加人退庭。请诉讼参与人阅读笔录并签名。如认为笔录有误，可以要求书记员更改。

【思考与练习】

1. 知识产权民事诉讼二审程序包括哪些环节？
2. 知识产权民事诉讼二审程序中的法庭调查有何特点？

第四节　知识产权民事诉讼主要法律文书

本节所列知识产权民事诉讼法律文书格式是最高人民法院于 2016 年 7 月 5 日发布的《民事诉讼文书样式》所规定的最新民事诉讼格式文本，留供知识产权民事审判模拟训练参照使用。

一、民事起诉状

（一）民事起诉状（公民提起民事诉讼用）

民事起诉状

原告：＊＊＊，男/女，××××年××月××日生，×族，……（写明工作单位和职务或职业），住……。联系方式：……

法定代理人/指定代理人：＊＊＊，……

委托诉讼代理人：＊＊＊，……

被告：＊＊＊，……

……

（以上写明当事人和其他诉讼参加人的姓名或者名称等基本信息）

诉讼请求：

……

事实和理由：

……

证据和证据来源，证人姓名和住所：

……

此致

 ××××人民法院

附：本起诉状副本×份

起诉人（签名）

××××年××月××日

【说明】

（1）本样式根据《中华人民共和国民事诉讼法》第 120 条第 1 款、第 121 条制定，供公民提起民事诉讼用。

（2）起诉应当向人民法院递交起诉状，并按照被告人数提出副本。

（3）原告应当写明姓名、性别、出生日期、民族、职业、工作单位、住所、联系方式。原告是无民事行为能力或者限制民事行为能力人的，应当写明法定代理人姓名、性别、出生日期、民族、职业、工作单位、住所、联系方式，在诉讼地位后括注与原告的关系。

（4）起诉时已经委托诉讼代理人的，应当写明委托诉讼代理人基本信息。

（5）被告是自然人的，应当写明姓名、性别、工作单位、住所等信息；被告是法人或者其他组织的，应当写明名称、住所等信息。

（6）原告在起诉状中直接列写第三人的，视为其申请人民法院追加该第三人参加诉讼。是否通知第三人参加诉讼，由人民法院审查决定。

（7）起诉状应当由本人签名。

（二）民事起诉状（法人或者其他组织提起民事诉讼用）

民事起诉状

原告：＊＊＊，住所……。

法定代表人/主要负责人：＊＊＊，……（写明职务），联系方式：……

委托诉讼代理人：＊＊＊，……

被告：＊＊＊，……

……

（以上写明当事人和其他诉讼参加人的姓名或者名称等基本信息）

诉讼请求：

……

事实和理由：

……

证据和证据来源，证人姓名和住所：

……

　　此致

　　××××人民法院

附：本起诉状副本×份

起诉人（公章和签名）

××××年××月××日

【说明】

（1）本样式根据《中华人民共和国民事诉讼法》第120条第1款、第121条制定，供法人或者其他组织提起民事诉讼用。

（2）起诉应当向人民法院递交起诉状，并按照被告人数提出副本。

（3）原告应当写明姓名、性别、出生日期、民族、职业、工作单位、住所、联系方式。原告是无民事行为能力或者限制民事行为能力人的，应当写明法定代理人姓名、性别、出生日期、民族、职业、工作单位、住所、联系方式，在诉讼地位后括注与原告的关系。

（4）起诉时已经委托诉讼代理人的，应当写明委托诉讼代理人基本信息。

（5）被告是自然人的，应当写明姓名、性别、工作单位、住所等信息；被告是法人或者其他组织的，应当写明名称、住所等信息。

（6）原告在起诉状中直接列写第三人的，视为其申请人民法院追加该第三人参加诉讼。是否通知第三人参加诉讼，由人民法院审查决定。

（7）起诉状应当加盖单位印章，并由法定代表人或者主要负责人签名。

【注意事项】

民事起诉状一般包括首部、正文、尾部、附项四部分，分述如下。

1. 起诉状首部

（1）标题：标题应当居中写明："民事起诉状"，一般要求标题字体较正文字体大一个字号以上，字间距可适当放大。

（2）当事人的基本情况：这是要求写明原告、被告的主体身份基本情况。一般来说，当事人是自然人的，应当写明姓名、性别、出生年月日（或身份证号码）、民族、职业、工作单位和职务、具体住址、联系方式等；如果当事人是法人或者其他组织的，要写明当事人的全称、住所地、法定代表人（负责人）及其职务、联系方式等。

（3）诉讼请求：依据民诉法的规定，起诉必须要有明确的诉讼请求。一般来说，在确认之诉或者变更之诉中，要明确希望法院确认或者变更的事项，在给付之诉中，要明确请求给付的项目及确切的金额；诉讼请求一般采用"依法确认……""依法判令……"的写法；诉讼请求较多的，应当按照序号排列分别撰写，不应当将所有诉讼请求写在一个序号内容中；最后需要注意的是，在起诉状中有一个诉讼请求基本是固定的，就是"依法判令被告承担本案诉讼费用"，这一诉讼请求通常放在诉讼请求的最后单独列出。

2. 起诉状正文：事实和理由

（1）事实部分：起诉状正文的事实部分应写明原告、被告民事法律关系产生、发展和变化的过程，以及双方发生争议的时间、地点、原因、经过、情节和后果。一般应以时间顺序，既要如实地陈述案件基本事实，又要重点叙述被告涉及侵权、违约等行为的情节及后果。

（2）理由部分：起诉状的理由部分要根据前面陈述的案件事实，结合相关法律、法规和政策，简明扼要地阐述原告对本案的性质、被告的责任以及如何解决纠纷的看法，以此说明原告所提出的诉讼请求在法律上的依据。在撰写理由部分时，要尽量采用下结论性书写方式，切忌长篇大论地进行法律推理。

（3）通常情况下，在事实和理由阐述完毕后，另起一行写明诸如"为此，原告特诉至贵院，希望贵院依法支持原告的所有诉讼请求，维护原告的合法权益"作为起诉状正文部分的收尾。

需要特别说明的是：起诉状正文作为起诉状最主要的部分，应当本着简明扼要的撰写原则，力避冗长烦琐。起诉状正文要紧密围绕诉讼请求，既要将案件基本事实和法律理由阐述清楚，又要避免拖沓啰唆地描述案件细节和进行大段的法律逻辑推理；同时，起诉状正文撰写要使用书面语言和法言法语，不要使用俚语白话、网络热词、流行语汇等，更不能使用侮辱性、过激性言辞。

3. 起诉状尾部

（1）呈送人民法院：一般以"此致"换行"××××人民法院"为标准格式。

起诉状的呈送法院应当在起诉前确认有权审理本案的管辖法院。考虑

117

到知识产权民事案件管辖的复杂性，在起诉前，应当对案件管辖法院进行专门研究，不违反法律法规有关知识产权民事案件的级别管辖、地域管辖和专属管辖的相关规定。

（2）落款：一般以具状人、起诉人、原告落款，原告是自然人的，由原告亲笔签名；原告是法人或者其他组织的，加盖单位公章。

（3）起诉时间：一般书写于原告签名或者盖章的下方。日期应当使用大写汉字，不应使用阿拉伯数字。

4. 起诉状附项

起诉状附项主要是有关起诉状副本及证据的说明，一般书写于起诉状最后一页的左下方。主要记载起诉状副本份数和证据名称等。如涉案证据较多，应当另行制作《证据清单》附在起诉状后。

特别说明：为符合法院案件资料装订和保存的要求，起诉状一般应当使用 A4 纸打印或者书写，打印时应当采用黑色字打印，如果使用手写方式，应当使用黑色或者蓝黑色钢笔、签字笔，不得使用铅笔、圆珠笔书写。

二、民事答辩状

（一）民事答辩状（公民对民事起诉提出答辩用）

民事答辩状

答辩人：＊＊＊，男/女，××××年××月××日生，×族，……（写明工作单位和职务或职业），住……。联系方式：……

法定代理人/指定代理人：＊＊＊，……

委托诉讼代理人：＊＊＊，……

（以上写明答辩人和其他诉讼参加人的姓名或者名称等基本信息）

对××××人民法院（××××）……民初……号……（写明当事人和案由）一案的起诉，答辩如下：

……（写明答辩意见）

证据和证据来源，证人姓名和住所：

……

此致

××××人民法院

附：本答辩状副本×份

答辩人（签名）

××××年××月××日

【说明】

（1）本样式根据《中华人民共和国民事诉讼法》第 125 条制定，供公民对民事起诉提出答辩用。

（2）被告应当在收到起诉状副本之日起 15 日内提出答辩状。被告在中华人民共和国领域内没有住所的，应当在收到起诉状副本后 30 日内提出答辩状。被告申请延期答辩的，是否准许，由人民法院决定。

（3）答辩状应当记明被告的姓名、性别、出生日期、民族、工作单位、职业、住所、联系方式。

（4）答辩时已经委托诉讼代理人的，应当写明委托诉讼代理人基本信息。

（5）答辩状应当由本人签名。

（二）民事答辩状（法人或者其他组织对民事起诉提出答辩用）

<h2 align="center">民事答辩状</h2>

答辩人：＊＊＊，住所地……。

法定代表人/主要负责人：＊＊＊，……（写明职务），联系方式：……

委托诉讼代理人：＊＊＊，……

（以上写明答辩人和其他诉讼参加人的姓名或者名称等基本信息）

对××××人民法院（××××）……民初……号……（写明当事人和案由）一案的起诉，答辩如下：

……（写明答辩意见）。

证据和证据来源，证人姓名和住所：

……

此致

××××人民法院

附：本答辩状副本×份

答辩人（公章和签名）

××××年××月××日

【说明】

（1）本样式根据《中华人民共和国民事诉讼法》第125条制定，供法人或者其他组织对民事起诉提出答辩用。

（2）被告应当在收到起诉状副本之日起15日内提出答辩状。被告在中华人民共和国领域内没有住所的，应当在收到起诉状副本后30日内提出答辩状。被告申请延期答辩的，是否准许，由人民法院决定。

（3）答辩时已经委托诉讼代理人的，应当写明委托诉讼代理人基本信息。

（4）答辩状应当加盖单位印章，并由法定代表人或者主要负责人签名。

【注意事项】

答辩状由首部、正文、尾部和附项三部分组成，分述如下。

1. 答辩状首部

（1）标题：居中写明"民事答辩状"字样。一般要求标题字体较正文字体大一个字号以上，字间距可适当放大。

（2）答辩人的基本情况：答辩人是自然人的，应当写明答辩人姓名、性别、出生年月日或者身份证号码、民族、职业、工作单位和职务、具体住址、联系方式等；当事人是法人或其他组织的，应当写明其名称、所在地、法定代表人（或主要负责人）的姓名与职务。

（3）答辩缘由：一般写明"答辩人针对＊＊＊＊诉答辩人＊＊＊＊＊纠纷一案，依法答辩如下"。

（4）答辩请求：写明答辩人的要求和主张。一般写明"依法驳回原告的所有诉讼请求"即可。

2. 答辩状正文：事实和理由

答辩状的事实和理由部分的撰写方法基本与起诉状相同。答辩状应当针对原告的诉讼请求及其所依据的事实与理由，进行反驳与辩解。清晰地阐明自己对案件的主张和理由。在知识产权民事诉讼中，被告在答辩中应当对原告的主体是否适格、原告起诉状所陈述的案件基本事实是否失真、原告所主张的知识产权权属是否清晰、被告自身是否存在侵权或者违约行为、原告的赔偿请求是否具有确实充分依据等方面进行全面抗辩。

但需要注意的是，答辩状的全面抗辩并不意味着否认原告的所有陈述和主张。答辩人应当准确把握案件的焦点问题展开抗辩，不要为了反对而反对，对于有充分证据证明的案件基本事实不应当一味的否定。这既无助于基本事实的认定，又会有损于答辩人在法官心中的形象，反而不利于答辩人所希望的有利诉讼结果的达成。

3. 答辩状尾部和附项

答辩状尾部包括致送人民法院名称，答辩人签名、盖章，答辩时间等。撰写方法与起诉状要求基本相同。

答辩状附项包括载明答辩状副本份数及证据事项。

三、一审民事判决书

××××人民法院

民事判决书

（××××）……民初……号

原告：＊＊＊，男/女，××××年××月××日出生，×族，……（工作单位和职务或者职业），住……。

法定代理人/指定代理人：＊＊＊，……

委托诉讼代理人：＊＊＊，……

被告：＊＊＊，住所地……

法定代表人/主要负责人：＊＊＊，……

委托诉讼代理人：＊＊＊，……

第三人：＊＊＊，……

法定代理人/指定代理人/法定代表人/主要负责人：＊＊＊，……

委托诉讼代理人：＊＊＊，……

（以上写明当事人和其他诉讼参加人的姓名或者名称等基本信息）

原告＊＊＊与被告＊＊＊、第三人＊＊＊……（写明案由）一案，本院于××××年××月××日立案后，依法适用普通程序，公开/因涉及……（写明不公开开庭的理由）不公开开庭进行了审理。原告＊＊＊、被告＊＊＊、第三人＊＊＊（写明当事人和其他诉讼参加人的诉讼地位和姓名或者名称）到庭参加诉讼。本案现已审理终结。

＊＊＊向本院提出诉讼请求：1.……；2.……（明确原告的诉讼请求）。事实和理由：……（概述原告主张的事实和理由）

＊＊＊辩称，……（概述被告答辩意见）

＊＊＊诉/述称，……（概述第三人陈述意见）

当事人围绕诉讼请求依法提交了证据，本院组织当事人进行了证据交换和质证。对当事人无异议的证据，本院予以确认并在卷佐证。对有争议的证据和事实，本院认定如下：1.……；2.……（写明法院是否采信证据，事实认定的意见和理由）。

本院认为，……（写明争议焦点，根据认定的事实和相关法律，对当事人的诉讼请求作出分析评判，说明理由）。

综上所述，……（对当事人的诉讼请求是否支持进行总结评述）。依照《中华人民共和国……法》第×条、……（写明法律文件名称及其条款项序号）规定，判决如下：

一、……；

二、……。

（以上分项写明判决结果）

如果未按本判决指定的期间履行给付金钱义务，应当依照《中华人民共和国民事诉讼法》第253条规定，加倍支付迟延履行期间的债务利息（没有给付金钱义务的，不写）。

案件受理费……元，由……负担（写明当事人姓名或者名称、负担金额）。

如不服本判决，可以在判决书送达之日起15日内，向本院递交上诉状，并按照对方当事人或者代表人的人数提出副本，上诉于××××人民法院。

审　判　长　＊＊＊

审　判　员　＊＊＊

审　判　员　＊＊＊

××××年××月××日

（院印）

本件与原本核对无异

书　记　员　＊＊＊

【说明】

（一）依据

本样式根据《中华人民共和国民事诉讼法》第152条等制定，供人民法院适用第一审普通程序开庭审理民事案件终结后，根据已经查明的事实、证据和有关的法律规定，对案件的实体问题作出判决用。除有特别规定外，其他民事判决书可以参照本判决书样式和说明制作。

（二）标题

标题由法院名称、文书名称、案号组成。

依照《中华人民共和国民事诉讼法》第 153 条规定就一部分事实先行判决的，第二份民事判决书开始可在案号后缀"之一""之二"……以示区别。

（三）首部

首部依次写明诉讼参加人基本情况、案件由来和审理经过。

1. 诉讼参加人基本情况

（1）诉讼参加人包括当事人、诉讼代理人。全部诉讼参加人均分行写明。

（2）当事人诉讼地位写明"原告""被告"。反诉的写明"原告（反诉被告）""被告（反诉原告）"。有独立请求权第三人或者无独立请求权第三人，均写明"第三人"。

当事人是自然人的，写明姓名、性别、出生年月日、民族、工作单位和职务或者职业、住所。外国人写明国籍，无国籍人写明"无国籍"；港澳台地区的居民分别写明"香港特别行政区居民""澳门特别行政区居民""台湾地区居民"。

共同诉讼代表人参加诉讼的，按照当事人是自然人的基本信息内容写明。

当事人是法人或者其他组织的，写明名称、住所。另起一行写明法定代表人或者主要负责人及其姓名、职务。

当事人是无民事行为能力人或者限制民事行为能力人的，写明法定代理人或者指定代理人及其姓名、住所，并在姓名后括注与当事人的关系。

当事人及其法定代理人有委托诉讼代理人的，写明委托诉讼代理人的诉讼地位、姓名。委托诉讼代理人是当事人近亲属的，近亲属姓名后括注其与当事人的关系，写明住所；委托诉讼代理人是当事人本单位工作人员的，写明姓名、性别及其工作人员身份；委托诉讼代理人是律师的，写明姓名、律师事务所的名称及律师执业身份；委托诉讼代理人是基层法律服务工作者的，写明姓名、法律服务所名称及基层法律服务工作者执业身份；委托诉讼代理人是当事人所在社区、单位以及有关社会团体推荐的公民的，写明姓名、性别、住所及推荐的社区、单位或有关社会团体名称。

委托诉讼代理人排列顺序，近亲属或者本单位工作人员在前，律师、法律工作者、被推荐公民在后。

委托诉讼代理人为当事人共同委托的，可以合并写明。

2. 案件由来和审理经过

案件由来和审理经过，依次写明当事人诉讼地位和姓名或者名称、案由、立案日期、适用普通程序、开庭日期、开庭方式、到庭参加诉讼人员、未到庭或者中途退庭诉讼参加人、审理终结。

不公开审理的，写明不公开审理的理由，例："因涉及国家秘密"或者"因涉及个人隐私"或者"因涉及商业秘密，＊＊＊申请"或者"因涉及离婚，＊＊＊申请。"

当事人及其诉讼代理人均到庭的，可以合并写明。例："原告＊＊＊及其委托诉讼代理人＊＊＊、被告＊＊＊、第三人＊＊＊到庭参加诉讼。"

诉讼参加人均到庭参加诉讼的，可以合并写明，例："本案当事人和委托诉讼代理人均到庭参加诉讼。"

当事人经合法传唤未到庭参加诉讼的，写明："＊＊＊经传票传唤无正当理由拒不到庭参加诉讼。"或者"＊＊＊经公告送达开庭传票，未到庭参加诉讼。"

当事人未经法庭许可中途退庭的，写明："＊＊＊未经法庭许可中途退庭。"

在诉讼过程中，如果存在指定管辖、移送管辖、程序转化、审判人员变更、中止诉讼等情形，应当同时写明。

（四）事实

事实部分主要包括：原告起诉的诉讼请求、事实和理由，被告答辩的事实和理由，人民法院认定的证据和事实。

1. 当事人诉辩意见

诉辩意见包括原告诉称、被告辩称，有第三人的，还包括第三人诉（述）称。

（1）原告诉称包括原告诉讼请求、事实和理由。

先写诉讼请求，后写事实和理由。诉讼请求两项以上的，用阿拉伯数字加点号分项写明。

诉讼过程中增加、变更、放弃诉讼请求的，应当连续写明。增加诉讼请求的，写明："诉讼过程中，＊＊＊增加诉讼请求：……"变更诉讼请求的，写明："诉讼过程中，＊＊＊变更……诉讼请求为：……"放弃诉讼请求的，写明："诉讼过程中，＊＊＊放弃……的诉讼请求。"

（2）被告辩称包括对诉讼请求的意见、事实和理由。

被告承认原告主张的全部事实的，写明："＊＊＊承认＊＊＊主张的事实。"被告承认原告主张的部分事实的，先写明："＊＊＊承认＊＊＊主张的……事实。"后写明有争议的事实。

被告承认全部诉讼请求的，写明："＊＊＊承认＊＊＊的全部诉讼请求。"被告承认部分诉讼请求的，写明被告承认原告的部分诉讼请求的具体内容。

被告提出反诉的，写明："＊＊＊向本院提出反诉请求：1……；2……"后接反诉的事实和理由。再另段写明："＊＊＊对＊＊＊的反诉辩称，……"

被告未作答辩的，写明："＊＊＊未作答辩。"

（3）第三人诉（述）称包括第三人主张、事实和理由。

有独立请求权的第三人，写明："＊＊＊向本院提出诉讼请求：……"后接第三人请求的事实和理由。再另段写明原告、被告对第三人的诉讼请求的答辩意见："＊＊＊对＊＊＊的诉讼请求辩称，……"

无独立请求权第三人，写明："＊＊＊述称，……"第三人未作陈述的，写明："＊＊＊未作陈述。"

原告、被告或者第三人有多名，且意见一致的，可以合并写明；意见不同的，应当分别写明。

2. 证据和事实认定

对当事人提交的证据和人民法院调查收集的证据数量较多的，原则上不一一列举，可以附证据目录清单。

对当事人没有争议的证据，写明："对当事人无异议的证据，本院予以确认并在卷佐证。"

对有争议的证据，应当写明争议证据的名称及法院对争议证据的认定意见和理由；对争议的事实，应当写明事实认定意见和理由。

争议的事实较多的，可以对争议事实分别认定；针对同一事实有较多争议证据的，可以对争议的证据分别认定。

对争议的证据和事实，可以一并叙明；也可以先单独对争议证据进行认定后，另段概括写明认定的案件基本事实，即"根据当事人陈述和经审查确认的证据，本院认定事实如下：……"

对于人民法院调取的证据、鉴定意见，经庭审质证后，按照是否有争议分别写明。

召开庭前会议或者在庭审时归纳争议焦点的，应当写明争议焦点。争议焦点的摆放位置，可以根据争议的内容处理。争议焦点中有证据和事实内容的，可以在当事人诉辩意见之后写明。争议焦点主要是法律适用问题的，可以在本院认为部分，先写明争议焦点，再进行说理。

（五）理由

理由应当围绕当事人的诉讼请求，根据认定的事实和相关法律，逐一评判并说明理由。

理由部分，有争议焦点的，先列争议焦点，再分别分析认定，后综合分析认定。

没有列争议焦点的，直接写明裁判理由。

被告承认原告全部诉讼请求，且不违反法律规定的，只写明："被告承认原告的诉讼请求，不违反法律规定。"

就一部分事实先行判决的，写明："本院对已经清楚的部分事实,先行判决。"

经审判委员会讨论决定的，在法律依据引用前写明："经本院审判委员会讨论决定，……"

（六）裁判依据

在说理之后，作出判决前，应当援引法律依据。

分项说理后，可以另起一段，综述对当事人诉讼请求是否支持的总结评价，后接法律依据，直接引出判决主文。说理部分已经完成，无须再对诉讼请求进行总结评价的，直接另段援引法律依据，写明判决主文。

援引法律依据，应当依照《最高人民法院关于裁判文书引用法律、法规等规范性法律文件的规定》处理。

法律文件引用顺序，先基本法律，后其他法律；先法律，后行政法规和司法解释；先实体法，后程序法。实体法的司法解释可以放在被解释的实体法之后。

（七）判决主文

判决主文两项以上的，各项前依次使用汉字数字分段写明。

单项判决主文和末项判决主文句末用句号，其余判决主文句末用分号。如果一项判决主文句中有分号或者句号的，各项判决主文后均用句号。

判决主文中可以用括注，对判项予以说明。括注应当紧跟被注释的判决主文。例：（已给付……元，尚需给付……元）；（已给付……元，应返还……元）；（已履行）；（按双方订立的《××借款合同》约定的标准执行）；（内容须事先经本院审查）；（清单详见附件）等。

判决主文中当事人姓名或者名称应当用全称，不得用简称。

金额，用阿拉伯数字。金额前不加"人民币"；人民币以外的其他种类货币的，金额前加货币种类。有两种以上货币的，金额前要加货币种类。

（八）尾部

尾部包括迟延履行责任告知、诉讼费用负担、上诉权利告知。

1. 迟延履行责任告知

判决主文包括给付金钱义务的，在判决主文后另起一段写明："如果未按本判决指定的期间履行给付金钱义务，应当依照《中华人民共和国民事诉讼法》第 253 条规定，加倍支付迟延履行期间的债务利息。"

2. 诉讼费用负担根据《诉讼费用交纳办法》决定

案件受理费，写明："案件受理费……元"。

减免费用的，写明："减交……元"或者"免予收取"。

单方负担案件受理费的，写明："由＊＊＊负担"。

分别负担案件受理费的，写明："由＊＊＊负担……元，＊＊＊负担……元。"

3. 告知当事人上诉权利

当事人上诉期为 15 日。在中华人民共和国领域内没有住所的当事人上诉期为 30 日。同一案件既有当事人的上诉期为 15 日又有当事人的上诉期为 30 日的，写明："＊＊＊可以在判决书送达之日起 15 日内，＊＊＊可以在判决书送达之日起 30 日内，……"

（九）落款

落款包括合议庭署名、日期、书记员署名、院印。

合议庭的审判长，不论审判职务，均署名为"审判长"；合议庭成员有审判员的，署名为"审判员"；有助理审判员的，署名为"代理审判员"；有陪审员的，署名为"人民陪审员"；书记员，署名为"书记员"。

合议庭按照审判长、审判员、代理审判员、人民陪审员的顺序分行署名。

落款日期为作出判决的日期，即判决书的签发日期。当庭宣判的，应当写宣判的日期。

两名以上书记员的，分行署名。

落款应当在同一页上，不得分页。落款所在页无其他正文内容的，应当调整行距，不写"本页无正文"。

院印加盖在审判人员和日期上，要求骑年盖月、朱在墨上。

加盖"本件与原本核对无异"印戳。

（十）附录

确有必要的，可以另页附录。

四、民事上诉状

民事上诉状

上诉人（原审诉讼地位）：＊＊＊，男/女，××××年××月××日出生，×族，……（写明工作单位和职务或者职业），住……。联系方式：……。

法定代理人/指定代理人：＊＊＊，……

委托诉讼代理人：＊＊＊，……

被上诉人（原审诉讼地位）：＊＊＊，……

……

（以上写明当事人和其他诉讼参加人的姓名或者名称等基本信息）

＊＊＊因与＊＊＊……（写明案由）一案，不服××××人民法院××××年××月××日作出的（××××）……号民事判决/裁定，现提起上诉。

上诉请求：

……

上诉理由：

……

此致

××××人民法院

附：本上诉状副本×份

上诉人（签名或者盖章）

××××年××月××日

【说明】

（1）本样式根据《中华人民共和国民事诉讼法》第 164～166 条、第 269 条制定，供不服第一审人民法院民事判决或者裁定的当事人，向上一级人民法院提起上诉用。

（2）当事人是法人或者其他组织的，写明名称住所。另起一行写明法定代表人、主要负责人及其姓名、职务、联系方式。

（3）当事人不服地方人民法院第一审判决的，有权在判决书送达之日起 15 日内向上一级人民法院提起上诉。当事人不服地方人民法院第一审裁定的，有权在裁定书送达之日起 10 日内向上一级人民法院提起上诉。在中华人民共和国领域内没有住所的当事人，不服第一审人民法院判决、裁定的，有权在判决书、裁定书送达之日起 30 日内提起上诉。

（4）上诉状的内容，应当包括当事人的姓名，法人的名称及其法定代表人的姓名或者其他组织的名称及其主要负责人的姓名；原审人民法院名称、案件的编号和案由；上诉的请求和理由。

（5）上诉状应当通过原审人民法院提出，并按照对方当事人或者代表人的人数提出副本。

（6）有新证据的，应当在上诉理由之后写明证据和证据来源，证人姓名和住所。

五、合议庭评议笔录

合议庭评议笔录

（××××）……民×……号

时间：××××年××月××日××时××分至××时××分

地点：……

合议庭成员：审判长＊＊＊、审判员/代理审判员/人民陪审员＊＊＊、审判员/代理审判员/人民陪审员＊＊＊

书记员：＊＊＊

……（记明合议庭评议内容）。

（以下无正文）

书记员（签名）

合议庭评议结论：

……

（以下无正文）

审判人员（签名）
书记员（签名）

【说明】

（1）本样式根据《中华人民共和国民事诉讼法》第 42 条制定，供人民法院合议庭审理后评议案件记录用。

（2）合议庭评议案件，实行少数服从多数的原则。评议应当制作笔录，由合议庭成员签名。评议中的不同意见，必须如实记入笔录。

六、法庭笔录（开庭审理用）

法庭笔录

时间：××××年××月××日××时××分至××时××分

地点：××××人民法院第×法庭

案号：（××××）……民×……号

案由：……（写明案由）

审判人员：……（写明职务和姓名）

书记员：＊＊＊

（开庭审理前，书记员应当查明当事人和其他诉讼参与人是否到庭，落座后宣布法庭纪律，请审判人员入庭就座）

审判人员：（敲击法槌）现在开庭。首先核对当事人和其他诉讼参加人的基本信息。

原告：＊＊＊，……

被告：＊＊＊，……

第三人：＊＊＊，……

（以上写明当事人和其他诉讼参加人的基本信息，未到庭的括注未到庭，委托诉讼代理人括注代理权限）

审判人员：原告对出庭人员有无异议？

原告：……

审判人员：被告对出庭人员有无异议？

被告：……

审判人员：第三人对出庭人员有无异议？

第三人：……

审判人员：经核对，各方当事人和其他诉讼参加人均符合法律规定，可以参加本案诉讼活动。××××人民法院依照《中华人民共和国民事诉讼法》第 134 条规定，今天依法适用普通程序，公开/不公开开庭审理（××××）……民×……号……（写明当事人及案由）一案。本案由审判员＊＊＊、审判员/代理审判员/人民陪审员＊＊＊、审判员/代理审判员/人民陪审员＊＊＊组成合议庭，由审判员＊＊＊担任审判长，由书记员＊＊＊担任记录。

告知当事人有关的诉讼权利义务。

审判人员：当事人可以提出回避申请。原告是否申请回避？

原告：……

审判人员：被告是否申请回避？

被告：……

审判人员：第三人是否申请回避？

第三人：……

审判人员：现在进行法庭调查。首先由原告陈述诉讼请求、事实和理由。

原告：诉讼请求：……

事实与理由：……

审判人员：现在由被告答辩。

被告：……

审判人员：现在由第三人陈述。

第三人：……

审判人员：根据各方当事人的诉讼请求、答辩意见以及证据交换情况，合议庭归纳本案庭审争议焦点如下：一、……；二、……；三、……。各方当事人对合议庭归纳的争议焦点是否有异议？

原告：……

被告：……

第三人：……

审判人员：下面围绕本案争议焦点涉及的事实问题展开调查。

问题一：……

原告：……

被告：……

第三人：……

问题二：……

原告：……

被告：……

第三人：……

……

审判人员：现在进行法庭辩论。法庭辩论阶段需要当事人发表法律意见的问题是：一、……；二、……；三、……。首先由原告发言。

原告：……

审判人员：现在由被告答辩。

被告：……

审判人员：现在由第三人发言/答辩。

第三人：……

审判人员：现在由当事人互相辩论。首先由原告发表辩论意见。

原告：……

审判人员：现在由被告发表辩论意见。

被告：……

审判人员：现在由第三人发表辩论意见。

第三人：……

审判人员：法庭辩论终结。现在由当事人最后陈述。首先由原告陈述。

原告：……

审判人员：现在由被告陈述。

被告：……

审判人员：现在由第三人陈述。

第三人：……

审判人员：征询各方当事人的调解意向。原告是否愿意调解？

原告：……

审判人员：被告是否愿意调解？

被告：……

审判人员：第三人是否愿意调解？

第三人：……

审判人员：现在闭庭。（敲击法槌）

原告（签名或者盖章）

被告（签名或者盖章）

第三人（签名或者盖章）

审判人员（签名）

书记员（签名）

（如当庭宣判的，按下列格式）

审判人员：现在休庭×分钟，由合议庭进行评议。（敲击法槌）

审判人员：（敲击法槌）现在继续开庭。

审判人员：……（写明当事人及案由）一案，合议庭经过审理，并进行了评议。现在当庭宣告裁判内容如下：（敲击法槌）

书记员：全体起立。

审判人员：……（宣告判决主文）

如不服本判决，可以在判决书送达之日起 15 日内，向本院递交上诉状，并按对方当事人或者代表人的人数提出副本，上诉于××××人民法院。

如当事人不当庭要求邮寄发送本裁判文书，应在××××年××月××日到×××处领取裁判文书，否则承担相应后果。

审判长：现在闭庭。（敲击法槌）

原告（签名或者盖章）

被告（签名或者盖章）

第三人（签名或者盖章）

审判人员（签名）

书记员（签名）

【说明】

（1）本样式根据《中华人民共和国民事诉讼法》第 134～148 条、《最高人民法院关于适用〈中华人民共和国民事诉讼法〉的解释》第 253 条制定，供人民法院适用第一审普通程序开庭审理记录用。

（2）书记员应当将法庭审理的全部活动记入笔录。

（3）法庭笔录应当当庭宣读，也可以告知当事人和其他诉讼参与人当庭或者在 5 日内阅读。当事人和其他诉讼参与人认为对自己的陈述记录有遗漏或者差错的，有权申请补正。如果不予补正，应当将申请记录在案。

（4）法庭笔录由当事人和其他诉讼参与人签名或者盖章。拒绝签名盖章的，记明情况附卷。

（5）法庭笔录由审判人员和书记员签名。

（6）当庭调解达成协议的，使用法庭笔录记明，不另行制作调解笔录。

（7）当庭宣判的，使用法庭笔录记明，不另行制作宣判笔录。

七、法定代表人身份证明书

（一）法定代表人身份证明书（法人当事人使用）

法定代表人身份证明书

＊＊＊在我（单位名称）担任……职务，系我（单位名称）的法定代表人。

特此证明。

附：法定代表人联系地址：

联系电话：

××××年××月××日

（公章）

【说明】

（1）本样式根据《中华人民共和国民事诉讼法》第48条第2款以及《最高人民法院关于适用〈中华人民共和国民事诉讼法〉的解释》第50～51条制定，供法人当事人证明法定代表人身份用。

（2）法人的法定代表人以依法登记的为准，但法律另有规定的除外。依法不需要办理登记的法人，以其正职负责人为法定代表人；没有正职负责人的，以其主持工作的副职负责人为法定代表人。法定代表人已经变更，但未完成登记，变更后的法定代表人要求代表法人参加诉讼的，人民法院可以准许。

（3）在诉讼中，法人的法定代表人变更的，由新的法定代表人继续进行诉讼，并应向人民法院提交新的法定代表人身份证明书。原法定代表人进行的诉讼行为有效。

（二）主要负责人身份证明书（其他组织的当事人使用）

主要负责人身份证明书

＊＊＊在我（单位名称）担任……职务，系我单位（单位名称）的主要负责人。

特此证明。

附：主要负责人联系地址：

联系电话：

××××年××月××日

（公章）

【说明】

（1）本样式根据《中华人民共和国民事诉讼法》第48条第2款以及《最高人民法院关于适用〈中华人民共和国民事诉讼法〉的解释》第50～51条制定，供其他组织当事人证明代表人身份用。

（2）其他组织，以其主要负责人为代表人。

八、授权委托书

（一）授权委托书（公民委托诉讼代理人用）

授权委托书

委托人：＊＊＊，男/女，××××年××月××日出生，×族，……（写明工作单位和职务或者职业），住……。联系方式：……。

受委托人：＊＊＊，××律师事务所律师，联系方式：……。

受委托人：＊＊＊，男/女，××××年××月××日出生，×族，……（写明工作单位和职务或者职业），住……。联系方式：……。受托人系委托人的……（写明受托人与委托人的关系）。

现委托＊＊＊、＊＊＊在……（写明当事人和案由）一案中，作为我方参加诉讼的委托诉讼代理人。

委托事项与权限如下：

委托诉讼代理人＊＊＊的代理事项和权限：

……

委托诉讼代理人＊＊＊的代理事项和权限：

……

委托人（签名）

××××年××月××日

【说明】

（1）本样式根据《中华人民共和国民事诉讼法》第49条、第58条、第59条以及《最高人民法院关于适用〈中华人民共和国民事诉讼法〉的解释》第78条、第85条制定，供公民当事人、法定代理人、共同诉讼代表人委托诉讼代理人参加诉讼用。

（2）当事人、法定代理人、共同诉讼代表人可以委托1~2人作为诉讼代理人。当事人有权委托诉讼代理人，提出回避申请，收集、提供证据，进行辩论，请求调解，提出上诉，申请执行。

（3）下列人员可以被委托为诉讼代理人：①律师、基层法律服务工作者；②当事人的近亲属或者工作人员；③当事人所在社区、单位及有关社会团体推荐的公民。

（4）与当事人有夫妻、直系血亲、三代以内旁系血亲、近姻亲关系以及其他有抚养、赡养关系的亲属，可以当事人近亲属的名义作为诉讼代理人。

（5）诉讼代理人除根据《民事诉讼法》第59条规定提交授权委托书外，

还应当按照下列规定向人民法院提交相关材料：①律师应当提交律师执业证、律师事务所证明材料；②基层法律服务工作者应当提交法律服务工作者执业证、基层法律服务所出具的介绍信以及当事人一方位于本辖区内的证明材料；③当事人的近亲属应当提交身份证件和与委托人有近亲属关系的证明材料；④当事人的工作人员应当提交身份证件和与当事人有合法劳动人事关系的证明材料；⑤当事人所在社区、单位推荐的公民应当提交身份证件、推荐材料和当事人属于该社区、单位的证明材料；⑥有关社会团体推荐的公民应当提交身份证件和符合本解释第 87 条规定条件的证明材料。

（6）授权委托书必须记明委托事项和权限。诉讼代理人代为承认、放弃、变更诉讼请求，进行和解，提起反诉或者上诉，必须有委托人的特别授权。

（二）授权委托书（法人或者其他组织委托诉讼代理人用）

授权委托书

委托单位：＊＊＊，住所……。

法定代表人或主要负责人：＊＊＊，……（写明职务），联系方式：……。

受委托人：＊＊＊，××律师事务所律师，联系方式：……。

受委托人：＊＊＊，……（写明受托人所在单位及职务），联系方式：……。

现委托＊＊＊、＊＊＊在……（写明当事人和案由）一案中，作为我单位参加诉讼的委托诉讼代理人。

委托诉讼代理人＊＊＊的代理事项和权限：

……

委托诉讼代理人＊＊＊的代理事项和权限：

……

委托单位（公章和签名）

××××年××月××日

【说明】

（1）本样式根据《中华人民共和国民事诉讼法》第49条、第58条、第59条以及《最高人民法院关于适用〈中华人民共和国民事诉讼法〉的解释》第78条、第86条制定，供法人或者其他组织当事人委托诉讼代理人参加诉讼用。

（2）当事人可以委托1~2人作为诉讼代理人。当事人有权委托诉讼代理人，提出回避申请，收集、提供证据，进行辩论，请求调解，提出上诉，申请执行。

（3）下列人员可以被委托为诉讼代理人：①律师、基层法律服务工作者；②当事人的近亲属或者工作人员；③当事人所在社区、单位及有关社会团体推荐的公民。

（4）与当事人有合法劳动人事关系的职工，可以当事人工作人员的名义作为诉讼代理人。

（5）根据《中华人民共和国民事诉讼法》第58条第2款第3项规定，有关社会团体推荐公民担任诉讼代理人的，应当符合下列条件：①社会团体属于依法登记设立或者依法免予登记设立的非营利性法人组织；②被代理人属于该社会团体的成员，或者当事人一方住所地位于该社会团体的活动地域；③代理事务属于该社会团体章程载明的业务范围；④被推荐的公民是该社会团体的负责人或者与该社会团体有合法劳动人事关系的工作人员。专利代理人经中华全国专利代理人协会推荐，可以在专利纠纷案件中担任诉讼代理人。

（6）诉讼代理人除根据《中华人民共和国民事诉讼法》第59条规定提交授权委托书外，还应当按照下列规定向人民法院提交相关材料：①律师应当提交律师执业证、律师事务所证明材料；②基层法律服务工作者应当提交法律服务工作者执业证、基层法律服务所出具的介绍信以及当事人一方位于本辖区内的证明材料；③当事人的近亲属应当提交身份证件和与委托人有近亲属关系的证明材料；④当事人的工作人员应当提交身份证件和与当事人有合法劳动人事关系的证明材料；⑤当事人所在社区、单位推荐的公民应当提交身份证件、推荐材料和当事人属于该社区、单位的证明材料；⑥有关社会团体推荐的公民应当提交身份证件和符合本解释第 87 条规定条件的证明材料。

（7）授权委托书必须记明委托事项和权限。诉讼代理人代为承认、放弃、变更诉讼请求，进行和解，提起反诉或者上诉，必须有委托人的特别授权。

第三章　知识产权刑事案件审判模拟

【导读】

本章包括知识产权刑事诉讼概述，知识产权公诉案件一审普通程序，知识产权公诉案件二审普通程序以及知识产权刑事诉讼主要法律文书四部分。知识产权刑事诉讼概述部分介绍知识产权刑事诉讼概念和类型，知识产权刑事诉讼的管辖以及知识产权刑事诉讼审理程序概念。知识产权一审普通程序和知识产权二审普通程序，以案说法详述了一审普通程序和二审普通程序的详细流程。知识产权刑事诉讼主要法律文书介绍了常见法律文书的写作方法与范例。本章教学重点为知识产权刑事案件审判如何进行法庭调查、举证质证以及法庭辩论阶段如何把控庭审节奏，诉讼文书写作如何精炼运用法言法语等。

第一节　知识产权刑事诉讼概述

知识产权刑事诉讼，指的是人民法院对于人民检察院提起的侵犯知识产权公诉案件以及自诉人提起的侵犯知识产权自诉案件进行审判所适用的程序。即知识产权刑事诉讼是以解决犯罪嫌疑人、被告人侵犯知识产权案件刑事责任问题为核心的程序、步骤和方法。侵犯知识产权的刑事案件既包括公诉案件，也包括自诉案件。

一、知识产权刑事诉讼的类型

(一) 侵犯商标权刑事诉讼

侵犯商标权罪指的是我国刑法所规定的，违反商标管理法律法规，侵犯他人注册商标专用权，破坏商标管理制度，危害社会主义市场经济秩序，情节严重的行为。在刑法分则第三章破坏社会主义市场经济秩序罪第 7 类侵犯知识产权罪中，具体包括假冒注册商标罪、销售假冒注册商标的商品罪以及非法制造、销售非法制造的注册商标标识罪三个罪名。侵犯商标权刑事诉讼则是人民法院为解决被告人刑事责任对侵犯商标权刑事案件进行审理所适用的程序。

在该种类型的案件中，不管是假冒注册商标罪、销售假冒注册商标的商品罪，还是非法制造、销售非法制造的注册商标标识罪，客观上都必须有侵犯他人注册商标专用权的事实并且主观上出于明知。因此人民法院应当重点查明以下几个方面：(1) 对同一商品的认定。根据《关于办理侵犯知识产权刑事案件适用法律若干问题的意见》第 5 条，名称相同的商品以及名称不同但指同一事物的商品，可以认定为"同一种商品"。"名称"是指国家工商行政管理总局商标局在商标注册工作中对商品使用的名称，通常即《商标注册用商品和服务国际分类》中规定的商品名称。"名称不同但指同一事物的商品"是指在功能、用途、主要原料、消费对象、销售渠道等方面相同或者基本相同，相关公众一般认为是同一种事物的商品。认定"同一种商品"，应当在权利人注册商标核定使用的商品和行为人实际生产销售的商品之间进行比较。(2) 对"与其注册商标相同的商标"的认定。与其注册商标相同的商标是指与被假冒的注册商标完全相同，或者与被假冒的注册商标在视觉上基本无差别、足以对公众产生误导的商标。根据《关于办理侵犯知识产权刑事案件适用法律若干问题的意见》第 6 条，具有下列情形之一，可以认定为"与其注册商标相同的商标"：①改变注册商标的字体、字母大小写或者文字横竖排列，与注册商标之间仅有细微差别的；②改变注册商标的文字、字母、数字等之间的间距，不影响体现注册商标显著特征的；③改变注册商标颜色的；④其他与注册商标在视觉上基本无差别、足以对公众产生误导的商标。（3）对情节严重的认定。对于假冒注册商标罪，非法经营数额在5万元以上或者违法所得数额在3万元以上的或者假冒两种以上注册商标，非法经营数额在3万元以上或者违法所得数额在2万元以上的，可以认定为"情节严重"；对于销售假冒注册商标的商品罪，销售金额在5万元以上的，属于《刑法》第214条规定的"数额较大"；对于非法制造、销售非法制造的注册商标标识罪，具有下列情形之一的，属于《刑法》第215条规定的"情节严重"，①伪造、擅自制造或者销售伪造、擅自制造的注册商标标识数量在2万件以上，或者非法经营数额在5万元以上，或者违法所得数额在3万元以上的；②伪造、擅自制造或者销售伪造、擅自制造两种以上注册商标标识数量在1万件以上，或者非法经营数额在3万元以上，或者违法所得数额在2万元以上的；③其他情节严重的情形。

（二）侵犯专利权刑事诉讼

侵犯专利权罪指的是假冒他人专利，情节严重的行为。具体表现为刑法分则所规定的假冒专利罪。侵犯专利权刑事诉讼则是人民法院为解决被告人刑事责任对侵犯专利权刑事案件进行审理所适用的程序。

在该种类型的案件中，人民法院应当重点查明以下几个方面：（1）被告人是否存在"假冒他人专利"的行为。假冒他人专利的行为包括：①未经许可，在其制造或者销售的产品、产品的包装上标注他人专利号的；②未经许可，在广告或者其他宣传材料中使用他人的专利号，使人将所涉及的技术误认为是他人专利技术的；③未经许可，在合同中使用他人的专利号，使人将合同涉及的技术误认为是他人专利技术的；④伪造或者变造他人的专利证书、专利文件或者专利申请文件的。（2）对"情节严重"的认定。假冒他人专利，具有下列情形之一的，属于《刑法》第216条规定的"情节严重"，①非法经营数额在20万元以上或者违法所得数额在10万元以上的；②给专利权人造成直接经济损失50万元以上的；③假冒两项以上他人专利，非法经营数额在10万元以上或者违法所得数额在5万元以上的；④其他情节严重的情形。

（三）侵犯著作权刑事诉讼

侵犯著作权罪指的是假冒他人专利，情节严重的行为。具体表现为刑法分则所规定的侵犯著作权罪和销售侵权复制品罪。侵犯著作权刑事诉讼则是人民法院为解决被告人刑事责任对侵犯著作权刑事案件进行审理所适用的程序。

在该种类型的案件中，人民法院应当重点查明以下几个方面：（1）被告人是否存在"侵犯著作权"的行为。侵犯著作权行为包括：①未经著作权人许可，复制发行其文字作品、音乐、电影、电视、录像作品、计算机软件及其他作品的；②出版他人享有专有出版权的图书的；③未经录音录像制作者许可，复制发行其制作的录音录像的；④制作、出售假冒他人署名的美术作品的；⑤以营利为目的，销售上述侵权复制品的；（2）对"情节严重"的认定。对于侵犯著作权罪，违法所得数额在3万元以上的，属于"违法所得数额较大"；具有下列情形之一的，属于"有其他严重情节"，①非法经营数额在5万元以上的；②未经著作权人许可，复制发行其文字作品、音乐、电影、电视、录像作品、计算机软件及其他作品，复制品数量合计在1 000张（份）以上的；③其他严重情节的情形。

（四）侵犯商业秘密刑事诉讼

侵犯商业秘密罪指的是以盗窃、利诱、胁迫、披露、使用或者允许他人使用权利人的商业秘密等不正当手段，侵犯商业秘密，给商业秘密的权利人造成重大损失的行为。具体表现为刑法分则所规定的侵犯商业秘密罪。侵犯商业秘密刑事诉讼则是人民法院为解决被告人刑事责任对侵犯商业秘密刑事案件进行审理所适用的程序。

在该种类型的案件中，人民法院应当重点查明以下几个方面：（1）被告人是否有侵犯商业秘密的行为。商业秘密，是指不为公众所知悉，能为权利人带来经济利益，具有实用性并经权利人采取保密措施的技术信息和经营信息。这里的权利人，是指商业秘密的所有人和经商业秘密所有人许可的商业秘密使用人。侵犯商业秘密行为具体包括：①以盗窃、利诱、胁迫或者其他不正当手段获取权利人的商业秘密。盗窃，一般是指通过窃取商业秘密的载体而获取商业秘密；②披露、使用或者允许他人使用以上述第一种手段获取的权利人的商业秘密。③违反约定或者违反权利人有关保守商业秘密的要求，披露、使用或者允许他人使用其所掌握的商业秘密。④明知或应知前述第一~第三种违法行为，而获取、使用或者披露他人商业秘密。（2）对"造成重大损失"的认定。给商业秘密的权利人造成损失数额在 50 万元以上的，属于"给商业秘密的权利人造成重大损失"。

二、知识产权刑事诉讼的管辖

（一）立案管辖

侵犯知识产权犯罪案件由犯罪地公安机关立案侦查。必要时，可以由犯罪嫌疑人居住地公安机关立案侦查。侵犯知识产权犯罪案件的犯罪地，包括侵权产品制造地、储存地、运输地、销售地，传播侵权作品、销售侵权产品的网站服务器所在地、网络接入地、网站建立者或者管理者所在地，侵权作品上传者所在地，权利人受到实际侵害的犯罪结果发生地。对有多个侵犯知识产权犯罪地的，由最初受理的公安机关或者主要犯罪地公安机关管辖。多个侵犯知识产权犯罪地的公安机关对管辖有争议的，由共同的上级公安机关指定管辖，需要提请批准逮捕、移送审查起诉、提起公诉的，由该公安机关所在地的同级人民检察院、人民法院受理。

对于不同犯罪嫌疑人、犯罪团伙跨地区实施的涉及同一批侵权产品的制造、储存、运输、销售等侵犯知识产权犯罪行为，符合并案处理要求的，有关公安机关可以一并立案侦查，需要提请批准逮捕、移送审查起诉、提起公诉的，由该公安机关所在地的同级人民检察院、人民法院受理。

（二）审判管辖

知识产权刑事诉讼审判管辖是指不同级别的人民法院之间、同一级别但不同地域的人民法院之间受理知识产权第一审刑事案件所作出的分工。

2014 年 8 月 31 日，十二届全国人大常委会第十次会议表决通过了《全国人大常委会关于在北京、上海、广州设立知识产权法院的决定》，探索建立知识产权法院。然而根据全国人大常委会的设置,我国的知识产权法院均是中级法院的审级,主要负责知识产权民事案件和行政案件的审理,并不审理知识产权刑事案件。最高人民法院知识产权庭副庭长金克胜解释,"之所以未纳入涉知识产权刑事案件,是因为民事和行政案件占我国知识产权案件的90%。大多数国家和地区的知识产权法院也仅审理民事和行政案件"。❶ 这就意味着,我国知识产权刑事案件的审理主要依赖于地方各级人民法院的刑事审判庭或者知识产权庭,具体应当根据刑事诉讼法关于级别管辖的规定来确定管辖法院。而究竟由刑事审判庭还是知识产权庭来审理知识产权刑事案件,各地法院做法不一。目前已知上海浦东区法院、南京市中级人民法院以及苏州市中级人民法院将辖区内的知识产权刑事案件划分到知识产权庭管辖范围,据专业人士称,将知识产权刑事案件从刑事审判庭分离,划归知识产权庭管辖有利于知识产权刑事案件的审理,有利于查明真相,追究刑事责任。

三、知识产权刑事诉讼审理程序概述

(一) 知识产权公诉案件第一审普通程序概述

知识产权公诉案件刑事诉讼第一审普通程序,是人民法院对于人民检察院提起的侵犯知识产权公诉案件进行初次审判所适用的程序,其职能或任务是保障人民法院在公诉人、当事人和其他诉讼参与人的参加下,依照法定的程序,客观、全面地审查证据,查明案件事实,然后根据刑法就被告人是否有罪,应否处刑以及处以何种处罚等作出正确的判决,从而使犯罪分子受到应得的公正的法律制裁。从总体上看,我国知识产权刑事诉讼仍主要集中于公诉案件第一审程序,因此本书将分节对此程序予以专节介绍。

(二) 知识产权刑事诉讼简易程序概述

简易程序是指人民法院审理第一审刑事案件所适用的比普通程序相对

---

❶ 张唯. 知识产权法院不审理刑事案件 [EB/OL]. http://www. legaldaily. com. cn/index_ article/content/2014-11/02/content_ 5828882. htm, 2016-11-04.

简化的审判程序。简易程序只适用于基层人民法院，且适用的是犯罪事实较轻、案件事实清楚、证据充分的第一审刑事案件。

知识产权刑事案件原则上适用普通程序审理，但案件事实清楚争议不大的可以适用简易程序。我国法院在知识产权案件适用简易程序审理方面一直较为谨慎，这是由于该类案件本身具有很强的技术性和专业性，较其他类型案件审理难度更大，因此为查明事实、公正审理，各地方法院在审理知识产权类案件时普遍采用普通程序。但是审理周期长也一直是知识产权诉讼程序的难题之一，基于多年来对知识产权案件审判经验的积累，上海市高级人民法院率先发布《关于部分知识产权案件适用简易程序进行审理的意见（试行）》（以下简称《意见》），对其中规定的部分知识产权刑事案件的审理可以适用简易程序，提高审理效率。并且该《意见》中明确涉及侵犯商业秘密罪、侵犯著作权罪的知识产权刑事案件不应适用简易程序进行审理。

（三）知识产权公诉案件第二审程序概述

知识产权公诉案件第二审普通程序是指第一审人民法院的上一级人民法院对不服一审侵犯知识产权刑事案件未生效判决或裁定提起上诉或抗诉的案件，依法进行重新审判的诉讼程序。

第二审人民法院应当就第一审判决认定的事实和适用法律进行全面审查，不受上诉或者抗诉范围的限制。共同犯罪的案件只有部分被告人上诉的，应当对全案进行审查，一并处理。第二审人民法院对于下列案件，应当组成合议庭，开庭审理：（1）被告人、自诉人及其法定代理人对第一审认定的事实、证据提出异议，可能影响定罪量刑的上诉案件；（2）被告人被判处死刑的上诉案件；（3）人民检察院抗诉的案件；（4）其他应当开庭审理的案件。第二审人民法院决定不开庭审理的，应当讯问被告人，听取其他当事人、辩护人、诉讼代理人的意见。

（四）知识产权自诉案件概述

自诉案件是指被害人及其法定代理人或者他的近亲属直接向人民法院起诉，要求追究被告人刑事责任，人民法院直接受理的刑事案件。自诉案件不需要经过审查起诉程序，而是由自诉人自主决定是否提起刑事诉讼。

知识产权自诉案件，主要指的是被害人有证据证明的轻微刑事案件，即刑法分则所规定的侵犯知识产权，对被告人可能判处 3 年以下有期徒刑的轻微刑事案件。这一类型的案件需要自诉人自行收集、保全证据，以利于人民法院将来在开庭时指控被告人成功。人民法院依法受理侵犯知识产权刑事自诉案件，对于当事人因客观原因不能取得的证据，在提起自诉时能够提供有关线索，申请人民法院调取的，人民法院应当依法调取。

知识产权自诉案件的具体审判程序，与公诉案件基本相同，但由于自诉案件主要是直接侵害公民个人合法权益的轻微刑事案件，我国刑事诉讼法对其也有一些特殊规定：首先，自诉主体要适格，只有被害人、被害人的法定代理人以及被害人的近亲属才可以提起自诉刑事诉讼。其次，自诉案件人民法院可以通过调解方式结案。调解应当在自愿、合法、不损害国家、集体以及公民利益的前提下进行。调解达成协议的，人民法院应当制作刑事调解书，由审判员和书记员署名，并加盖人民法院印章。再次，自诉人在判决宣告前，可以同被告人自行和解或者撤回自诉。最后，自诉案件的被告人在诉讼过程中，可以对自诉人提起反诉。反诉适用自诉的规定。

（五）知识产权刑事诉讼审判监督程序概述

知识产权刑事诉讼审判监督程序，又称"知识产权刑事诉讼再审程序"，是指人民法院、人民检察院对已经发生法律效力的知识产权刑事案件判决、裁定在特定情形下对案件进行重新审理的程序。

知识产权刑事诉讼审判监督程序的特征主要体现为以下几个方面：（1）审判监督程序审查的对象是已经发生法律效力的知识产权刑事案件判决、裁定；（2）审判监督程序是为了纠错，因此该程序的提起必须有特定的理由。根据法律规定，只有符合以下几种情况，才可以开启审判监督程序，①有新的证据证明原判决、裁定认定的事实确有错误，可能影响定罪量刑的；②据以定罪量刑的证据不确实、不充分、依法应当予以排除，或者证明案件事实的主要证据之间存在矛盾的；③原判决、裁定适用法律确有错误的；④违反法律规定的诉讼程序，可能影响公正审判的；⑤审判人员在审理该案件的时候，有贪污受贿，徇私舞弊，枉法裁判行为的；
（3）有权提起知识产权审判监督程序的主体仅为人民法院和人民检察院；
当事人及其法定代理人、近亲属不再有权直接引起审判监督程序的开启，
而只是审判监督程序的资料来源；（4）审判监督程序在程序适用上并不具
有独立性，而是参照第一审程序或者第二审程序进行。

【思考与练习】

1. 侵犯商标权罪有什么特点？请举例说明。

2. 侵犯专利权罪有什么特点？请举例说明。

3. 侵犯著作权罪有什么特点？请举例说明。

4. 侵犯商业秘密罪有什么特点？请举例说明。

第二节　知识产权公诉案件一审普通程序模拟

一、模拟案例背景材料 *

【案例简介】

2011 年 11 月，被告人张某某与林某某预谋以"金乐活"胶囊假冒
"金之纳"胶囊对外销售。林某某帮助张某某将假冒的"金之纳"胶囊塑
封，张某某联系城阳某彩印有限公司印制包装盒后，将包装好的"金之
纳"胶囊以每盒人民币 105 元的价格发送到林某某联系好的杨某（另案处
理）处，林某某、杨某以每盒人民币 120 元的价格向朱某某、王某某等分
销共 4 350 盒。后在张某某处缴获假冒的"金之纳"胶囊 1 150 盒，"金之
纳"胶囊的小包装盒 1 150 个，大包装盒 135 个。2012 年 5 月 18 日 16 时
许，公安人员通过电话联系，将被告人林某某传唤至公安机关接受调查。
2013 年 3 月 12 日公诉机关向法院提供公诉，公诉机关认为：被告人张某
某、林某某行为构成假冒注册商标犯罪，又销售该假冒注册商标的商品，

---

* 本案例来源于中国裁判文书网。以下审判过程均为拟制，人名均为化名。

情节特别严重，其行为触犯了《中华人民共和国刑法》第 213 条之规定，应当以假冒注册商标罪追究其刑事责任。

二、一审普通程序庭审前的准备

（一）公诉方庭审前的准备

凡需要提起公诉的案件，一律由人民检察院审查决定。人民检察院认为犯罪嫌疑人的犯罪事实已经查清，证据确实、充分，依法应当追究刑事责任的，应当作出起诉决定，按照审判管辖的规定，向人民法院提起公诉，并将案卷材料、证据移送人民法院。人民检察院庭审前最核心的准备工作是起诉书的撰写以及证据的整理。

（二）被告方庭审前的准备

被告方庭审前的准备工作，则是收集证据，为自己辩护。根据《中华人民共和国刑事诉讼法》第 32 条的规定，犯罪嫌疑人、被告人除自己进行辩护权以外，还可以委托一至两人作为辩护人。犯罪嫌疑人、被告人在押的，也可以由其监护人近亲属代为委托辩护人。犯罪嫌疑人、被告人因经济困难或者其他原因没有委托辩护人的，本人及其近亲属可以向法律援助机构提出申请，对于符合法律援助条件的，法律援助机构应当指派律师为其提供辩护。

（三）合议庭庭审前的准备

根据《中华人民共和国刑事诉讼法》第 182 条规定，人民法院决定开庭审判后，应完成下列准备工作。

（1）确定合议庭的组成人员。通常由审判员 3 人或者审判员和人民陪审员共 3 人组成。

（2）将检察院的起诉书副本至迟在开庭 10 日以前送达被告人及其辩护人。

（3）通知被告人、辩护人于开庭 5 日前提供出庭作证证人名单、鉴定人名单及不出庭作证的证人、鉴定人名单和拟当庭宣读、出示的证据复印件、照片。出庭作证的证人必须身份、住址、通信明确。人民法院通知公诉机关或者辩护人提供的证人时，如果该证人表示拒绝出庭作证或者按照所提供的证人通讯地址未能通知到该证人的，应当及时告知申请通知该证人的公诉机关或者辩护人。

（4）将开庭的时间、地点在开庭3日以前通知检察院。

（5）传唤当事人，通知辩护人、法定代理人、诉讼代理人、证人、鉴定人、勘验、检查笔录制作人和翻译人员，传票和通知书至迟在开庭3日以前送达。

（6）公开审判的案件，在开庭3日以前先期公布案由、被告人姓名、开庭时间和地点。

上述活动应当写入笔录，由审判人员和书记员签名。

三、一审普通程序模拟法庭开庭流程

知识产权公诉案件第一审程序主要包括以下五个环节：开庭、法庭调查、法庭辩论、被告人最后陈述以及法庭评议与判决。

（一）开庭

（1）开庭准备。开庭准备是法庭审理的开始，其任务是为实体审理作好程序上的准备。根据《中华人民共和国刑事诉讼法》第182条的规定，开庭阶段应当进行下列活动。

开庭审理前，书记员应当依次进行下列工作：查明公诉人、当事人、证人及其他诉讼参与人是否已经到庭；宣读法庭规则；请公诉人、辩护人入庭；请审判长、审判员入庭；请审判长、审判员（人民陪审员）入庭；审判人员就座后，当庭向审判长报告开庭前的准备工作已经就绪。

开庭审理前，书记员先期到达法庭。

书记员：请大家肃静，请公诉人、法定代理人、辩护人入庭。

书记员：依据法律规定，证人、鉴定人不得旁听本案的审理，旁听人员中如有上述身份的人员，请予以回避，离开法庭。

153

书记员：现在宣读法定纪律：依据《中华人民共和国人民法院法庭规则》有关规定，公诉人、诉讼参与人及旁听人员应当遵守下列规定：

①不得鼓掌、喧哗、哄闹和实施其他妨碍庭审活动的行为；

②发言、陈述和辩论必须依法进行，有关的讯问、发问须经审判长许可；

③旁听人员应关闭通讯工具，不得随意走动和进入审判区，不得随意发言；精神病人、酗酒的人不得旁听；

④未经法庭许可，任何人员不得记录、录音、录像和摄影；

⑤不准吸烟；

⑥法庭宣布判决时，应当全体起立；

⑦对违反法庭规则、破坏法庭秩序者，视其情形不同，分别予以口头警告、训诫、没收录音、录像和摄影器材、责令退出法庭或者予以1 000元以下罚款或15日以下拘留。

书记员：法庭纪律宣布完毕。请审判长、审判员（人民陪审员）入庭。

书记员：报告审判长，公诉人、辩护人、（法定代理人）已经到庭。被告人张某某与林某某已在羁押室候审。庭前准备工作已经就绪，报告完毕。

（2）审判长宣布开庭，传被告人到庭后，应当查明被告人的下列情况：姓名、出生年月、民族、出生地、文化程度、职业、住址，是否曾受到过法律处分及处分的种类、时间；是否被采取强制措施及强制措施的种类、时间；是否收到人民检察院起诉书副本及收到的日期；有附带民事诉讼的，附带民事诉讼被告人收到民事诉状的日期。

审判长：（敲法槌）×市×区人民法院刑事审判第一庭现在开庭，提被告人张某某、林某某到庭。

（法警将被告人带上法庭）

审判长：被告人张某某，请介绍一下你的基本信息。

第一被告人：我叫张某某，男，1970 年 5 月 9 日出生，汉族，高中文化，住×市×区来福小区 7 栋 3 单元 506 室。

审判长：被告人林某某，请介绍一下你的基本信息。

第二被告人：我叫林某某，男，1980 年 7 月 12 日出生，汉族，高中文化，住×市×区来运公寓 2 单元 103 室。

审判长：被告人以前是否受过法律处分？

第一被告人：没有。

第二被告人：没有。

审判长：被告人张某某、林某某何时因何事被羁押、拘留、逮捕？

第一被告人：在 2012 年 5 月 17 日因涉嫌假冒注册商标被刑事拘留，同年 6 月 21 日被逮捕。

第二被告人：在 2012 年 5 月 19 日因涉嫌假冒注册商标被刑事拘留，同年 6 月 21 日被逮捕。

审判长：也就是说从去年 6 月 21 日被执行逮捕到今天 4 月 22 日两被告都是一直被关押在看守所，是吗？

第一被告人：是的。

第二被告人：是的。

审判长：是否收到×市×区人民检察院的起诉书副本？何时收到？

第一被告人：收到，于 2012 年 4 月 22 日收到。

第二被告人：收到，于 2012 年 4 月 22 日收到。

审判长：起诉书指控你们犯什么罪？

第一被告人：假冒注册商标罪。

第二被告人：假冒注册商标罪。

（3）审判长宣布案件的来源、起诉的案由、附带民事诉讼原告人和被告人的姓名（名称）及是否公开审理。对于不公开审理的案件，应当当庭宣布不公开审理的理由。宣布合议庭组成人员、书记员、公诉人、辩护人、鉴定人和翻译人员的名单。审判长应当告知当事人、辩护人在法庭审理过程中依法享有的诉讼权利，并分别询问当事人、辩护人是否申请回避，申请何人回避和申请回避的理由。

如果当事人、法定代理人申请审判人员、出庭支持公诉的检察人员回避，合议庭认为符合法定情形的，应当依照有关回避的规定处理；认为不符合法定情形的，应当当庭驳回，继续法庭审理。如果申请回避人当庭申请复议，合议庭应当宣布休庭，待作出复议决定后，决定是否继续法院审理。

审判长：今天本院根据《中华人民共和国刑事诉讼法》第183条之规定，依法公开开庭审理×市×区人民检察院提起公诉的被告人张某某、林某某假冒注册商标一案。

审判长：本合议庭由我邱××担任审判长，本院赵×、于××审判员担任合议庭组成人员。本院书记员杨××担任法庭记录。×市×区人民检察院指派检察员杨××、李××出庭支持公诉。山东紫金律师事务所律师徐××接受被告人张某某的委托，担任本案第一被告人张某某的辩护人，山东博达律师事务所律师窦×接受被告人林某某的委托，担任本案第二被告人林某某的辩护人。

审判长：根据刑事诉讼法的规定，被告人及其辩护人在庭审中依法享有下列诉讼权利：

①可以申请合议庭组成人员、书记员、公诉人、鉴定人和翻译人员回避，也就是说如果上述人员与本案有利害关系，可能影响公正裁判的，可以请求换人；

②可以提出证据，申请通知新的证人到庭、调取新的证据，申请重新鉴定或者勘验、检查；

③被告人可以自行辩护；也可以委托辩护人辩护。

④被告人可以在法庭辩论终结后作最后陈述。

审判长：被告人张某某，你听清楚上述各项权利没有？

第一被告人：听清楚了。

审判长：对上述人员是否申请回避？

第一被告人：不申请。

审判长：被告人林某某，你听清楚上述各项权利没有？

第二被告人：听清楚了。

审判长：对上述人员是否申请回避？

第一被告人：不申请。

审判长：被告人张某某的辩护人，你听清楚上述各项权利没有？是否申请回避？

辩护人：听清楚了，不申请。

审判长：被告人林某某的辩护人，你听清楚上述各项权利没有？是否申请回避？

辩护人：听清楚了，不申请。

（二）法庭调查

法庭调查阶段的任务是通过提出证据并对证据当庭质证来全面查明案件事实。本阶段审判长应当引导公诉人与辩护方仅就案件事实部分发表意见，可以简要质辩，但不应当出现法律适用意见方面的辩论。

根据《中华人民共和国刑事诉讼法》第186条的规定，法庭调查应按以下顺序依次进行。

1. 宣读起诉书

审判长宣布进行法庭调查后，首先由公诉人宣读起诉书。通过宣读起诉书，一方面向法庭阐明公诉犯罪事实即法庭调查的范围和被告人应负刑事责任的事实依据和法律依据；另一方面，也可以使旁听群众了解案情，更深入地观察法庭审判的过程。

如果一案有数名被告人，宣读起诉书时应同时在场。

审判长：现在进行法庭调查，首先由公诉人宣读起诉书。

公诉人：宣读起诉书。❶

审判长：被告人张某某、林某某，刚才公诉人宣读的起诉书与你收到的起诉书副本是否一致？

第一被告人：一致。

第二被告人：一致。

2. 被告人就指控的犯罪事实发表意见

公诉人宣读起诉书后，审判长应就指控的犯罪听取被告人陈述。被告人就指控的犯罪事实发表意见后，由公诉人讯问被告人。公诉人通过讯问被告人，可以揭露和证明犯罪，反驳被告人的辩解。公诉人讯问被告人后，被害人、附带民事诉讼的原告人和辩护人、诉讼代理人，经审判长许可，可以向被告人发问。如果有两个以上的被告人，应当分别进行。被告人犯数罪的，应当根据罪行轻重、作案时间先后逐个讯问。

审判长：请法警将被告人林某某带离法庭候审。

审判长：被告人张某某，起诉书指控的事实是否属实？你有什么说的没有？

第一被告人：属实。没有什么说的。

审判长：被告人张某某，请你将犯罪事实经过讲一下。

第一被告人：我是青岛二宝商贸有限公司总经理。2010年3月，我公司与内田公司签订了一份合作协议，我公司代理销售"金之纳"纳豆胶囊。后来，内田公司与我公司终止合作协议。2011年11月，林某某让我联系进货"金之纳"纳豆胶囊，我说现在和内田公司终止合同了，拿不到"金之纳"，我现在代理"金乐活"。林某某就说"金乐活"产品知名度太差，把"金乐活"装在"金之纳"包装盒内按照"金之纳"纳豆出售。我一共购买了大概六七千盒"金乐活"胶囊，一共制成假冒的"金之纳"胶

---

❶ 详见本章第四节知识产权刑事诉讼法律文书写作中起诉书部分。

囊大概六七千盒，其中有一千余盒没有出售的被工商部门查扣了，其余的卖给了林某某和杨某，收货人是李某，是林某某让我写这个收货人和济南市的收货地址。这些单据上的发货数量就是我制造的假冒"金之纳"胶囊，共约46箱，一共4 000盒左右，我卖给林某某的价格为每盒40粒包装的105元。我支付给浙江金谷生物有限公司货款有约40万元人民币。我卖给林某某、杨某收取货款人民币50万元左右，我盈利大概七八万元。

审判长：公诉人是否需要对被告人张某某讯问？

公诉人：需要。被告人张某某，我现在向你进行讯问，你有义务在法庭上如实回答，听清楚了吗？

第一被告人：清楚。

公诉人：你是否知道"金之纳"商标为内田公司所有？

第一被告人：我印象里是内田公司注册的。

公诉人：自2011年11月起，你生产销售"金之纳"品牌纳豆产品是否经由内田公司的许可？

第一被告人：没有，合作已经终止了。

公诉人：你是否将"金乐活"装进"金之纳"包装盒内出售？

第一被告人：林某某说"金乐活"的知名度太差，还不如把"金乐活"胶囊放到"金之纳"包装盒里销售。

公诉人：请正面回答我的问题。

第一被告人：是的。

公诉人：你和林某某什么关系？

第一被告人：就是一般的朋友，以前生意上认识的。

公诉人：你和林某某是谁提出要以"金乐活"冒充"金之纳"的？

第一被告人：林某某提出来。

公诉人：那你们具体是如何分工的？

第一被告人：我负责印制"金之钠"产品的外包装，林某某负责联系买家。

公诉人：你是否知道"金之钠"和"金乐活"两个产品的区别？林某

某是否知道?

第一被告人:"金之纳"和"金乐活"都是从日本研发的,其实效果一样,就是"金之钠"市场认可度高。林某某也知道。

公诉人:假冒"金之纳"产品销售所得款项你们怎么处理的?

第一被告人:存进了我的个人账户,但是那个账户里大多数是公司货款,由我进行管理。

公诉人:我方讯问完毕。

审判长:辩护人是否对被告人张某某发问?

第一辩护人:是。张某某,作为你的辩护人我有几个问题想问你,请你如实回答。

第一被告人:好的。

第一辩护人:这里有一份你公司与内田公司签订的合作协议,协议中有这么一项条款:"属于双方共同策划、共同推广的产品,其所有权属于双方共同所有。"那么在与内田公司的合作协议期间,你们都共同开发、共同推广了哪些产品?

第一被告人:共同推广了"金之纳"纳豆胶囊,在市场上宣传它的功效,然后我们公司是负责销售这块儿的,内田公司是负责给我们货物,相互合作。

第一辩护人:好的,第一辩护人发问完毕。

审判长:第二辩护人是否对被告人张某某发问?

第二辩护人:是。被告人张某某,林某某从你那拿完货之后,货款都打到哪个账户上的?

第一被告人:我的个人账户,但是上面都是公司货款,只是由我个人进行管理。

第二辩护人:为什么单位货款放在你的个人账户上?

第一被告人:业务来往需要,有时对方货款直接打进我账户,由我转交公司账户。

第二辩护人:报告审判长,我方发问完毕。

审判长：请法警带被告人张某某到庭下候审，提被告人林某某到庭。

审判长：被告人林某某，起诉书指控的事实是否属实？

第二被告人：属实。

审判长：被告人林某某，请你将犯罪事实经过讲一下。

第二被告人：2011 年 11 月，张某某提出把"金乐活"胶囊装在"金之纳"包装盒内按照"金之纳"出售，我同意了。后来张某某让我帮他联系一家可以加工的假冒的"金之纳"包装盒进行塑封的加工厂，后来我找到了塑封的厂家，我把地址和电话给了张某某。有一次张某某还让我帮忙往济南发过一次物流，总数大概有六七千盒。我与杨某出售给经销商，并让经销商将货款打到我的银行账户内，我再将货款汇入张某的银行账户中。我从中总共获利 6 万元左右。

审判长：公诉人是否对被告人林某某进行讯问？

公诉人：是。被告人林某某，你有义务在法庭上如实回答我的问题，听清楚了吗？

第二被告人：听清楚了。

公诉人：你是否知道 2011 年 11 月起，张某某已无生产销售"金之纳"的授权？

第二被告人：不知道。

公诉人：不知道，那你们为什么要将"金乐活"胶囊装在"金之钠"包装盒内销售？

第二被告人："金乐活"进价便宜，销售利润大。

公诉人：如果张某某所在公司是"金之钠"合法经销商，他作为法人代表冒着这么大风险找你合作假冒"金之钠"品牌销售干什么？

第二被告人：（沉默）

公诉人：到底知不知道？

第二被告人：有点知道

公诉人：你和张某某是谁提出要以"金乐活"冒充"金之纳"的？

第二被告人：张某某。

公诉人：你在生产销售假冒的"金之纳"产品过程中做了什么？

第二被告人：张某某让我联系买家，我就联系买家。

公诉人：我方讯问完毕。

审判长：辩护人是否对被告人发问？

第一辩护人：你和张某某是什么关系？

第二被告人：一般朋友关系，以前业务往来认识的。

第一辩护人：2011年11月，你是否曾经找过张某某进货？

第二被告人：是张某某找我去进货的。

第一辩护人：那当时你们是怎么说的？

第二被告人：张某某跟我说，把"金乐活"产品放进"金之钠"包装盒内进行销售利润大，你帮我联系买主，我给你利润。

第一辩护人：报告审判长，我方发问完毕。

审判长：第二辩护人是否要对被告人林某某发问？

第二辩护人：需要。被告人林某某，在帮助张某某联系买家时，张某某是否将其与内田公司合作协议的具体内容告知你，你是否知道该合作协议已经终止？

第二被告人：知道有这么回事，但我没看过合作协议，具体内容我不是很清楚。

第二辩护人：出售所得货款，你们如何处理的？

第二被告人：我打进了张某某的个人银行账户。

第二辩护人：好的，审判长，我方发问完毕。

3. 质证环节

质证环节是法庭调查阶段的核心，法庭将根据控辩双方的举证质证认定事实。质证一般以"一举一质"或者"组举组质"的方式进行。

首先由公诉人进行举证。公诉人应当对当庭出示的物证、书证、视听资料等证据的来源、特征以及证明目的作必要的说明，然后由另一方进行辨认并发表质证意见。辩护方质证通常从证据的真实性、合法性以及关联性三性角度出发发表质证意见。

根据《中华人民共和国刑事诉讼法》第 187 条规定，经审判长允许，公诉人可以提请审判长传唤证人、鉴定人和勘验、检查笔录制作人出庭作证；被害人及其诉讼代理人和附带民事诉讼的原告人及其诉讼代理人经审判长准许，也可以分别提请传唤尚未出庭作证的证人、鉴定人和勘验、检查笔录制作人出庭作证。

证人到庭后，审判人员应当先核实证人的身份、与当事人以及本案的关系，告知证人应当如实地提供证言和有意作伪证或者隐匿罪证要负的法律责任。证人作证前，应当在如实作证的保证书上签名。向证人发问，应当先由提请传唤的一方进行；发问完毕后，对方经审判长准许，也可以发问。

在法庭调查过程中，合议庭对于证据有疑问的，可以宣布休庭，对该证据进行调查核实。人民法院调查核实证据时，可以进行勘验、检查、扣押、鉴定、查询和冻结。必要时，可以通知检察人员、辩护人到场。公诉人要求出示开庭前送交人民法院的证据目录以外的证据，辩护方提出异议的，审判长如认为该证据确有出示的必要，可以准许出示。如果辩护方需要对新的证据作必要准备时，可以宣布休庭，并根据具体情况确定辩护方作必要准备的时间。确定的时间期满后，应当继续开庭审理。

当事人和辩护人申请通知新的证人到庭，调取新的证据，申请重新鉴定或者勘验的，应当提供证人的姓名、证据的存放地点，说明所要证明的案件事实，要求重新鉴定或者勘验的理由。审判人员根据具体情况，认为可能影响案件事实认定的，应当同意该申请，并宣布延期审理；不同意的，应当告知理由并继续审埋。

在庭审过程中，公诉人发现案件需要补充侦查，提出延期审理建议的，合议庭应当同意。但是建议延期审理的次数不得超过 2 次。法庭宣布延期审理后，人民检察院在补充侦查的期限内没有提请人民法院回复法庭审理的，人民法院应当决定按人民检察院撤诉处理。

合议庭在案件审理过程中，发现被告人可能有自首、立功等法定量刑情节，而起诉和移送证据材料中没有这方面的证据材料的，应当建议人民检察院补充侦查。

审判长：请法警带被告人张某某到庭。

审判长：下面进入举证质证环节，请公诉人出示证据。

公诉人：我方首先出示第一组证据，该组证据包含一份书证，是工商行政管理总局商标局出具的"金之纳"商标注册信息，注册号为第8062351号，注册人为内田公司。证明"金之纳"商标为工商管理总局认证的商标，属于法律的保护范围，其权利属内田公司所有。我方第一组证据举证完毕。

审判长：第一被告人对此份证据有何意见？

第一被告人：我请我的律师帮我说。

审判长：第二被告人对此份证据有何意见？

第二被告人：我请我的律师帮我说。

审判长：第一辩护人对此份证据有何意见？

第一辩护人：对于公诉方出示的证据的真实性、合法性没有异议，但对于该证据与本案的关联性存在异议，公诉方出示的证据并不能证明被告人张某某有假冒"金之纳"注册商标的行为。

审判长：第二辩护人对此份证据有何意见？

第二辩护人：意见同第一辩护人。

审判长：公诉方请继续举证。

公诉人：我方出示第二组证据，（1）第一份证据是内田公司徐某和青岛二宝商贸有限公司的合作协议，协议期限至2011年11月。（2）第二份证据是被告人张某某与林某某的在×区公安局作出的犯罪嫌疑人供述，其中如实供述了他们假冒"金之纳"牌纳豆的经过。（3）第三份证据是杨某在×区公安局所作的讯问笔录，他陈述道："林某某告诉我，张某某与内田公司徐某闹翻了，不能从北京进货，张某某打算自己在青岛包装'金之纳'纳豆，就是用'金之纳'包装盒包装'金乐活'纳豆。林某某还说

'金乐活'与'金之纳'的效果是一样的，他自己做过溶栓实验。自从知道张某某假冒'金之纳'纳豆后，我与林某某从张某某处购进假冒的'金之纳'胶囊 7 000 盒左右。我和林某某一共获利 50 000 元左右，我分到 25 000 元。"（4）第四份证据是陶某在×区人民检察院所作证人证言，其陈述道："张某某假冒我公司注册商标的'金之纳'牌纳豆产品进行销售，大约给我公司造成损失 100 多万元。并且假冒'金之纳'纳豆与真的'金之纳'纳豆外包装从外表看几乎是一样的，一般人难以辨别出真假。"综上我方出示的第二组证据证明了自 2011 年 11 月之后，被告人已没有生产销售"金之纳"的授权。张某某、林某某利用消费者难以辨别真伪的产品冒充著名品牌"金之纳"产品，在无授权情况下以该品牌对外销售，且分销给他人的犯罪事实。我方第二组证据举证完毕。全部证据举证完毕。

审判长：第一被告人对上述证据有何意见？

第一被告人：没有。

审判长：第二被告人呢？

第二被告人：没有。

审判长：第一辩护人对上述证据有何意见？

第一辩护人：对公诉方出示的证据的真实性和合法性没有异议，但对关联性有异议。辩护人提请法庭注意，第四份证据是陶某的证人证言仅代表陶某的个人看法，不能证明"金之钠"和"金乐活"产品的外包装，消费者难以区分。

审判长：第二辩护人对上述证据有何意见？

第二辩护人：对公诉方出示的证据的真实性和合法性没有异议，但对关联性有异议，第二组证据不能证明我当事人主观上已知张某某代理金之钠产品授权已到期，我当事人没有犯罪的主观故意。

审判长：请公诉方继续举证。

公诉人：我方继续出示第三组证据，是公安机关出具的扣押清单、破案经过、讯问笔录。证明被告人张某某、林某某经过公安机关的刑事侦查，应认定为假冒生产销售"金之纳"纳豆产品。张某某的犯罪经营数额为

855 750 元，犯罪所得 78 526 元。林某某的犯罪经营数额为 834 256 元，犯罪所得 67 384 元。

审判长：第一被告人对上述证据有何意见？

第一被告人：没有。

审判长：第二被告人呢？

第二被告人：没有。

审判长：第一辩护人对上述证据有何意见？

第一辩护人：对公诉方出示证据的真实性和合法性没有异议，但是对关联性有异议。辩护人认为公诉方出示的证据仅能证明这些数额是我的当事人张某某的销售所得而非假冒"金之纳"注册商标的犯罪所得。

审判长：第二辩护人对上述证据有何意见？

第二辩护人：对公诉方出示证据的真实性和合法性没有异议，但是对关联性有异议。辩护人认为公诉方所出示的证据仅能证明这些数额是张某某公司的销售数额，与我当事人无关。

审判长：被告人是否有证据需要向法庭提交？

第一被告人：没有。

第二被告人：没有。

审判长：第一辩护人是否有新的证据需要向法庭提交。

第一辩护人：有。我方出示的第一组证据是中国工商行政管理局调取的"金之纳"的注册商标图和"金之纳"的产品商标图。意在证明"金之纳"的注册商标图仅包含"金之纳"三个中文汉字，而"金之纳"的实际产品商标图则是中文和日文的组合，两者存在明显区别。即张某某并未实际假冒"金之纳"的注册商标。第一组证据举证完毕。

审判长：公诉人对以上证据有无异议？

公诉人：我方对辩方第一组证据真实性合法性无异议，但对关联性存疑。根据两商标的比对，二者之间差异不大，存在极高的相似性。一般消费者很难单从商标上有无日文标志这一点上区分二者，一般消费者很容易将被告人生产销售的"金之纳"产品认定为正版名牌"金之纳"产品。且根据《最高人民法院、最高人民检察院、公安部关于办理侵犯知识产权刑事案件适用法律若干问题的意见》第 6 条之规定，被告制作的商标符合"《刑法》第 213 条规定的'与其注册商标相同的商标'的认定"。

审判长：请第一辩护人继续举证。

第一辩护人：我方出示的第二组证据是青岛二宝公司与内田公司的合作协议，协议中清楚的写明"双方共同策划、共同推广的产品为双方共同所有"，在协议期间我的当事人张某某秉承契约精神一直积极履行合同义务与内田公司共同销售、推广"金之纳"产品。因此张某某对"金之纳"产品实际享有所有权。

审判长：公诉方对以上证据有无异议？

公诉人：我方对辩方第二组证据真实性合法性无异议，但对关联性存疑。该份合作协议中明确载明：协议规定属于双方共同策划、共同推广的产品，其所有权属于双方共同拥有；属于一方独自开拓或研发的产品，其所有权属于一方拥有。"金之纳"产品为内田公司独自研发、推广，被告对其无所有权。

审判长：请第一辩护人继续举证。

第一辩护人：第一辩护人举证完毕。

审判长：第二辩护人是否有新的证据向法庭提交。

第二辩护人：有。我方向法庭出示一组证据，该证据包含两份文书。第一份证据是青岛二宝商贸有限公司的发货单据和销售记录；第二份证据是张某某的银行账户的流水清单，意在证明张某某一直将该账户作为公司账户使用，进行收发货款。证明目的是青岛二宝商贸有限公司的各项销售行为均是以单位名义实施，应当以单位犯罪论处。而被告人林某某在本案中本身并非青岛二宝商贸有限公司的员工，不应因此进行处罚。

审判长：公诉方对以上证据有无异议？

公诉人：我方对于该组证据的真实性合法性无异议，但对关联性存疑。发货单据和销售记录仅能证明假冒的"金之纳"产品的销售情况，无法证明该销售行为为单位行为而非张某某个人行为。银行流水证明了货物款项进入了张某某的个人账户，并未进入公司公账，张某某和林某某二人系个人犯罪，而非单位犯罪。

审判长：请第二辩护人继续举证？

第二辩护人：第二辩护人举证完毕。

（三）法庭辩论

根据《中华人民共和国刑事诉讼法》第193条规定，法庭审理过程中，对与定罪、量刑有关的事实、证据都应当进行调查、辩论。经审判长许可，公诉人、当事人和辩护人、诉讼代理人可以对证据和案件情况发表意见并且可以互相辩论。法庭辩论是指控辩双方在审判长的主持之下，依据法庭调查中已经调查的证据和揭发的事实，就证据的证明力和被告人是否有罪、所犯何罪、罪责轻重、应否处刑和如何处罚等问题，在法庭上当面进行论证和反驳的诉讼活动。

法庭辩论依法按照下列顺序进行：（1）公诉人发表公诉意见书；（2）被告人自行辩护；（3）辩护人发表辩护意见；（4）控辩双方进行辩论。审判长可以总结辩论焦点，引导控辩双方围绕争议焦点进行辩论。法庭辩论阶段，控辩双方应将自己的法律意见有理有据的向法庭说明即可，若没有补充意见则不需要补充说明。审判方在法庭辩论阶段应控制控辩双方不要重复发表辩论意见，已发表的意见记录在案即可。

审判长：法庭调查结束，进入法庭辩论，首先由公诉方发表公诉意见。

公诉人：宣读公诉意见书。❶

审判长：下面请第一被告人作自行辩护。

第一被告人：请我的辩护律师帮我辩护。

审判长：下面请第二被告人作自行辩护。

第二被告人：请我的辩护律师帮我辩护。

---

❶ 详见本章第四节知识产权刑事诉讼法律文书写作中公诉意见书部分。

审判长：现在由第一被告人的辩护人发表辩护意见。

第一辩护人：宣读辩护词。❶

审判长：现在由第二被告人的辩护人发表辩护意见。

第二辩护人：宣读辩护词。❷

审判长：公诉方是否有新的辩论意见？

公诉方：没有。

审判长：第一被告人是否有新的辩论意见？

第一被告人：没有。

审判长：第二被告人是否有新的辩论意见？

第二被告人：没有。

审判长：第一辩护人是否有新的辩论意见？

第一辩护人：没有。

审判长：第二辩护人是否有新的辩论意见？

第二辩护人：没有。

（四）被告人最后陈述

根据《中华人民共和国刑事诉讼法》第 193 条规定，审判长在宣布辩论终结后，被告人有最后陈述的权利。

审判长：法庭辩论结束，下面由被告人作最后陈述。首先由第一被告人作最后陈述。

第一被告人：我相信法院会对我作出公正的判决。

审判长：下面由第二被告人作最后陈述。

第二被告人：我知道自己做错了，我保证以后不会再犯，希望法庭能够从轻判决。

---

❶　详见本章第四节知识产权刑事诉讼法律文书写作中辩护词部分。

❷　详见本章第四节知识产权刑事诉讼法律文书写作中辩护词部分。

（五）评议和宣判

1. 法庭评议

被告人最后陈述后，审判长应当宣布休庭，由合议庭进行评议。

评议由审判长主持，合议庭成员享有平等的权利。评议应先经过讨论，然后用投票表决的方式对认定事实和使用法律作出决定。表决由多数意见决定，但少数人的意见应记入评议笔录。

审判长：现在休庭，带被告人张某某、林某某退庭。待合议庭评议后当庭宣判。

书记员：全体起立，请审判长、审判员退庭。

2. 评议结果

根据《中华人民共和国刑事诉讼法》第195条规定以及最高人民法院关于适用《中华人民共和国刑事诉讼法》的解释第241条，人民法院应当根据已经查明的事实、证据和有关法律规定，分别作出以下判决：（1）案件事实清楚，证据确实、充分，依据法律认定被告人有罪的，应当作出有罪判决；（2）依据法律认定被告人无罪的，应当作出无罪判决；（3）证据不足，不能认定被告人有罪的，应当作出证据不足、指控的犯罪不能成立的无罪判决；（4）案件部分事实清楚，证据确实、充分的，应当作出有罪或者无罪的判决；对事实不清、证据不足部分，不予认定；（5）被告人因不满16周岁，不予刑事处罚的，应当判决宣告被告人不负刑事责任；（6）被告人是精神病人，在不能辨认或者不能控制自己行为时造成危害结果，不予刑事处罚的，应当判决宣告被告人不负刑事责任；（7）犯罪已过追诉时效期限且不是必须追诉，或者经特赦令免除刑罚的，应当裁定终止审理；（8）被告人死亡的，应当裁定终止审理；根据已查明的案件事实和认定的证据，能够确认无罪的，应当判决宣告被告人无罪。

3. 法庭宣判

根据《中华人民共和国刑事诉讼法》第196条规定，宣告判决，一律公开进行。

书记员：休庭时间到，请全体起立，请审判长、审判员入庭。

审判长：（敲法槌）现在继续开庭。传被告人张某某、林某某到庭。

（法警将被告人带上法庭）

审判长：本院认为，被告人张某某、林某某假冒注册商标一案，通过法庭调查、举证、质证以及法庭辩论，合议庭在休庭后对本案进行了认真地评议，现在进行宣判。❶

4. 交代诉权

审判长：被告人张某某、林某某，以上判决听清楚了没有？是否上诉？

第一被告人：听清楚了，不上诉。

第二被告人：听清楚了，不上诉。

审判长：如不服本判决，可以在接到判决书的第 2 日起 10 日内，通过本院或者直接向×市中级人民法院提出上诉。书面上诉的，应当提交上诉状正本一份，副本两份。

5. 宣布闭庭

审判长：现在退庭，将被告人带出法庭。（敲法槌）

书记员：请审判人员退庭。

书记员：请公诉人、辩护人和旁听人员退庭。

6. 法庭审判笔录签名

庭审结束后，书记员向诉讼参与人交代阅读法庭笔录的时间和地点。

---

❶ 详见本章第四节知识产权刑事诉讼法律文书写作中判决书部分。

能够当庭阅读庭审笔录的，请诉讼参与人阅读并签名。

诉讼参与人认为笔录有误的，可以要求书记员更改；书记员不同意更改的，诉讼参与人予以注明或者提交书面说明附卷。

庭审笔录经审判长审阅后，分别由审判长和书记员签名。

四、模拟审判实验

（一）背景材料

2014年12月份，界首市东城天安路安置区（和兴家园）防水工程进行招标。被告人陈某甲与高某（另案处理）、陈某乙（另案处理）3人以河南省天地防水工程有限公司陕西分公司的名义合伙投标，中标后，陈某甲负责提供防水材料，陈某乙、高某负责工程施工。承包防水工程谈好后，项目部指定使用东方某品牌的自粘防水卷材。陈某甲先购买了100卷东方某正品卷材发往工地，验收合格后，其让陕西省户县李某参照东方某卷材标准，生产了980余卷价格低廉、不带包装的防水卷材，又从河北省新乐市安某（另案处理）处购买500个印有东方某商标的包装袋用来包装。陈某甲与高某商定该卷材以每卷210元的价格用于施工。自2015年1月份开始，陈某甲4次发往界首市和兴家园工地共计1 082卷标识为北京东方某防水卷材，其中仅100卷为东方某品牌正品。期间，高某两次通过汇款方式支付给陈某甲货款10万元。案发后，民警现场查获未使用的假冒北京东方某技术股份有限公司注册商标的防水卷材865卷。公诉机关为证实其指控，当庭出示和宣读了书证、证人证言、被告人供述等证据，认为被告人陈某甲未经注册商标所有人许可，在同一种商品上使用与其注册商标相同商标，情节严重，其行为已触犯《中华人民共和国刑法》第213条之规定，应以假冒注册商标罪追究其刑事责任。

上述事实，被告人陈某甲在开庭审理过程中亦无异议，且有受案登记表、扣押清单、东方某商标注册证、注册商标变更证明、核准转让注册商标证明、核准续展注册证明、和兴家园防水工程招标文件、建设工程买卖合同、法人代表授权书、建设工程买卖合同，河南省天地建筑防水工程有限公司陕西分公司投标资料、银行账户明细、银行卡复印件、到案经过、举报信、手机通话记录、社区评估委托书、户籍证明、证人高某、陈某乙、王某、窦某、吴某、申某、余某、李某、田某等人的证言、被害人于某的陈述、被告人陈某甲的供述、涉案物品价格鉴定结论书、假冒侵权防水卷材判定证明、检查笔录、辨认笔录等证据证实，足以认定。

（二）实验要求

1. 队伍组成

模拟法庭由审判合议庭（3 人）、书记员（1 人）、公诉方、辩护方、被告人、法警（1 人）、证人若干组成。

2. 资料提交

（1）合议庭方：庭审笔录、判决书。

（2）公诉方：起诉书、公诉意见书、证据清单以及证据若干。

（3）辩护方：辩护词、证据清单以及证据若干。

【思考与练习】

1. 知识产权公诉案件第一审普通程序法庭调查阶段要注意什么？

2. 知识产权公诉案件第一审普通程序证人出庭作证的庭审流程应当注意什么？

3. 知识产权公诉案件第一审普通程序法庭调查阶段允许质辩吗？

4. 知识产权公诉案件第一审普通程序法庭辩护阶段要注意什么？

第三节 知识产权公诉案件二审普通程序模拟

一、模拟案例背景材料*

【案例简介】

2012 年 4 月，被告人张某男（个体经营者）未经著作权人（河南省基

---

* 本案例来源于中国裁判文书网。以下审判过程均为拟制，人名均为化名。

础教育教学研究室）授权许可，以营利为目的，复制发行大象出版社有限公司享有出版权的《河南省初中毕业生学业考试说明与检测（2012）》的英语、数学、物理、化学4个科目的图书。2012年4月17日，郑州市公安局中原第四分局治安管理服务大队在郑州市中原区航海西路办事处罗砦村张某男租用的仓库及受张某男委托运输的陈某驾驶的车上，查获《河南省初中毕业生学业考试说明与检测（2012）》英语、数学、物理、化学共31 200册，其中英语19 840册，标价7元；数学4 160册，标价7元；物理3 840册，标价6.5元；化学3 360册，标价6.5元。经河南省新闻出版局鉴定，上述图书为盗版图书。公诉机关郑州市人民检察院指控张某男犯侵犯著作权罪，并向郑州市中级人民法院提起公诉。

郑州市中级人民法院审理郑州市人民检察院指控原审被告人张某男犯侵犯著作权罪一案，于2013年1月25日作出（2012）郑知刑初字第15号刑事判决。

原判认定：2012年4月，被告人张某男未经著作权人（河南省基础教育教学研究室）授权许可，以营利为目的，复制发行大象出版社有限公司享有出版权的《河南省初中毕业生学业考试说明与检测（2012）》的英语、数学、物理、化学4个科目的图书。2012年4月17日，郑州市公安局中原第四分局治安管理服务大队在郑州市中原区航海西路办事处罗砦村张某男租用的仓库及受张某男委托运输的陈某驾驶的车上，查获《河南省初中毕业生学业考试说明与检测（2012）》英语、数学、物理、化学共31 200册，其中英语19 840册，标价7元；数学4 160册，标价7元；物理3 840册，标价6.5元；化学3 360册，标价6.5元。经河南省新闻出版局鉴定，上述图书为盗版图书。

原判认定上述犯罪事实的证据有：证人刘某证言及辨认笔录证实张某男用其中巴车拉货到罗砦村一居民楼的情况；证人张某证言及辨认笔录证实张某男租用其家中一楼的房子作仓库的情况；证人陈某的证言证实案发当时张某男打电话让其到罗砦村租用的仓库帮忙拉货，将书装车准备拉往书城，被公安机关查获的情况；扣押清单及鉴定结论证实在张某男租用的仓库扣押的《河南省初中毕业生学业考试说明与检测（2012）》英语、数学、物理、化学为盗版出版物；河南省基础教育教学研究室证明及河南省基础教育教学研究室与大象出版社"出版合同"，证实《河南省初中毕业生学业考试说明与检测（2012）》丛书由河南省基础教育教学研究室编写并享有著作权，其授予大象出版社在河南省以图书形式出版发行上述作品汉文文本的专有出版权；被告人张某男对犯罪事实予以供认。

根据上述事实和证据，郑州市中级人民法院认为，被告人张某男未经著作权人许可，复制发行其文字作品，情节特别严重，其行为已构成侵犯著作权罪。依照《中华人民共和国刑法》第 217 条、第 52 条、第 53 条、第 61 条、第 64 条之规定，认定被告人张某男犯侵犯著作权罪，判处有期徒刑 3 年零 6 个月，并处罚金人民币 110 000 元。

上诉人张某男上诉称：不属情节特别严重；量刑重。

其辩护人辩称：张某男的行为构成销售侵权复制品罪。

二、二审程序庭审前的准备

（一）上诉人一方庭审前的准备

被告人不服地方各级人民法院第一审的判决、裁定，有权于收到一审判决之日起 10 日内向上一级人民法院上诉。被告人的辩护人和近亲属，经被告人同意，可以提出上诉。被害人及其法定代理人不服地方各级人民法院第一审的判决的，自收到一审判决后 5 日内，有权请求人民检察院提出抗诉。地方各级人民检察院认为本级人民法院第一审判决、裁定确有错误的，应当向上一级人民法院提出抗诉。

上诉人一方庭审前的核心准备工作，便是向人民法院递交上诉书或者抗诉书。

（二）被上诉人一方庭审前的准备

被上诉人为检察机关的，应当及时查阅卷宗，准备派检察员出席庭审并充分准备二审期间的检察意见；被上诉人为被告人的，被告人及其辩护人应完备辩护意见等待当庭发表。

（三）合议庭庭审前的准备

二审法院收到上诉状后，经审查认为，诉讼主体合格，未超过法定的上诉期限，应当予以受理，并将上诉状副本送达被上诉人。并根据《中华人民共和国刑事诉讼法》第223条的规定，决定是否开庭审理。决定开庭审理的，应及时通知人民检察院查阅案卷。人民检察院查阅案件时间以1个月为限。决定不开庭审理的，应当讯问被告人，听取其他当事人、辩护人、诉讼代理人的意见。

三、二审程序模拟法庭开庭流程

知识产权公诉案件第二审程序仍然按照以下五个环节进行：开庭、法庭调查、法庭辩论、被告人最后陈述以及法庭评议与判决。

（一）开庭

1. 庭前准备

开庭审理前，书记员先期到达法庭。

书记员：请大家肃静，请检察员、辩护人入庭。

（双方位置关系同一审，设置检察员席和辩护人席）

书记员：依据法律规定，证人、鉴定人不得旁听本案的审理，旁听人员中如有上述身份的人员，请予以回避，离开法庭。

书记员：现在宣读法定纪律：依据《中华人民共和国人民法院法庭规则》有关规定，公诉人、诉讼参与人及旁听人员应当遵守下列规定：

（1）在案件审理过程中应关闭寻呼机、手机；

（2）未经允许不得录音、录像和摄影，经允许可以摄影的人员不得使用闪光灯；

（3）不得随意走动和进入审判区；

（4）不得发问、提问、鼓掌、喧哗、哄闹和实施其他妨碍审判活动的行为；

（5）爱护法庭设施，保持法庭卫生，不得吸烟和随地吐痰；

（6）旁听人员违反法庭规则的，审判长可以口头警告、训诫，也可以没收录音、录像和摄影器材，责令退出法庭或经院长批准予以罚款、拘留；对于哄闹、冲击法庭，侮辱、诽谤、威胁、殴打审判人员等严重扰乱法庭秩序的，依法追究刑事责任；

（7）旁听公民通过旁听案件的审判，对法院的审判活动有意见或建议的，可以在闭庭以后书面向法院提出。

以上法庭规则，旁听人员必须认真遵守。

书记员：法庭纪律宣布完毕。请审判长、审判员入庭。

书记员：报告审判长，辩护人、检察员已经到庭。上诉人张某男已在羁押室候审。庭前准备工作已经就绪，报告完毕。

2. 宣布开庭

审判长应宣布开庭、案名、案件由来以及案件的审理程序和方式。原一审案名中的公诉机关和被告人的称谓根据抗诉或上诉的情况确定。如案件不公开开庭审理，应当予以宣告并说明理由。有关延长审限等程序上的情节也可以一并说明。

审判长：（敲法槌）现在开庭。河南省高级人民法院对上诉人张某男涉嫌侵犯著作权罪一案，不服郑州市中级人民法院于 2013 年 1 月 25 号作出的（2013）×刑初字第×号判决，于 2013 年×月×日向本院提起上诉，本院于 2013 年×月×日受理本案，现予以公开开庭审理。提上诉人张某男到庭。

审判长：上诉人张某男，你还有别的姓名吗？

上诉人：没有。

审判长：你的职业？

上诉人：个体经营户。

审判长：你的出生年月日？

上诉人：1980 年 1 月 1 日。

审判长：你的住址？

上诉人：河南省郑州市××村 1 号。

审判长：你的文化程度？

上诉人：小学。

审判长：以前有无受过法律处分？

上诉人：没有。

审判长：何时被逮捕？

上诉人：2012 年 4 月 17 日。

审判长：有无收到郑州市人民检察院起诉书副本？

上诉人：收到了。

审判长：何时收到人民法院第一审判决书？

上诉人：2013 年 1 月 25 日。

审判长：根据《中华人民共和国刑事诉讼法》第 216 条的规定，本庭依法公开审判上诉人张某男涉嫌侵犯著作权罪一案。本庭由储×（也就是本人）、钱××（我右手边这位）、麦××（我左手边这位）组成合议庭，书记员孙××担任法庭记录。郑州市人民检察院指派李×、何×检察员出庭履行职务。河北省紫金律师事务所律师陈××、谢××受上诉人张某男的委托出庭为上诉人张某男辩护。

3. 告知诉讼权利

审判长：上诉人、辩护人以及在法庭审理过程中依法享有如下主要诉讼权利：

（1）上诉人有权对合议庭组成人员、书记员、检察员、鉴定人和翻译人员申请回避；

（2）上诉人可以自行辩护和依法委托他人辩护；

（3）上诉人和辩护人经审判长许可可以对证人、鉴定人发问；

（4）检察员和辩护人可以相互辩论；

（5）上诉人、辩护人、检察员可以提出证明上诉人有罪、无罪、罪重、罪轻的证据，可以申请通知新的证人到庭，调取新的物证，申请重新鉴定或者勘验；

（6）上诉人在法庭辩论终结后有最后陈述的权利。

审判长：上诉人张某男，法庭宣布的各项诉讼权利，你是否听清楚了？

上诉人：我听清楚了。

审判长：上诉人张某男，你是否申请回避？

上诉人：不申请。

审判长：辩护人是否听清楚了？

辩护人：听清楚了。

审判长：检察员是否听清楚了？

检察员：听清楚了。

（二）法庭调查

法庭调查是法庭审理的中心环节。在这一阶段，法庭要在检察员、当事人和其他诉讼参与人的参加下，对案件事实和证据进行调查核对，以查明案情，从事实方面为正确判决奠定基础。

（1）法庭调查阶段，审判长或者审判员宣读第一审判决、裁定书后，由上诉人陈述上诉理由或者由检察院宣读抗诉书；如果是既有上诉又有抗诉的案件，先由检察人员宣读抗诉书，再出上诉人陈述上诉理由；法庭调查的重点要针对上诉或者抗诉的理由，全面查清事实，核实证据。

（2）法庭调查阶段，如果检察人员或者辩护人申请出示、宣读、播放第一审审理期间已移交给人民法院的证据的，法庭应当指令值庭法警出示、播放有关证据；需要宣读的证据由法警交由申请人宣读。

审判长：现在进行法庭调查，首先由法庭宣读郑州市中级人民法院作出的张某男涉嫌侵犯著作权罪（2013）×刑初字第×号一审判决书。

审判员：郑州市中级人民法院刑事判决书，案号：（2013）×刑初字第×号。公诉机关，郑州市中级人民检察院。被告人张某男，男，生于1980年1月1日，汉，河南省郑州市人，小学文化，被捕前是个体经营者，因本案于2012年4月17日被逮捕，现押于郑州市看守所。辩护人赵某，郑州市×律所律师。辩护人王某，郑州市×律所律师。公诉机关郑州市人民检察院指控张某男犯侵犯著作权罪，于2012年4月20日向郑州市中级人民法院提起公诉。郑州市中级人民检察院指派检察员李某、何某出庭支持公诉，被告人张某男及其辩护人赵某、王某、证人刘某、张某、陈某等到庭参加诉讼。根据法庭调查，本庭认定以下事实：2012年4月，被告人张某男（个体经营者）未经著作权人（河南省基础教育教学研究室）授权许可，以营利为目的，复制发行大象出版社有限公司享有出版权的《河南省初中毕业生学业考试说明与检测（2012）》的英语、数学、物理、化学4个科目的图书。2012年4月17日，郑州市公安局中原第四分局治安管理服务大队在郑州市中原区航海西路办事处罗岽村张某男租用的仓库及受张某男委托运输的陈某驾驶的车上，查获《河南省初中毕业生学业考试说明与检测（2012）》英语、数学、物理、化学共31 200册，其中英语19 840册，标价7元；数学4 160册，标价7元；物理3 840册，标价6.5元；化学3 360册，标价6.5元。经河南省新闻出版局鉴定，上述图书为盗版图书。上述犯罪事实的证据有：证人刘某证言及辨认笔录证实张某男用其中巴车拉货到罗岽村一居民楼的情况；证人张某证言及辨认笔录证实张某男租用其家中一楼的房子作仓库的情况；证人陈某的证言证实案发当时张某男打电话让其到罗岽村租用的仓库帮忙拉货，将书装车准备拉往书城，被公安机关查获的情况；扣押清单及鉴定结论证实在张某男租用的仓库扣押的《河南省初中毕业生学业考试说明与检测（2012）》英语、数学、物理、化学为盗版出版物；河南省基础教育教学研究室证明及河南省基础教育教学研究室与大象出版社"出版合同"，证实《河南省初中毕业生学业考试说明与检测（2012）》丛书由河南省基础教育教学研究室编写并享有著作权，其授予大象出版社在河南省以图书形式出版发行上述作品汉文文本的专有出版权；被告人张某男对犯罪事实予以供认。根据上述事实和证据，我院认为，被告人张某男未经著作权人许可，复制发行其文字作品，情节特别严重，其行为已构成侵犯著作权罪。依照《中华人民共和国刑法》第217条、第52条、第53条、第61条、第64条之规定，认定被告人张某男犯侵犯著作权罪，判处有期徒刑3年零6个月，并处罚金人民币110 000元。如不服本判决，可在接到判决书的第2日起10日内，通过本院或者直接向河南省高级人民法院提出上诉。书面上诉的，应当提交上诉

状正本一份，副本一份。审判长李某，审判员马某，审判员陈某，2013 年
1 月 25 日。

　　审判长：下面由上诉人的辩护人宣读上诉状。

　　辩护人：（略）。❶

　　审判长：上诉人张某男，你对一审判决书认定的事实有无异议？

　　上诉人：有异议。这些书籍我是准备拿去卖的，不是侵犯著作权罪。

　　审判长：现在是法庭调查阶段，法律适用的问题等到法庭辩论阶段再
发表意见。

　　审判长：上诉人张某男的辩护人是否需要向张某男发问。

　　辩护人：需要。

　　审判长：可以发问。

　　辩护人：张某男你确定你只有小学学历吗？没有再接受过其他教育？

　　上诉人：是的，小学文化。

　　辩护人：这批图书是你复制的吗？

　　上诉人：是的。

　　辩护人：你为什么要复制图书？

　　上诉人：当然是为了卖，赚钱。

　　辩护人：你知道复制图书卖是违法行为吗？

　　上诉人：以前不知道，现在通过一审审判的教育，知道了。

　　辩护人：最终你复制的图书都卖出去了吗？

　　上诉人：没有。还没来得及卖，就被查获了。

　　辩护人：发问完毕。

　　检察员请就一审判决书认定的事实对上诉人进行发问。

　　检察员：张某男，《河南省初中毕业生学业考试说明与检测（2012）》
英语、数学、物理、化学 4 个科目的图书，是不是你复制的。

　　上诉人：我不知道复制图书的行为犯法。

---

❶　详见本章第四节知识产权刑事诉讼法律文书写作中上诉状部分。

检察员：发问完毕。

审判长：辩护人、上诉人是否有新的证据提交法庭？

上诉人：没有。

辩护人：没有。

审判长：检察员是否有新的证据提交法庭？

检察员：有。请法庭允许证人××村印刷厂厂长丛某出庭。

审判长：由于公诉方已向法庭提交了证人出庭作证申请书，现在请法警提请证人到庭。

审判长：证人，请你客观陈述事实，若提供伪证要付法律责任，你听明白了吗？

证人：听明白了。

审判长：请证人在如实作证保证书上签字。

（法警安排证人签字并送交法庭）

审判长：证人你的姓名？

证人：丛某。

审判长：你的职业？

证人：××村印刷厂厂长。

审判长：检察员可以询问证人。

检察员：证人，请你辨认上诉人是否是张某男？

证人：是的。

检察员：怎么认识的？

证人：他让我们印刷厂帮他印刷《河南省初中毕业生学业考试说明与检测（2012）》英语、数学、物理、化学4个科目的图书。

检察员：张某男让你帮他印刷完图书后，有没有把钱给你？

证人：给了。

检察员：有发票吗？

证人：有收据的存根。

检察员：请提交法庭。

（法警将收据的存根提交法庭）

检察员：发问完毕。

审判长：上诉方可询问证人。

辩护人：你说是张某男找到你们印刷厂印刷的这批图书，那你清楚印刷的都是什么书吗？

证人：《河南省初中毕业生学业考试说明与检测（2012）》英语、数学、物理、化学4个科目的图书。

辩护人：大概印刷了多少本？

证人：3万多本。

辩护人：证人，张某男复制的图书是否有正版授权？

证人：我们有生意就做，不懂书有没有正版授权。

辩护人：这套书既然是河南省基础教育教学研究室，你们就没有好奇？

证人：我们都不懂什么正版授权不正版授权的，只知道有钱就赚，有生意就做。

辩护人：发问完毕。

审判长：请法警将发票给上诉人和辩护人质证。

上诉人：没有异议。

辩护人：对该证据的真实性和合法性没有异议，但对关联性有异议。该发票只能说明张某男去复制了图书，并不能证明张某男的主观恶性，事实上，张某男只有小学文化，并不知道他的行为已经构成犯罪。

审判长：请法警带证人退庭。

（三）法庭辩论

法庭经过调查，如果认为案情已经查清，当事人也没有再提出需要补充调查的事实和证据，即由审判长宣布法庭调查结束，开始法庭辩论。法庭辩论阶段，应当先由上诉人、辩护人发言，再由检察人员发言；抗诉案件，应当先由检察人员发言，再由上诉人、辩护人发言；既有上诉又有抗诉的案件，应先由检察人员发言，再由上诉人、辩护人发言，并进行辩论。

审判长：法庭调查结束，现在进行法庭辩论。在辩论前，法庭提请控、辩双方注意，辩论应主要围绕确定罪名、量刑及其他有争议的问题进行辩论。先请上诉人的辩护人发言。

辩护人：尊敬的审判长、审判员：陈某，谢某接受上诉人的委托担任上诉人张某男的二审辩护人，现辩护人依据相关事实和法律，提出如下辩护意见：第一，一审判决认定事实不清。一审中并没有直接明确的证据能表明，这批数量巨大的盗版图书是上诉人本人主动进行复制制造的。且根据一审中刘某、陈某的证人证言我们可以得知，张某男的确有对这批图书进行转运和用仓库进行保存，但是并不能证明是张某男复制了这批盗版书，所以证据只能证明张某男只是进行了一个销售盗版图书的行为，不能证明张某男是主动去剽窃别人的文字作品，并进行复制，所以也不构成侵犯著作权罪，而仅仅是销售侵权复制品罪。销售侵权复制品罪，是指以营利为目的，销售明知是侵犯他人著作权、专有出版权的文字作品、音乐、电视、录像、计算机软件、图书及其他作品以及假冒他人署名的美术作品，违法所得数额巨大的行为。销售侵权复制品罪的主观方面系故意，客观方面表现为明知是侵权复制品而故意销售，违法所得数额巨大的行为。但是张某男面对一批别人交给他，且来历不明的图书，并不清楚这些图书是侵权的复制品。销售侵权复制品罪的侵权具有间接性，即对他人著作权和与著作权有关权益的侵犯是由非法复制、出版或者其他制作行为直接造成的，而我方张某男的销售行为只不过是前述直接侵权行为的延续，或者说是对直接侵权行为的一种帮助。并且在他积极认罪的态度下，这批图书一本都没有流入市场，没有使国家对文化市场的管理秩序遭到相应的破坏，也正因如此，其危害性比侵犯著作权罪要小得多。所以一审判决认定事实不清。第二，一审判决量刑过重。(1) 上诉人张某男第一次进行这样的行为，系初犯。(2) 张某男的文化水平并不高，只是小学学历，所以导致法律意识薄弱，甚至低于常人的水平，再加上受人教唆，很难自己单独判断出销售这样一批来历不明图书已经触及到法律的底线。(3) 张某男在被捕之后认罪态度良好，积极配合警方，表现出了认罪的态度与悔过的心态，认识到了自己的错误。(4) 这批盗版图书最后也没有流入市场，所以也没有造成更加严重的后果，没有对市场秩序和著作人的著作权造成严重影响，社会危害性不大。首先，上诉人张某男并非剽窃的始作俑者，他只进行了销售的部分，并不具有很强烈的主观恶意。其次，其文化水平的限制，导致了张某男法律意识的薄弱且很容易被蛊惑，无法判断出贩卖这批来历不明的图书会造成违法犯罪。再次，张某男作为初犯，也表现出了强烈的悔过意愿和改过自新的期望，说明其本身并不具有强烈的犯罪意图与故意。最后，图书被及时追回没有流入市场，没有造成太大的损失所以应该从轻处罚。因此，一审判决上诉人张某男侵犯著作权罪，明显定罪量刑有误。综上所述，一审判决认定事实不清且量刑过重，请求二审法庭在查明事实的基础上，依法改判，以维护上诉人张某男的合法权益。辩护人：紫金律师事务所，陈某，谢某。2013 年 11 月 25 日。

审判长：现在由检察员发表意见。

检察员：针对二审张某男侵犯著作权一案，现提出以下辩论意见：第一，针对上诉方声称一审判决罪名判定不当以及认定事实不清，上诉方认为我方没有直接明确的证据表明这批数量巨大的盗版图书是上诉人主动进行复制制造的，不能证明张某男是主动去剽窃别人享有著作权的图书，所以不构成侵犯著作权罪，而仅构成销售侵权复制品罪。根据我方提供的新证据：证人××村印刷厂的厂长和物证印刷样品，在法庭举证质证环节，证人指证上诉人张某男与××村印刷厂合作，让对方为其印刷《河南省初中毕业生学业考试说明与检测（2012）》英语、数学、物理、化学 4 个科目的图书；另外，河南省基础教育教学研究室授予大象出版社在河南省以图书形式出版发行上述作品汉文文本的专有出版权，而张某男未取得著作权人授权。以上证据确凿，证明张某男复制他人的文字作品，并且未经对方授权，因此构成侵犯著作权罪，不容争辩。第二，关于上诉方所称上诉人文化水平低，所以导致法律意识薄弱。我方认为复制发行盗版图书在一般人的社会认知中，是一种违法犯罪的行为，不能以自己文化水平低作为理由进行抗辩。所以我方认为一审判决和量刑合法合理的。第三，上诉方认为这批盗版图书最后没有流入市场，所以也没有造成更加严重的后果，以此作为抗辩的理由是不成立的。因为张某男复制盗版图书这一行为已构成侵犯著作权罪，而销售盗版图书只是侵犯著作权罪的事后行为，不影响犯罪构成。第四，对于上诉方认为一审判决量刑过重。我方认为，张某男复制印刷的盗版图书高达31 200册，根据司法解释，未经著作权人许可，复制发行其文字作品、音乐、电影、电视、录像作品、计算机软件及其他作品，复制品数量合计在5 000张（份）以上的，属于"有其他特别严重情节"，应当以侵犯著作权罪判处3年以上7年以下有期徒刑，并处罚金。综上所述，我方认为犯罪事实确凿，一审判决量刑合法合理，我方请求维持原判。此致，河南省高级人民法院。答辩人：李某、何某。2013年11月25日。

审判长：辩护人是否有新的辩论意见？

辩护人：没有。

审判长：法庭辩论结束。

（四）被告人最后陈述

审判长宣布辩论终结后，被告人有最后陈述的权利。

审判长：下面由上诉人张某男作最后陈述。

上诉人：我是真的不懂法，没想到卖几本书，结果会这么严重，请求法庭不要关我，给我一次重新做人的机会，谢谢！

审判长：法庭审理结束，现在宣布休庭，由合议庭对本案进行评议。（敲法槌）

书记员：全体起立，请审判长、审判员退庭。

（五）休庭、评议和宣判

当被告人最后陈述完毕，审判长宣布休庭，合议庭进行评议。合议庭根据已经查明的事实、证据和有关的法律规定，作出被告人有罪或者无罪、犯的什么罪、适用什么刑罚或者免除刑罚的判决。合议庭进行评议的时候，如果意见分歧，应当少数服从多数，并将少数人意见写入笔录。评议笔录由合议庭的组成人员签名。

书记员：全体起立，请审判长、审判员入庭。

审判长：郑州市中级人民法院审理被告人张某男犯侵犯著作权罪一案，于 2013 年 1 月 25 日作出（2012）郑知刑初字第 15 号刑事判决。被告人张某男不服，提出上诉。本院依法组成合议庭，公开开庭审理本案。郑州市人民检察院检察员李＊、何＊出庭支持公诉，上诉人张某男及其辩护人谢＊＊、陈＊＊到庭参加诉讼。本案现已审理终结。

（宣读判决书或裁定书）❶

四、模拟审判实验

（一）实验背景材料

【案例简介】

2011 年 5 月 11 日，被告人段某以技术入股（占 40% 股权）形式，与盛某、杜某成立万牙索公司。该公司利用被告人段某从三超公司获取的金刚石线锯生产设备技术，分别委托镇江红天环保科技有限公司（以下简称镇江公司）、无锡超亚环保设备有限公司（以下简称无锡公司）、合肥大成通信设备有限公司（以下简称合肥公司）、张家港宏鑫源科技有限公司（以下简称张家港公司）订制金刚石线锯生产设备所需的各子设备和部件，并组装调试制造出完整的金刚石线锯生产设备（以下简称涉案设备）。万牙索公司于 2011 年 7 月以 295 万元的价格销售 1 台 4 线的涉案设备给郑州华晶精密制造有限公司（以下简称华晶公司），其净利润为 156 万余元；同年 8 月以 285 万元价格销售 1 台 4 线的涉案设备给江苏鸿瑞昌泰纺织有限公司；同年 9 月以每台 350 万元的价格与华晶公司签订 5 台 10 线的涉案设

---

❶　详见本章第四节知识产权刑事诉讼法律文书写作中判决书部分。

备的合同,后实际交付。万牙索公司共销售涉案设备 7 台,非法销售额 2 063 万元,非法获利为 1 092 万元(156×7)。

公安机关委托北京国科知识产权司法鉴定中心(以下简称国科鉴定中心)进行了相关鉴定。2012 年 3 月 2 日,国科鉴定中心作出国科知鉴字(2012)14 号司法鉴定意见书,结论为:(1)根据委托方提供的鉴定证据材料,三超公司主张的金刚石线锯设备所记载的前处理和加厚、上砂系统零部件的位置、结构、配置关系、尺寸和尺寸公差、技术要求等确切信息所构成的整体,属于不为公众所知悉的技术信息;(2)记载有段某的信息的光盘中具有与三超公司主张的图纸信息相同的技术信息;(3)无锡公司、镇江公司、合肥公司提供的图纸具有与三超公司主张的图纸信息相同的技术信息。2012 年 11 月 6 日,国科鉴定中心作出国科知鉴(2012)74 号司法鉴定意见书,结论为:(1)三超公司主张的金刚石线锯设备中的小圆钛篮图纸所记载的具体结构、尺寸参数、定位公差和材质要求等确切信息所构成的整体,属于不为公众所知悉的技术信息;(2)记载有嫌疑人信息的光盘中的小圆钛篮图纸信息与前述的非公知技术信息相比对,二者信息整体实质相同;(3)镇江公司提供的材料中的小圆钛篮图纸信息与前述的非公知技术信息相对比,二者信息整体实质相同。

原审法院认定三超公司涉案具有商业秘密的证据有:三超公司法定代表人邹某的陈述、立项证书、南京市科技计划项目合同书、销售合同、付款凭证、劳动合同、知识产权保护及保密规定、规章制度接收手册、三超公司员工证言,国科知鉴字(2012)14 号、(2012)74 号司法鉴定意见书,被告人段某的供述、万牙索公司销售合同、付款人凭证等;原审法院认定被告人段某实施了侵犯三超公司商业秘密的证据有:国科知鉴字(2012)14 号、(2012)74 号司法鉴定意见书,扣押图纸、笔记本电脑、纸质笔记本等物品,搜索笔录、电子证据检查笔录、远程勘验工作笔录、万牙索公司工商登记材料及股东协议书、员工证言,无锡公司、镇江公司、合肥公司等提供的图纸及其员工的证言、万牙索公司与他们订立的合同,万牙索公司与华晶公司、江苏鸿瑞昌泰纺织有限公司订立的合同,万牙索公司的 2011 年财务年报、产品检测报告，被告人段某的供述及辩解等；原审法院认定被告人段某侵权行为给三超公司造成损失的证据有：万牙索公司的财务年报及员工证言、银行汇票等。

原审法院认为，三超公司投入资金和人员研发了涉案设备，其技术信息构成商业秘密，三超公司系涉案设备商业秘密的合法权利人。被告人段某违反与三超公司有关保守秘密的要求，非法使用其商业秘密，给三超公司造成特别严重的后果，其行为构成侵犯商业秘密罪，公诉机关指控被告人段某犯侵犯商业秘密罪成立。依据《中华人民共和国刑法》第 219 条第 1 款第（1）项、第（3）项、第 3 款、第 4 款、第 45 条、第 52 条之规定，判决被告人段某犯侵犯商业秘密罪，判处有期徒刑 6 年；并处罚金人民币 200 万元。

上诉情况：

宣判后，原审被告人段某不服提起上诉。其上诉理由为：（1）一审法院在证据审查认定环节，违反刑事诉讼法的明文规定，刻意限制能够证明被告人无罪或罪轻的证据收集，回避关键性证人出庭，致使重要关键证据不能全面收集和查证，进而使案件事实认定造成原则性的错误；（2）本案事实不清，对于涉及案件定性的重要事实点，存在遗漏和认定错误的情形；（3）在控辩双方分别出具两份结论相反的鉴定报告时，一审法院应该组织重新鉴定。段某还认为，原审法院认定的非法获利过高，一套 10 线生产设备的利润只有 60 万~70 万元。上诉人请求二审法院依法撤销×区人民法院（2013）×刑初第×号刑事判决，依法改判宣告上诉人无罪。

（二）实验要求

1. 队伍组成

模拟法庭由审判合议庭（3 人）、书记员（1 人）、上诉人、检察机关、法警（1 人）、证人若干组成。

2. 资料提交

（1）合议庭方：庭审笔录、第一审刑事判决书、第二审刑事判决书或者刑事裁定书。

（2）上诉方：上诉状、证据清单以及证据若干，辩护词。

（3）检察机关：公诉意见书、证据清单以及证据若干。

【思考与练习】

1. 知识产权公诉案件第二审普通程序与知识产权公诉案件第一审普通程序在开庭阶段有什么差异？

2. 知识产权公诉案件第二审普通程序与知识产权公诉案件第一审普通程序在法庭调查阶段有什么差异？

3. 知识产权公诉案件第二审普通程序与知识产权公诉案件第一审普通程序在法庭辩论阶段有什么差异？

4. 知识产权公诉案件第二审普通程序在法庭判决时要注意什么？

第四节　知识产权刑事诉讼主要法律文书

一、刑事起诉书

刑事起诉书是人民检察院依照法定的诉讼程序，代表国家向人民法院对被告人提起公诉的法律文书，通常适用于一审公诉案件。因为它是以公诉人的身份提出的，所以也叫公诉书。

起诉书第一部分，应写明被告人的姓名、性别、年龄（出生年月日）、籍贯、民族、文化程度、单位、职务、住址、是否曾受过刑事处罚、被拘留、逮捕的年月日。第二部分，写明案由和案件来源。第三部分，写明犯罪的事实和证据。第四部分，写明起诉的理由和法律依据。

起诉书"附"项根据案件情况填写，包括被告人羁押场所、卷宗册数、赃物证物等。起诉书以案件为单位拟稿打印，一式多份。其中主送人民法院一份抄送公安机关一份；通过法院送达各被告人每人一份，辩护人每人一份；附入检察卷宗一份，附入检察院内卷一份。

【范本】

×市×区人民检察院起诉书

×检公一诉［2013］188 号

被告人张某某，男，43 岁，汉族，山东省青岛市人，文化程度高中。身份证号：45334219700509××××，住××市××区××小区 7 栋 3 单元 506 室。捕前系青岛二宝商贸有限公司总经理、法定代表人。2012 年 5 月 17 日被刑事拘留，同年 6 月 21 日经青岛市市北区人民检察院批准逮捕。

被告人林某某，男，33 岁，汉族，山东省青岛市人，文化程度初中。身份证号：45334219800712××××，住××市××区××公寓 8 栋 2 单元 103 室。捕前无业。2012 年 5 月 17 日被刑事拘留，同年 6 月 21 日经青岛市市北区人民检察院批准逮捕。

张某某、林某某假冒注册商标一案，经青岛市市北区公安机关侦查终结，于 2012 年 7 月 20 日依法移送本院审查起诉。现查明：

2011 年 11 月，被告人张某某与林某某预谋以"金乐活"胶囊假冒"金之纳"胶囊对外销售，林某某帮助张某某联系宋某将假冒的"金之纳"胶囊塑封，张某某联系城阳某彩印有限公司印制包装盒后，将包装好的"金之纳"胶囊以每盒人民币 105 元的价格发送到林某某联系好的杨某（另案处理）处，林某某、杨某以每盒人民币 120 元的价格向朱某、王某某等分销共 4 350 盒。

公安机关将被告人张某某查获，在张某某营销处缴获假冒的"金之纳"胶囊 1 150 盒，"金之纳"胶囊的小包装盒 1 150 个，大包装盒 135 个。

张某某、林某某未经注册商标所有人许可，在同一种商品上使用与其注册商标相同的商标，又销售该假冒注册商标的商品，其行为触犯《中华人民共和国刑法》第 213 条之规定，应当以假冒注册商标罪追究其刑事责任。同时张某某犯罪经营数额 855 750 元，林某某犯罪经营数额 834 256 元。根据《最高人民法院、最高人民检察院关于办理侵犯知识产权刑事案件具体应用法律若干问题的解释》第 1 条规定之"非法经营数额在二十五万元以上"，符合《刑法》第 213 条 "情节特别严重" 规定。

根据《中华人民共和国刑事诉讼法》第 172 条的规定，青岛市市北区人民检察院指派检察员杨某某、李某某出庭提起公诉，请依法判处。

此致

青岛市市北区人民法院

检察员：杨××李××

2013 年 4 月 22 日

附：（略）

二、公诉意见书

公诉意见书是在人民检察院对刑事被告人提出起诉书的基础上，全面地揭露公诉意见书被告人的犯罪行为，证实被告人的犯罪行为，分析犯罪行为的性质、后果和对社会的危害，阐明为什么追究被告人的刑事责任。对检察院提起的起诉进行补充和阐发，从而进一步在事实上、证据上、法律上揭露被告人的犯罪行为。

公诉意见书应包括以下四项内容：第一，对法庭调查的简要概括；第二，分析案情，论证被告人犯指控罪名的犯罪构成；第三，从法律上给予法庭量刑建议；第四，分析被告人犯罪的思想根源和社会根源，教育广大民众。

【范本】

公诉意见书

尊敬的审判长、审判员：

今天，×市×区人民法院依法开庭，公开审理本院提起公诉的被告人张某某、林某某假冒注册商标一案。根据《中华人民共和国刑事诉讼法》第 184 条之规定，我们受本院检察长的指派，以国家公诉人的身份出席法庭支持公诉，并依法履行法律监督职责。在刚才的法庭调查过程中，公诉人依法讯问了被告人张某某、林某某，宣读并出示了大量书证、证人证言，大量的证据已足以证明被告人张某某、林某某假冒注册商标的犯罪事实，其理应受到法律的惩罚。为更好地履行公诉人的职责，阐明公诉人的观点，现就本案情况发表如下公诉意见，请合议庭评议时予以充分考虑并采纳。

一、二被告人的行为已触犯了《中华人民共和国刑法》第 213 条的规定，构成假冒注册商标罪。

客观上，张某某、林某某存在侵犯受国家商标管理制度和法律保护的商标的行为。首先，"金之纳"商标为国家工商管理总局商标局注册登记的商标，注册号为第 8062351 号，注册人为内田公司，应当受到法律的保护。其次，张某某、林某某在与徐某的合作协议到期后，为了继续牟利，在未获授权的情况下，继续使用"金之纳"的商标，实际上以"金乐活"牌纳豆产品冒充"金之纳"牌产品，已然构成假冒注册商标的情形。

主观上，张某某、林某某存在非法牟取利益的主观故意。他们在协议到期之后，明知自己已经没有继续使用"金之纳"商标的权利，在同一种商品上使用与其注册商标相同的商标。其主观恶意明显，就是为了谋取利益而以身试法。

二、两被告犯罪经营数额属于特别巨大，系情节特别严重，构成假冒注册商标罪的加重情形。根据被告人张某某、林某某的供述，杨某的询问笔录和青岛市市北区公安局的扣押货物的总量，按照市场价计算得出，被告人张某某假冒注册商标非法经营数额 855 750 元，被告人林某某假冒注册商标非法经营数额 834 256 元。根据最高人民法院、最高人民检察院《关于办理侵犯知识产权刑事案件具体应用法律若干问题的解释》第 1 条之规定：未经注册商标所有人许可，在同一种商品上使用与其注册商标相同的商标，具有下列情形之一的，属于《中华人民共和国刑法》第 213 条规定的"情节特别严重"，应当以假冒注册商标罪判处 3 年以上 7 年以下有期徒刑，并处罚金：

（一）非法经营数额在 25 万元以上或者违法所得数额在 15 万元以上的；

（二）假冒两种以上注册商标，非法经营数额在 15 万元以上或者违法

所得数额在 10 万元以上的;

两被告的非法金额数额均超过 25 万元,符合最高人民法院、最高人民检察院《关于办理侵犯知识产权刑事案件具体应用法律若干问题的解释》第 1 条关于情节特别严重的情况,应当适用《中华人民共和国刑法》第 213 条"情节特别严重"之规定进行处罚。

三、被告人张某某、林某某假冒注册商标罪的量刑建议。

我们认为,为了维护社会主义市场经济秩序的稳定,保护知识产权,打击非法牟取巨额利益的犯罪行为,对于被告人张某某、林某某犯有假冒注册商标的行为触犯了《中华人民共和国刑法》第 213 条之规定,情节特别严重,符合假冒注册商标罪的加重情形,故建议,判处被告人张某某有期徒刑 3 年以上,7 年以下,并处罚金。

用最小的投入换取最大的利润,这是生产经营的普遍法则,这种法则一旦被扭曲,就会走向另一个极端。扭曲表现之一,就是"拿来主义"。用别人花大量时间、精力、资金、技术投入创出的名牌,在自己的产品上冠上这一名牌商标,很快就能在市场上招来大批的消费者,从而获取所谓"快捷""高效"的利润,假冒注册商标就成了最佳捷径。张某某、林某某就是妄图走这样的"捷径"来获取巨额收益,却落入法网,应当受到法律制裁。

以上意见,建议合议庭予以充分考虑。

公诉人:杨＊＊李＊＊

2013 年 4 月 22 日

三、辩护词

辩护词,是被告人及其辩护人在诉讼过程中根据事实和法律所提出有利于被告人的材料和意见,部分地或全部地对控诉的内容进行申述、辩解、反驳控诉,以证明被告人无罪、罪轻,或者免除刑事责任的文书。

辩护词一般由前言、辩护理由、结束语三部分组成。

前言中应当包括以下三项内容:(1)表明辩护权的来源;(2)辩护人

在出庭前进行了哪些工作；（3）亮明无罪、罪轻或者免除刑事责任的观点。

辩护理由是辩护词的核心内容，是辩护人为维护被告人的合法权益所要阐明的主旨。应该从被告人的行为事实出发，对照有关的法律规定，论证被告人无罪、罪轻或应该予以减轻甚至免除其刑事责任。

结束语是对辩护词的归纳和总结，再次提醒法庭采纳自己的观点。

【范本一】

辩护词

尊敬的审判长、审判员：

江苏紫金律师事务所律师接受被告人张某某的委托，指派我作为其辩护人参与本案的诉讼活动。庭审前我多次会见了被告人，认真阅读了本案的案卷材料，现根据庭审调查和举证质证，结合相关法律规定。发表如下辩护意见，敬请合议庭参考。

公诉人对我的当事人张某某指控事实不清、证据不足，理应无罪，理由如下：

第一，张某某客观上没有假冒注册商标罪的犯罪行为。

根据《中华人民共和国刑法》第 213 条和《最高人民法院、最高人民检察院关于办理侵犯知识产权刑事案件具体应用法律若干问题的解释》第 8 条和《最高人民法院、最高检察院、公安部关于办理侵犯知识产权刑事案件适用法律若干问题的意见》第 6 条，相同商标是指与被假冒的注册商标完全相同或与被假冒的注册商标在视觉上基本无差别足以对公众产生误导的商标。而在刚才的举证质证环节中，我方出示的"金之纳"产品商标图和内田公司实际注册的商标，一个是中文加日文的组合商标，一个则是"金之纳"三个汉字的中文注册商标，两者存在明显区别。因此，在本案中，假冒注册商标的客观构成要件并不满足。

第二，主观上张某某不具有假冒注册商标罪的犯罪故意。

根据青岛二宝商贸有限公司与内田公司签订的合作协议条款内容的第

5条之规定，属于双方共同策划、共同推广的产品其所有权属于双方共同所有。这份协议中当事人双方均签字认定有效，符合双方的意思表示。在本案中，张某某作为合同的一方当事人积极履行自己的合同义务与内田公司共同销售、推广"金之纳"产品。因此，根据合同的契约精神，张某某对"金之纳"产品实际享有所有权。假冒注册商标罪的主体构成要件也不满足。

综上所述，辩护人认为公诉机关对于我当事人张某某的指控事实不清、证据不足。若合议庭坚持认为我的当事人张某某的行为构成假冒注册商标罪，也应念在其已经主动赔偿被害人的损失，取得了被害人的谅解，将社会危害降至最低。建议合议庭对其酌情予以从轻、减轻处罚。

以上辩护意见，敬请合议庭给予充分参考，谢谢。

辩护人：徐＊＊

2013 年 4 月 22 日

【范本二】

辩护词

尊敬的审判长、审判员：

江苏博达律师事务所接受本案被告人林某某委托，指派我为其辩护，接受委托后，庭审前我多次会见了被告人，认真阅读了本案的案卷材料，现根据庭审调查和举证质证，结合相关法律规定。辩护人发表以下辩护意见，诚望合议庭采信。

辩护人认为：本案事实不清、证据不足、运用法律明显不当，指控的假冒注册商标罪名不能成立，现辩护人根据本案的事实和法律，具体辩护意见如下：

第一，在本案中，由于被告人张某某的欺诈，被告人林某某并不了解案件中的诸多细节，不存在主观恶意。

本案中，被告人张某某因与原合作方关系破裂，无法获取正品"金之纳"胶囊，便起意用"金乐活"胶囊冒充"金之纳"胶囊，并且授意被告人林某某联系卖家。被告人林某某对被告人张某某与内田公司之间的合作协议内容基本不清楚，被告人张某某也未曾向林某某告知过青岛二宝商贸有限公司在 2011 年 11 月之后已经没有销售"金之纳"的资格，在此背景下，帮助被告人张某某联系卖家，销售假的"金之纳"胶囊。所以被告人林某某并没有主观恶意，缺乏假冒注册商标罪的主观构成要件，故不构成犯罪。

第二，被告人林某某客观上没有假冒注册商标的行为。

被告人林某某并不是出售假冒"金之纳"的真正卖家，只是一个中间人，所收货款也是帮助张某某代为收取，最后都打给了张某某，自己实际只获得了些许报酬，所以该部分货款不应归咎于我当事人林某某。故在本案中，客观上不存在非法经营所得，不能构成假冒注册商标罪。

综合以上意见，辩护人认为公诉机关对被告人林某某的指控事实不清、证据不足，理应无罪。若合议庭坚持被告人林某某有罪，也应认定林某某为从犯，应当从轻减轻处罚。以上辩护意见望合议庭采纳。

此致

辩护人：窦 *

2013 年 4 月 22 日

四、刑事上诉状

刑事上诉状用于被告人不服一审判决，而在法定期限内向原审法院的上级法院提出要求重新审判的一种法律文书。刑事上诉状基本内容应包括上诉人、上诉事由，上诉请求事项，事实与理由等内容。对于不服的阐述以及相关法律依据也应该和刑事上诉状一起提交。

【范本】

上诉状

上诉人：张某男，男，河南省郑州市人，×年×月×日出生。因涉嫌侵犯著作权罪于 2012 年 4 月 17 日被逮捕。

因不服郑州市中级人民法院审理郑州市人民检察院指控原审被告人张某男犯侵犯著作权罪，于 2013 年 1 月 25 日作出（2012）郑知刑初字第 15 号刑事判决犯侵犯著作权罪，判处有期徒刑 3 年零 6 个月，并处罚金人民币 110 000 元的判决而提出上诉。

上诉请求事项：

（1）请人民法院撤销原判决。

（2）请人民法院对上诉人依法改判并从轻处理。

事实与理由：

第一、一审法院认定事实不清，证据不足。一审法院没有足够的证据证明是上诉人复制了图书，且上诉人的目的仅仅在于销售，因此应认定上诉人的行为构成销售侵权复制品罪，而不是一审法院认定的侵犯著作权罪。第二、上诉人存在法定和酌定的从轻量刑情节。上诉人在法院审理阶段，对自己的犯罪事实予以供认。在法院庭审笔录有据可查。根据相关法律规定，"人民法院对自愿认罪的被告人，酌情予以从轻处罚"。上诉人非法经营数额共计 214 800 元，根据《办理知识产权刑案解释（一）》《办理知识产权刑案解释（二）》的规定，不属于违法所得数额巨大和有其他特别严重情节的情形，依法应酌情从轻处罚。上诉人系初犯，仅以销售营利为目的，主观恶性不大，对这种情况，依法应从轻处理。

综上所述，由于原审法院未充分考虑上诉人所具备的从轻、减轻的情节，导致判决结果明显过重，请二审法院依法改判。

此致

河南省高级人民法院

上诉人：张某男

2013 年 11 月 20 日

五、刑事判决书

刑事判决是指人民法院对刑事案件审理终结后，依据查明的事实和适用的法律，对被告人所犯罪行作出的具有法律约束力的法律文书。刑事判决书应当写明：（1）被告人的基本情况，包括被告人的姓名、性别、年龄、籍贯、住址、职务、以前是否受过刑事处罚、是否被逮捕、羁押日期等；（2）辩护人和公诉人的情况；（3）判决认定的事实、理由和适用的法律依据；（4）判决结果、上诉期间和上诉的法院。刑事判决一经发生法律效力，就具有法律上的拘束力。对一审判决，被告人可以在收到判决书之日起 10 日内向上一级法院提起上诉。

　　刑事判决书应当说理充分，对于公诉人和辩护人所提起的证据是否采信，为何采信以及为何不采信均有交代，并总结公诉方和辩护方提出的公诉意见和辩护意见，在此基础上兼听则明，作出刑事判决。

　　（一）一审样式

××市××区人民法院
刑事判决书

〔2013〕×刑初字第×号

公诉机关青岛市市北人民检察院。

　　第一被告人：张某某，男，1970 年 5 月 9 日出生，汉族，山东省青岛市人，文化程度高中。家住青岛市××区××小区 7 栋 3 单元 506 室。于 2012 年 5 月 17 日被刑事拘留，同年 6 月 21 日经青岛市市北区人民检察院批准逮捕。

　　第一辩护人：徐某某，江苏紫金律师事务所律师。

　　第二被告人：林某某，男，1980 年 7 月 12 日出生，汉族，山东省青岛市人，文化程度初中，捕前无业，家住青岛市××区××公寓 2 单元 103 室。于 2012 年 5 月 17 日被刑事拘留，同年 6 月 21 日经青岛市市北区人民检察院批准逮捕。

　　第一辩护人：窦某，江苏博达律师事务所律师。

　　青岛市市北人民检察院以青检公诉〔2013〕188 号起诉书指控被告人张某某、林某某犯假冒注册商标罪，向本院提起公诉。本院受理后，依法组成合议庭，公开开庭审理了本案。青岛市市北人民检察院检察员杨××、李××出庭支持公诉，被告人林某某、张某某及其辩护人窦×、徐××等到庭参加诉讼。现已审理终结。

青岛市市北人民检察院指控，第一被告人人张某某、第二林某某犯有假冒注册商标的行为触犯了《中华人民共和国刑法》第 213 条之规定，第一被告人张某某假冒注册商标非法经营数额 50 余万元，第二被告人林某某假冒注册商标非法经营数额 84 万余元，情节特别严重。非法经营数额在 25 万元以上或者违法所得数额在 15 万元以上的，符合假冒注册商标罪的加重情形，应当以假冒注册商标罪追究其刑事责任。

第一被告人张某某辩称，自己是青岛某商贸公司的代理，制造并销售假冒的"金之纳"胶囊 4 000 余盒，周转的资金大部分都是公司的货款。第一辩护人认为公诉机关对第一被告人张某某的指控缺乏可靠的证据支撑，不能认定被告人有罪。若合议庭坚持认为第一被告人张某某的行为构成假冒注册商标罪，也应念在其曾多次主动要求赔偿被害人的损失，已经取得了被害人的谅解，将社会危害降至最低。辩护人请求依法对其从轻、减轻处罚。第二被告人林某某对公诉机关指控的事实没有异议，但称其行为都是在张某某的指使下所做。第二辩护人认为第二被告人林某某悔罪态度诚恳，表现良好，并且系初犯、从犯理应从轻或减轻处罚。

经审理查明，2011 年 11 月，第一被告人张某某与第二被告人林某某预谋以"金乐活"胶囊假冒"金之纳"胶囊对外销售，第二被告人林某某帮助第一被告人张某某联系假冒的"金之纳"胶囊塑封，第一被告人人张某某联系城阳某彩印有限公司印制包装盒后，将包装好的"金之纳"胶囊以每盒人民币 105 元价格出售给第二被告人林某某联系好的杨某（已经另案处理），林某某、杨某以每盒人民币 120 元的价格共销售 4 350 盒。公安机关在第一被告人张某某处查获假冒"金之纳"胶囊 1 150 盒，小包装 1 150 盒，大包装盒 135 个。

上述事实，有下列经庭审举证、质证，本院予以确认的证据证实："金之纳"商标注册证明、"金之纳"注册商标图、"金之纳"产品商标图、青岛二宝商贸公司和内田公司的合作协议、青岛二宝商贸公司的发货单据、青岛二宝商贸公司的销售记录的、张某某银行账户的流水清单、徐某与青岛二宝商贸有限公司合作协议、被告人身份材料；证人陶某、刘某、杨某、朱某证言；被告人张某某、林某某的供述；扣押清单、破案经过、鉴定笔录等证据足以认定。

本院认为，对于第一被告人张某某、第二被告人林某某未经注册商标所有人许可，在同一种商品上使用与其注册商标相同的商标，并销售该假冒注册商标的商品，数额巨大，情节特别严重，触犯了《中华人民共和国刑法》第213条之规定，应当以假冒注册商标罪追究其刑事责任。对于辩护方提供的辩护意见中被告实际使用的商标和内田公司在国家工商总局注册的商标外观上存在明显差别不能造成消费者的混淆法院不予以认可。第一被告人到案后如实供述自己的作案事实，积极地配合公安机关调查，悔罪态度诚恳，可以从轻处罚。

依照《中华人民共和国刑法》第5条、第52条、第53条、第61条、第62条、第63条、第213条之规定，判决如下：

第一被告人张某某犯假冒注册商标罪，判处被告人张某某有期徒刑3年6个月，缓刑3年，并处罚金7万元（刑期从判决执行之日起计算，判决执行以前先行羁押的，羁押一日折抵刑期一日，即自2013年3月31日起至2016年11月17日止；罚金限于本判决生效后立即缴纳）。

第二被告人林某某犯假冒注册商标罪，判处被告人林某某有期徒刑3年零2个月，并处罚金7万元（刑期从判决执行之日起计算，判决执行以前先行羁押的，羁押一日折抵刑期一日，即自2013年5月17日起至2016年7月17日止；罚金限于本判决生效后立即缴纳）。所缴获的侵权产品，予以没收、销毁。

如不服本判决，可在接到判决书的第二日起10日内，通过本院或者直接向×市中级人民法院提出上诉。书面上诉的，应交上诉状正本一份，副本两份。

审判长：邱＊＊

审判员：赵　＊

于＊＊

书记员：杨＊＊

2013年4月30日

（二）二审样式

河南省高级人民法院
刑事判决书

（2013）郑知刑终字第 5 号

上诉人张某男，男，1980 年 1 月 1 日出生，汉族，河南省郑州市人，小学文化，被捕前是个体经营者，因本案于 2012 年 4 月 17 日被逮捕，现押于×× 区紫金看守所。

辩护人谢××，河南紫金律师事务所律师。

辩护人陈××，河南紫金律师事务所律师。

原公诉机关郑州市人民检察院。

郑州市中级人民法院审理被告人张某男犯侵犯著作权罪一案，于 2013 年 1 月 25 日作出（2012）郑知刑初字第 15 号刑事判决。被告人张某男不服，提出上诉。本院依法组成合议庭，公开开庭审理本案。郑州市人民检察院检察员李×、何×出庭支持公诉，上诉人张某男及其辩护人谢××、陈××到庭参加诉讼。本案现已审理终结。

原审判决认定事实：2012 年 4 月，被告人张某男未经著作权人（河南省基础教育教学研究室）授权许可，以营利为目的，复制发行大象出版社有限公司享有出版权的《河南省初中毕业生学业考试说明与检测（2012）》的英语、数学、物理、化学 4 个科目的图书。2012 年 4 月 17 日，郑州市公安局中原第四分局治安管理服务大队在郑州市中原区航海西路办事处××村张某男租用的仓库及受张某男委托运输的陈某驾驶的车上，查获《河南省初中毕业生学业考试说明与检测（2012）》英语、数学、物理、化学 4 个科目的图书共 31 200 册，其中英语 19 840 册，标价 7 元；数学 4 160 册，标价 7 元；物理 3 840 册，标价 6.5 元；化学 3 360 册，标价 6.5 元。经河南省新闻出版局鉴定，上述图书为盗版图书。

原判认定上述犯罪事实的证据有：证人刘某证言及辨认笔录证实张某男用

其中巴车拉货到罗砦村一居民楼的情况；证人张某证言及辨认笔录证实张某男租用其家中一楼的房子作仓库的情况；证人陈某的证言证实案发当时张某男打电话让其到罗砦村租用的仓库帮忙拉货，将书装车准备拉往书城，被公安机关查获的情况；扣押清单及鉴定结论证实在张某男租用的仓库扣押的《河南省初中毕业生学业考试说明与检测（2012）》英语、数学、物理、化学为盗版出版物；河南省基础教育教学研究室证明及河南省基础教育教学研究室与大象出版社"出版合同"，证实《河南省初中毕业生学业考试说明与检测（2012）》丛书由河南省基础教育教学研究室编写并享有著作权，其授予大象出版社在河南省以图书形式出版发行上述作品汉文文本的专有出版权；被告人张某男对犯罪事实予以供认。

新增加的证据有，证人印刷厂厂长丛某的证人证言以及上诉人印刷的收据。

上诉人张某男及其辩护人认为：（1）一审判决认定事实不清，没有直接明确的证据表明这批数量巨大的盗版图书是上诉人主动进行复制制造的，应该改判为销售侵权复制品罪。（2）上诉人辩护人还提出这批盗版图书最后也没有流入市场，所以也没有造成更加严重的后果。上诉人被捕之后认罪态度良好，积极配合警方，表现出了悔过的心态，认识到了自己的错误。（3）上诉人系初犯，仅以销售营利为目的，主观恶性不大等酌情从轻量刑情节。

本院认为：（1）根据《刑法》第217条及相关司法解释的规定，被告人张某男未经著作权人许可，复制发行其文字作品，且非法经营所得数额已在5万元以上，已构成有其他严重情节，满足侵犯著作权罪的构成要件，故成立侵犯著作权罪。不满足销售侵权复制品罪的构成要件。（2）根据最高人民法院关于侵犯著作权罪的司法解释，如实供述自己罪行的，可以从轻处罚；因其如实供述自己罪行，避免特别严重后果发生的，可以减轻处罚。在法院审理阶段，张某男主动配合，对自己的犯罪事实予以供认，符合减刑的情形。（3）考虑被告系初犯，主观恶性不大，本院酌情予以减刑。依照《中华人民共和国刑法》第217条、第53条、第61条、第64条、第67条之规定，判决如下：

（1）维持郑州市中级人民法院于 2013 年 1 月 25 日作出（2012）郑知刑初字第 15 号刑事判决的侵犯著作权罪的判决。

（2）撤销郑州市中级人民法院于 2013 年 1 月 25 日作出（2012）郑知刑初字第 15 号刑事判决的刑期规定，因其存在减刑情节，故改判为判处有期徒刑 3 年，并处罚金人民币 110 000 元。

本判决为终审判决。

审判长　储　＊

审判员　麦＊＊

钱＊＊

2013 年 2 月 1 日

六、刑事裁定书

刑事裁定书是指人民法院在刑事案件审理或判决执行过程中，就程序问题和部分实体问题所作的书面决定。通常二审法院维持原判或者发回重审，均以刑事裁定书方式作出。

【范本】

河南省高级人民法院刑事裁定书*

（2013）豫法知刑终字第××号

原公诉机关郑州市人民检察院。

上诉人（原审被告人）张某男，男，汉族，1977 年 12 月 6 日出生，初中文化程度，个体经营者，户籍地湖北省枣阳市××镇××村四组，捕前住河南省郑州市中原区××路××厂家属院。因涉嫌侵犯著作权犯罪于 2012 年 4 月 18 日被刑事拘留，同年 5 月 17 日被逮捕。现羁押于郑州市××看守所。

辩护人＊＊＊，河南世纪通律师事务所律师。

郑州市中级人民法院审理郑州市人民检察院指控原审被告人张某男犯侵犯

---

* 本裁定书来源于中国裁判文书网。

著作权罪一案，于 2013 年 1 月 25 日作出（2012）郑知刑初字第 15 号刑事判决。宣判后，原审被告人张某男不服，提出上诉。本院依法组成合议庭审理了本案。现已审理终结。

原判认定：2012 年 4 月，被告人张某男未经著作权人（河南省基础教育教学研究室）授权许可，以营利为目的，复制发行大象出版社有限公司享有出版权的《河南省初中毕业生学业考试说明与检测（2012）》的英语、数学、物理、化学 4 个科目的图书。2012 年 4 月 17 日，郑州市公安局中原第四分局治安管理服务大队在郑州市中原区航海西路办事处××村张某男租用的仓库及受张某男委托运输的陈某某驾驶的车上，查获《河南省初中毕业生学业考试说明与检测（2012）》英语、数学、物理、化学 4 个科目的图书共 31 200 册，其中英语 19 840 册，标价 7 元；数学 4 160 册，标价 7 元；物理 3 840 册，标价 6.5 元；化学 3 360 册，标价 6.5 元。经河南省新闻出版局鉴定，上述图书为盗版图书。

原判认定上述犯罪事实的证据有：证人刘某某证言及辨认笔录证实张某男用其中巴车拉货到罗岂村一居民楼的情况；证人张某某证言及辨认笔录证实张某男租用其家中一楼的房子作仓库的情况；证人陈某某的证言证实案发当时张某男打电话让其到罗岂村租用的仓库帮忙拉货，将书装车准备拉往书城，被公安机关查获的情况；扣押清单及鉴定结论证实在张某男租用的仓库扣押的《河南省初中毕业生学业考试说明与检测（2012）》英语、数学、物理、化学为盗版出版物；河南省基础教育教学研究室证明及河南省基础教育教学研究室与大象出版社"出版合同"，证实《河南省初中毕业生学业考试说明与检测（2012）》丛书由河南省基础教育教学研究室编写并享有著作权，其授予大象出版社在河南省以图书形式出版发行上述作品汉文文本的专有出版权；被告人张某男对犯罪事实予以供认。

根据上述事实和证据，郑州市中级人民法院认为，被告人张某男未经著作权人许可，复制发行其文字作品，情节特别严重，其行为已构成侵犯著作权罪。依照《中华人民共和国刑法》第 217 条、第 52 条、第 53 条、第 61 条、第 64 条之规定，认定被告人张某男犯侵犯著作权罪，判处有期徒刑 3 年零 6 个月，并处罚金人民币 110 000 元。

上诉人张某男上诉称：不属情节特别严重；量刑重。

其辩护人辩称：张某男的行为构成销售侵权复制品罪。

经本院审理查明的事实与原判相同，原判认定的证据经一审当庭举证、质证，查证属实，本院予以确认。

关于上诉人张某男的辩护人提出"张某男的行为构成销售侵权复制品罪"的理由，经查，张某男未经著作权人许可，复制发行《河南省初中毕业生学业考试说明与检测（2012）》英语、数学、物理、化学4个科目的图书共计31 200册，其行为已构成侵犯著作权罪，故该辩护意见不能成立。

关于上诉人张某男上诉提出"不属情节特别严重"的理由，经查，法律规定以营利为目的，未经著作权人许可，复制发行其文字作品，复制品数量在2500张（份）以上的，属于情节特别严重，本案张某男复制发行侵权图书数量已达31 200册，显属情节特别严重，故该上诉理由不能成立。

关于上诉人张某男上诉提出"量刑重"的理由，经查，原判考虑到张某男认罪态度较好，已酌情对其从轻处罚；原判综合考虑张某男犯罪的性质、情节和对于社会的危害程度对张某男所判处的刑罚适当。

本院认为，上诉人张某男以营利为目的，未经著作权人许可，复制发行其文字作品共计31 200册，其行为已构成侵犯著作权罪，且情节特别严重，应依法惩处。原判定罪准确，量刑适当。审判程序合法。上诉人张某男的上诉理由及辩护人的辩护意见不能成立，不予采纳。依照《中华人民共和国刑事诉讼法》第225条第1款第（1）项之规定，裁定如下：

驳回上诉，维持原判。

本裁定为终审裁定。

审　判　长：＊＊＊

审　判　员：＊＊＊

代理审判员：＊＊＊

2013 年 10 月 28 日

书　记　员：＊＊＊

【思考与练习】

1. 请自行选取案例，拟一份起诉状。

2. 请自行选取案例，拟一份公诉意见书。

3. 请自行选取案例，拟一份辩护词。

4. 请自行选取案例，拟一份判决书。

第四章　知识产权行政案件审判模拟

【导读】

本章内容涉及知识产权行政案件的审判模拟，分四节阐述。第一节概括介绍知识产权行政诉讼的类型、管辖以及知识产权行政诉讼审理程序。鉴于知识产权行政案件诉讼第一审普通程序和第二审程序是知识产权行政诉讼审理程序的重点。第二节和第三节结合具体的案例和诉讼程序规范，对知识产权案件行政诉讼一审普通程序庭审前的准备和庭审流程以及二审程序庭审前的准备和庭审流程进行详细介绍。第四节是知识产权行政诉讼的主要法律文书，结合相应的文本格式阐述主要法律文书的制作方法与注意事项，并列出相应的法律文书实例供学生参考。本章教学重点为知识产权行政诉讼的类型和知识产权案件行政诉讼一审普通程序的模拟，庭审程序中法庭调查环节的举证、质证和认证。

第一节　知识产权行政诉讼概述

一、知识产权行政诉讼的类型

知识产权行政诉讼是指当事人对行政机关就著作权、商标权、专利权等知识产权以及不正当竞争等所作出的行政行为不服，向人民法院提起诉讼，由人民法院对相应的行政行为的合法性进行审查并作出裁判的制度。下文就主要类型的知识产权行政诉讼进行具体阐述。

（一）专利权行政诉讼

1. 专利授权确权行政诉讼

专利授权确权行政诉讼是指在专利授权阶段，专利申请人不服由专利复审委员会作出的专利复审决定或者在专利权被依法授予之后，专利申请人或者其他利害关系人不服专利复审委员会宣告专利权无效或者维持专利权的决定，依法定程序向人民法院提起诉讼，人民法院在当事人及其他诉讼参与人参加下，对相应的行政决定的合法性进行审查并作出裁判的制度。专利授权确权行政诉讼案件在专利行政诉讼案件中所占比重较大。具体包括两类：专利授权案件和专利确权案件，前者是我国《专利法》第41条规定的专利复审案件，后者是我国《专利法》第45条和第46条规定的专利无效案件。

2. 由国务院专利行政部门行政决定引起的行政诉讼

由国务院专利行政部门行政决定引起的行政诉讼是指当事人不服国务院专利行政部门作出的关于专利的行政决定，包括行政复议决定而以其为被告提起的行政诉讼。此类案件在专利行政诉讼中所占的比重较少。根据《专利法》第58条的规定主要是指专利权人对实施强制许可的决定不服的，以及专利权人和取得实施强制许可的单位或个人对实施强制许可的使用费的裁决不服的两类案件。此外根据《国家知识产权局行政复议规程》第2条和第4条的规定，对国家知识产权局作出的有关专利申请、专利权的具体行政行为不服的；对国家知识产权局专利复审委员会作出的有关专利复审、无效的程序性决定不服的；对国家知识产权局作出的有关专利代理管理的具体行政行为不服的；认为国家知识产权局作出的其他具体行政行为侵犯其合法权益的，公民、法人或者其他组织可以依照该规程向国家知识产权局申请行政复议，对国家知识产权局的行政复议决定不服的，当事人可以提起行政诉讼。

3. 由地方管理专利工作的部门行政决定引起的行政诉讼

由地方管理专利工作的部门行政决定引起的行政诉讼是指当事人不服地方管理专利工作的部门关于专利的行政执法行为，而直接提起或者经复议后提起的行政诉讼。根据我国《专利法》第 60 条、第 63 条和第 64 条的规定，主要包括管理专利工作的部门的下列行政行为：（1）专利侵权处理请求决定；（2）对假冒专利违法行为的行政处罚决定；（3）假冒专利查处程序中作出的查封、扣押行政强制措施。

（二）商标权行政诉讼

1. 商标授权确权行政诉讼

商标授权确权行政诉讼是指商标申请人或者其他利害关系人不服由商标评审委员会作出的授予或不授予其商标权的行政决定、裁定，或者在商标权被依法授予之后，不服商标委员会就该权利是否被撤销或宣告无效所作出的行政决定、裁定，依法定程序向人民法院提起诉讼，人民法院在当事人及其他诉讼参与人参加下，对相应的行政决定、裁定的合法性进行审查并作出裁判的制度。商标授权确权行政诉讼案件在商标权行政诉讼案件中所占比重较大。根据《最高人民法院关于审理商标授权确权行政案件若干问题的规定》法释〔2017〕2 号的规定主要包括商标驳回复审、商标不予注册复审、商标撤销复审、商标无效宣告及无效宣告复审 4 种行政诉讼。前两者属于商标授权行政诉讼，后两者属于商标确权行政诉讼。

（1）商标驳回复审行政诉讼。

根据我国《商标法》第 28 条和第 34 条的规定，商标驳回复审行政诉讼，是商标注册申请人不服商标局驳回或者部分驳回商标注册申请的审查决定，向商标评审委员会提出驳回复审申请，商标评审委员会据此作出驳回复审决定，商标注册申请人不服向法院提起的诉讼。

（2）商标不予注册复审行政诉讼。

根据《商标法》第 35 条第 1 款和第 3 款的规定，商标不予注册复审行政诉讼，是商标注册申请人不服商标局对其初步审定公告的商标所作的不予注册的决定，向商标评审委员会申请复审，商标评审委员会仍作出不予注册的复审决定，商标注册申请人不服向法院提起的诉讼。

（3）商标撤销复审行政诉讼。

根据《商标法》第 49 条第 2 款规定，商标撤销复审行政诉讼，是指注册商标所有人或撤销申请人不服商标局作出的撤销或者不予撤销注册商标的决定，向商标评审委员会申请复审，商标评审委员会据此作出复审决定，行政相对人不服向法院提起的诉讼。

（4）商标无效宣告及无效宣告复审行政诉讼。

前者是根据《商标法》第 44 条第 1 款、第 3 款规定，以及《商标法》第 45 条规定，无效申请人向商标评审委员会申请宣告注册商标专用权无效，商标评审委员会据此作出裁定，无效申请人或者注册商标所有人不服向法院提起的诉讼。后者是根据《商标法》第 44 条第 1 款和第 2 款规定，注册商标所有人不服商标局依职权作出的注册商标专用权无效的决定，向商标评审委员会申请复审，商标评审委员会据此作出决定，注册商标所有人仍不服向法院提起的诉讼。

2. 由国家商标局行政决定引起的行政诉讼

由国家商标局行政决定引起的行政诉讼是指当事人不服国家商标局作出的关于商标的行政决定，包括行政复议决定而以其为被告提起的行政诉讼。此类案件在商标权行政诉讼中所占的比重较少。由于国家工商行政管理总局商标局并未像国家知识产权局那样制定有《行政复议规程》，故对哪些行政行为可诉与否并未有明确界定。因此可按照《行政诉讼法》第 2 条的概括规定，公民、法人或者其他组织认为行政机关的行政行为侵犯其合法权益，则有权提起行政诉讼。

实践中，此类行政诉讼主要有以下两类。❶

（1）商标局在办理商标转让、变更、许可备案、质押登记等过程中做出的具体行政行为，侵犯相对人合法权益的。

（2）商标局在商标管理过程中，对下级行政机关所作的批复、指示、回复等行政行为，侵犯具体相对人的合法权益的。

3. 由地方工商行政管理部门关于商标的行政决定引起的行政诉讼

由地方工商行政管理部门关于商标的行政决定引起的行政诉讼是指当

---

❶ 知识产权诉讼详解［EB/OL］. http：//www. docin. com/p-1661507948. html，2016-04-01/2016-11-18.

事人不服地方工商行政管理部门关于商标的行政执法行为而直接提起或者经复议后提起的行政诉讼。根据我国《商标法》第 60～62 条的规定，主要包括工商行政管理部门的下列具体行政行为：（1）商标侵权处理请求决定；（2）对商标侵权违法行为的行政处罚决定；（3）商标侵权查处程序中作出的查封、扣押行政强制措施。

（三）著作权行政诉讼

由于著作权与工业产权在取得方式上存在明显区别，只有工业产权才存在主管机关授权和确权的问题，著作权不需要通过主管机关授权和确权，因此著作权行政诉讼案件中没有授权确权行政诉讼案件。

根据我国《著作权法》《著作权行政处罚实施办法》的规定，著作权行政诉讼主要由著作权行政管理部门的行政处罚行为所引起。具体表现为当事人不服国务院著作权行政管理部门以及地方人民政府享有著作权行政执法权的有关部门，在法定职权范围内就《著作权法》《计算机软件保护条例》列举的侵权行为，同时损害公共利益的；以及其他法律、法规、规章规定的应予行政处罚的著作权违法行为实施的行政处罚，而直接提起或者经复议后提起的行政诉讼。具体可以分为以下两类。

（1）由国务院著作权行政管理部门行政决定引起的行政诉讼。

（2）由地方著作权行政管理部门行政决定引起的行政诉讼。

（四）植物新品种行政诉讼

植物新品种行政诉讼包括以植物新品种复审委员会为被告的植物新品种授权确权行政诉讼；由国务院农业、林业行政部门关于强制许可的决定以及强制许可使用费的裁决引起的行政诉讼；由地方政府农业、林业行政部门作出的品种权侵权处理请求决定，对品种权侵权违法行为和假冒授权品种的违法行为作出的行政处罚决定，以及在查处品种权侵权案件和假冒授权品种案件程序中作出的查封、扣押行政强制措施引起的行政诉讼。

（五）集成电路布图设计行政诉讼

集成电路布图设计行政诉讼包括以专利复审委员会为被告的集成电路

布图设计授权确权行政诉讼；由国务院知识产权行政部门关于使用布图设计非自愿许可的决定以及非自愿许可的报酬的裁决引起的行政诉讼；由国务院知识产权行政部门作出的布图设计专有权侵权处理请求决定，对布图设计专有权侵权违法行为作出的行政处罚决定引起的行政诉讼。

（六）不正当竞争行政诉讼

不正当竞争行政诉讼是指县级以上人民政府工商行政管理部门以及法律、行政法规规定的其他监督检查不正当竞争行为的部门对经营者违反反不正当竞争法的规定构成的不正当竞争违法行为所作的行政处罚引起的行政诉讼。

（七）其他知识产权行政诉讼

其他知识产权行政诉讼是指当事人对有关行政机关作出的涉及技术秘密、计算机软件等方面行政行为不服提起的行政诉讼。

二、知识产权行政诉讼的管辖

由于国家在2014年起陆续在北京、上海、广州设立了知识产权法院，并且正在推进知识产权审判"三合一"试点工作，所谓知识产权审判"三合一"是指由人民法院知识产权审判庭统一审判知识产权民事、行政和刑事案件。❶ 因此关于知识产权行政诉讼案件的管辖及审理问题目前的状况是除了三大知识产权法院统一受理相应地区应由中级法院管辖的知识产权行政诉讼案件以外，其余知识产权行政诉讼案件也正在以及逐步由各地各层级的法院的知识产权审判庭受理，而不再是由原来的行政审判庭受理。结合我们以上讨论的知识产权行政诉讼案件的类型，以下分类阐述知识产权行政诉讼案件的管辖。

---

❶ 最高人民法院 . 关于在全国法院推进知识产权民事、行政和刑事案件审判"三合一"工作的意见 ［Z］. 2016-07-05.

（一）专利权行政诉讼管辖

1. 专利授权确权行政诉讼管辖

根据《中华人民共和国行政诉讼法》第 15 条、《全国人民代表大会常务委员会关于在北京、上海、广州设立知识产权法院的决定》第 2 条以及《最高人民法院关于北京、上海、广州知识产权法院案件管辖的规定》第 5 条的规定，以专利复审委员会为被告的专利授权确权行政诉讼案件目前均由北京市知识产权法院作为第一审法院，北京市高级人民法院作为第二审法院。

2. 由国务院专利行政部门行政决定引起的行政诉讼管辖

由国务院专利行政部门行政决定引起的行政诉讼其被告为国务院部门，根据《中华人民共和国行政诉讼法》第 15 条及相关司法解释的规定，此类案件目前均由北京市知识产权法院作为第一审法院，北京市高级人民法院作为第二审法院。

3. 由地方管理专利工作的部门行政决定引起的行政诉讼管辖

此类行政诉讼被告的情形有两种，即地方管理专利工作的部门以及其复议机关本级政府或者上一级专利行政管理部门。根据《中华人民共和国行政诉讼法》关于级别管辖和地域管辖的规定以及相关司法解释，此类行政诉讼案件除被告仅为县级以上地方政府的情形外，原则上由被告所在地的基层人民法院知识产权审判庭管辖。具体来说，具有一般知识产权民事纠纷案件管辖权的基层人民法院审理中级人民法院指定区域的第一审知识产权行政案件；中级人民法院辖区内没有基层人民法院具有一般知识产权民事纠纷案件管辖权的，可以由最高人民法院指定的基层人民法院统一管辖，也可以由中级人民法院提级管辖本辖区内的知识产权行政案件。此类行政诉讼案件除依法由基层法院管辖的以外，如符合《行政诉讼法》第 15～17 条规定条件的则由更高级别的法院的知识产权审判庭管辖。

此外，根据《最高人民法院关于北京、上海、广州知识产权法院案件管辖的规定》，由北京市、上海市、广东省三地辖区内管理专利工作的部门行政决定引起的行政诉讼由相应的知识产权法院管辖。

（二）商标权行政诉讼管辖

1. 商标授权确权行政诉讼管辖

根据《中华人民共和国行政诉讼法》第15条、《全国人民代表大会常务委员会关于在北京、上海、广州设立知识产权法院的决定》第2条以及《最高人民法院关于北京、上海、广州知识产权法院案件管辖的规定》第5条的规定，以商标评审委员会为被告的商标授权确权行政诉讼目前均由北京市知识产权法院作为第一审法院，北京市高级人民法院作为第二审法院。

2. 由国家商标局行政决定引起的行政诉讼管辖

由国家商标局行政决定引起的行政诉讼其被告为国务院部门，根据《中华人民共和国行政诉讼法》第15条及相关司法解释的规定，此类案件目前均由北京市知识产权法院作为第一审法院，北京市高级人民法院作为第二审法院。

3. 由地方工商行政管理部门关于商标的行政决定引起的行政诉讼

此类行政诉讼被告的情形有两种，即地方工商行政管理部门以及其复议机关本级政府或者上一级工商行政管理部门。此类行政诉讼案件除被告仅为县级以上地方政府的情形外，原则上由被告所在地的基层人民法院知识产权审判庭管辖。此类行政诉讼案件除依法由基层法院管辖的以外，如符合《行政诉讼法》第15～17条规定条件的则由更高级别的法院的知识产权审判庭管辖。

此外，根据《最高人民法院关于北京、上海、广州知识产权法院案件管辖的规定》，由北京市、上海市、广东省三地辖区内工商行政管理部门关于商标的行政决定引起的行政诉讼，一般应由北京市、上海市、广东省内有管辖权的基层人民法院管辖，如果此类商标行政案件的被告仅为北京市、上海市、广州市辖区内县级以上地方人民政府的，则由相应的知识产权法院管辖。

（三）著作权行政诉讼管辖

1. 由国务院著作权行政管理部门行政决定引起的行政诉讼管辖

由国务院著作权行政管理部门行政决定引起的行政诉讼其被告为国务院部门，根据《中华人民共和国行政诉讼法》第15条及相关司法解释的规定，此类案件目前均由北京市知识产权法院作为第一审法院，北京市高级人民法院作为第二审法院。

2. 由地方著作权行政管理部门行政决定引起的行政诉讼

由地方著作权行政管理部门行政决定引起的行政诉讼管辖参照上文关于地方工商行政管理部门商标行政决定引起的行政诉讼的管辖分析，此处不再赘述。

（四）植物新品种行政诉讼

植物新品种授权确权行政诉讼、国务院农、林行政部门关于强制许可的决定以及强制许可使用费的裁决引起的行政诉讼由北京市知识产权法院作为第一审法院，北京市高级人民法院作为第二审法院。

由地方政府农、林行政部门行政决定引起的行政诉讼管辖参照上文关于地方管理专利工作的部门行政决定引起的行政诉讼的管辖分析，此处不再赘述。

（五）集成电路布图设计行政诉讼

集成电路布图设计授权确权行政诉讼，国务院知识产权行政部门关于使用布图设计非自愿许可的决定和相应报酬的裁决、对侵权处理请求的决定和行政处罚决定引起的行政诉讼由北京市知识产权法院作为第一审法院，北京市高级人民法院作为第二审法院。

（六）不正当竞争行政诉讼管辖

不正当竞争行政诉讼管辖参照上文关于地方工商行政管理部门商标行政决定引起的行政诉讼的管辖分析，此处不再赘述。

另外，在本书定稿之际，最高人民法院批复在南京、苏州、武汉、成都四市设立专门审判机构并跨区域管辖部分知识产权案件，❶ 故知识产权行政诉讼案件的管辖问题随着我国知识产权诉讼制度的进一步改革，还会产生一些相应的变化，读者不可拘泥于本书，应随时关注我国知识产权诉

---

❶ 最高人民法院．关于同意南京、苏州、武汉、成都中院内设专门审判机构并跨区域管辖部分知产案件的批复［Z］．2017-01-09．

讼制度改革的新动向。

三、知识产权行政诉讼审理程序概述

根据《中华人民共和国行政诉讼法》（以下简称《行政诉讼法》）的规定，行政诉讼审理程序包括第一审普通程序、简易程序、第二审程序、审判监督程序，下文就各程序作一概括性介绍。关于知识产权行政诉讼第一审普通程序和第二审程序还将在本章第二节和第三节，结合具体案例进行更详细的介绍。

（一）行政诉讼第一审普通程序概述

行政诉讼第一审普通程序是指法院自立案至作出第一审判决的诉讼程序。由于我国实行两审终审原则，故第一审程序是所有行政案件必经的基本程序，是行政判决的基础程序。行政诉讼一审案件应当开庭审理，庭审程序的主要要任务是，通过法庭调查和法庭辩论，审查核实证据，查明案件事实，适用法律、法规，以确认当事人之间的权利义务关系。一般的庭审程序可分为以下几个阶段。

1. 开庭准备和开庭宣布阶段

也称开庭预备阶段，主要任务是核对诉讼参加人和参与人名单、资格和权限，宣布合议庭组成人员和书记员，告知当事人诉讼权利义务，询问当事人是否申请回避等。

2. 法庭调查阶段

法院调查是庭审的重要阶段，此阶段要明确审理对象和争议焦点，围绕行政行为的合法性进行审查。主要任务是通过当事人陈述和证人作证，出示书证、物证和视听资料，宣读现场笔录、鉴定结论和勘验笔录来审查核实证据，查明案件事实，为法庭辩论奠定基础。

3. 法庭辩论阶段

法庭辩论是指在审判人员主持下，当事人各方行使自己辩论权利的诉讼活动。各方当事人就本案事实和证据及被诉行政行为的法律依据，阐明自己的观点和意见，反驳对方的主张，进行言词辩论，并从整体上评价被

诉行政行为或不作为的合法性，重新审视各自的诉讼主张。

法庭辩论结束后，由审判长按照原告、被告、第三人的先后顺序征询各方最后意见。

4. 合议庭评议和宣判阶段

该阶段由全体合议庭成员对案件进行评议，并确定对案件的判决意见。评议结束后，审判长应宣布继续开庭并宣读判决的主要内容。不能当庭宣判的审判长应宣布另定日期宣判。

（二）行政诉讼第一审简易程序概述

行政诉讼第一审简易程序是指法院在审理简单第一审行政案件时，适用的比普通程序相对简化的程序。

（1）适用范围：根据《行政诉讼法》第 82 条的规定，对于被诉行政行为是依法当场作出的或者案件涉及款额 2 000 元以下的或者属于政府信息公开案件的三类案件，法院认为事实清楚、权利义务关系明确、争议不大的，可以适用简易程序。除前述案件以外的第一审行政案件，当事人各方同意适用简易程序的，可以适用简易程序。发回重审、按照审判监督程序再审的案件不适用简易程序。

（2）审判组织形式和审理期限：根据《行政诉讼法》第 83 条的规定，适用简易程序审理的行政案件，由审判员一人独任审理，并应在立案之日起 45 日内审结。

（3）简易程序与普通程序的转换：根据《行政诉讼法》第 84 条的规定，法院在审理过程中，发现案件不宜适用简易程序的，裁定转为普通程序。

（三）行政诉讼第二审程序概述

行政诉讼第二审程序，是指上一级法院依照法律规定，根据当事人对一审法院作出的裁定或判决不服而提起的上诉，对一审法院作出的尚未生效的判决或裁定重新进行审理，并作出裁判的程序。

1. 上诉的提起与受理

当事人不服法院一审判决的，有权在判决书送达之日起 15 日内向上一级法院提起上诉；不服法院一审裁定的，有权在裁定书送达之日起 10 日内向上一级法院提起上诉。

2. 二审的审理

二审法院审理上诉案件，应当组成合议庭。合议庭应当对原审法院的判决、裁定和被诉行政行为进行全面审查，不受上诉范围和上诉内容的限制。二审审理方式可以分为以下两种。

（1）书面审理。根据《行政诉讼法》的规定，二审法院经过阅卷、调查和询问当事人，对没有提出新的事实、证据或理由，合议庭认为不需要开庭审理的，可以不开庭审理。故二审的书面审理一般适用于一审裁判认定事实清楚的上诉案件。

（2）开庭审理。根据《行政诉讼法》的规定，法院对上诉案件，应当组成合议庭，开庭审理。行政诉讼二审开庭审理的程序与一审大致相同，但审查的对象不同。

（四）行政诉讼审判监督程序概述

行政诉讼审判监督程序，是指法院发现已经发生法律效力的判决、裁定违反法律、法规规定，依法对案件再次进行审理的程序，也称再审程序。

1. 审判监督程序的提起

提起审判监督程序必须有法定理由，即提起再审的裁判违反法律、法规的规定，这是提起审判监督程序的实质要件。根据《行政诉讼法》第91～93条的规定，违法的情形主要包括不予立案或者驳回起诉确有错误的；有新的证据，足以推翻原判决、裁定的；原判决、裁定认定事实的主要证据不足、未经质证或者系伪造的；原判决、裁定适用法律、法规确有错误的；违反法律规定的诉讼程序，可能影响公正审判的；原判决、裁定遗漏诉讼请求的；据以作出原判决、裁定的法律文书被撤销或者变更的；审判人员在审理该案件时有贪污受贿、徇私舞弊、枉法裁判行为的。调解违反自愿原则或者调解书内容违法，或者调解书损害国家利益、社会公共利益的。

提起审判监督程序的途径有四种：（1）各级法院院长对本院已经发生法律效力的判决、裁定，发现违反法律、法规规定认为需要再审的，有权提请审判委员会讨论决定是否再审；（2）最高法院对地方各级法院、上级法院对下级法院已经发生法律效力的判决、裁定，发现违反法律、法规规定的，有权提审或指令下级法院再审。（3）除最高检察院可以依法对最高法院的生效判决、裁定提出抗诉外，只能由上级检察院依法对下级法院的生效判决、裁定向同级法院提出抗诉。（4）当事人对已经发生法律效力的判决、裁定，认为确有错误的，可以向上一级法院申请再审，但判决、裁定不停止执行。

2. 再审案件的审理

再审案件的审理程序和裁判效力主要依据案件的原审来确定。发生法律效力的判决、裁定是由第一审法院作出的，再审则按照第一审程序审理，所作的判决、裁定，当事人可以上诉；发生法律效力的判决、裁定是由第二审法院作出的，再审则按照第二审程序审理，所作的判决、裁定是发生法律效力的判决、裁定；上级法院按照审判监督程序提审的，按照第二审程序审理，所作的判决、裁定是发生法律效力的判决、裁定。根据法律规定，凡原审法院审理再审案件，必须另行组成合议庭。

【思考与练习】

1. 试分析商标授权确权行政诉讼中有第三人的案件类型有哪些？

2. 试分析知识产权行政诉讼的管辖与一般行政诉讼的管辖有何不同？

3. 思考知识产权案件适用简易程序审理的条件。

第二节　知识产权行政案件一审普通程序模拟

一、模拟案例背景材料

（一）案件由来*

原告艾米集团公司系一国际知名轮胎制造公司，于 2013 年 12 月 5 日

---

  * 北京市第一中级人民法院. 米其林集团总公司诉中华人民共和国国家工商行政管理总局商标评审委员会行政判决书［EB/OL］. http：//openlaw.cn/judgement/29fde91d8b4f4448b822ae0f10e 11305，2012-07-20/2016-11-20.

向国家工商行政管理总局商标局申请商标注册，申请商标为第 12861579 号"途顺"商标，指定使用的商品为第 12 类车辆充气轮胎、车轮内胎、翻新轮胎用胎面、履带式车辆用履带。2014 年 11 月 6 日，商标局向其发出《商标驳回通知书》，驳回理由是申请商标"途顺"与江苏驰骋汽车有限公司在 2013 年 10 月 23 日在先申请的类似商品上的商标相同或近似，依照《商标法》第 31 条的规定，决定驳回申请商标的注册申请。

2014 年 12 月 4 日，艾米公司向国家工商行政管理总局商标评审委员会提出驳回商标注册申请复审申请，其主要理由为：申请商标与引证商标未构成近似商标。商标评审委员会于 2015 年 5 月 20 日针对艾米公司就第 12861579 号"途顺"商标提出的驳回复审申请作出被诉决定即商评字（2015）第 39604 号《关于第 12861579 号"途顺"商标驳回复审决定书》。该决定认定：申请商标"途顺"与第 11806175 号"顺途"商标（简称引证商标）文字构成相同，仅文字排列顺序不同，两商标已构成近似商标。申请商标指定使用的车轮内胎、履带式车辆用履带等商品与引证商标核定使用的汽车、轮胎（运载工具用）等商品属于类似商品，两商标共同使用在上述类似商品上，易使消费者对商品来源产生混淆误认，已构成《中华人民共和国商标法》第 30 条所指的使用在同一种或类似商品上的近似商标。依照《商标法》第 30 条和第 34 条的规定，商标评审委员会决定：申请商标在复审商品上的注册申请予以驳回。

原告艾米公司因商标申请驳回复审行政纠纷一案，不服被告商标评审委员会商评字（2015）第 39604 号决定（以下简称被诉决定），于法定期限内向法院提起行政诉讼。法院于 2015 年 10 月 9 日受理本案后，依法组成合议庭，于 2015 年 11 月 11 日公开开庭进行审理。

（二）双方当事人主要观点

原告艾米公司诉称：（1）申请商标与引证商标存在一定区别，准予注册不会造成混淆误认。从整体视觉效果看，申请商标与引证商标虽然均由"途"和"顺"两个字组成，但排列顺序完全相反，按照通常从左向右顺序的阅读习惯，二者呼叫读音完全不同，不构成近似商标。从指定商品看，第一，在实际使用过程中，申请商标会与"AIMI 及地球图形"、对应英文商标"GOODTRIP"一起使用在轮胎标贴面的胎壁，引证商标所有人江苏驰骋汽车有限公司的产品主要为客车、卡车、专用车等，引证商标一般作为驰骋、奔腾的子品牌进行使用。第二，申请商标指定使用的商品不属于终端消费品，与引证商标核定使用的客车等商品在消费对象、购买渠道等方面明显不同，不构成类似商品。因此，相关公众在实际购买时不会产生混淆误认。（2）原告目前正与引证商标所有人洽谈商标共存事宜，故应对共存协议予以尊重。因此，原告请求法院依法撤销被告作出的被诉决定，并责令被告重新作出决定。

被告商标评审委员会辩称：申请商标指定使用的商品与引证商标核定使用的商品构成类似商品，两商标亦构成近似商标。因此被诉决定认定事实清楚，适用法律正确，审查程序合法，请求人民法院依法维持被诉决定。

（三）双方当事人提交的证据材料

（1）被告提供的证据如下。

①申请商标的商标档案及商标图样（申请商标为第 12861579 号"途顺"商标，申请日为 2013 年 12 月 5 日，申请人为艾米集团总公司，指定使用的商品为第 12 类车辆充气轮胎、车轮内胎、翻新轮胎用胎面、履带式车辆用履带）；

②引证商标的商标档案及商标图样（引证商标为第 11806175 号"顺途"商标，申请日为 2013 年 10 月 23 日，2015 年 3 月 8 日核准注册，专用权人为江苏驰骋汽车有限公司，核定使用在第 12 类陆、空、水或铁路用机动车运载工具、小型机动车、汽车、陆地车辆引擎、自行车、缆车、手推车、轮胎（运载工具用）、空中运载工具、船商品上）；

③商标局的商标驳回通知书；

④原告在评审程序中提交的驳回商标复审申请书；

⑤原告委托律师代为办理复审事宜的相关委托手续；

⑥商标评审委员会的案件的受理通知书及送达回证；

⑦商标评审委员会的行政机关立案呈批表;

⑧商标评审委员会的案件讨论笔录;

⑨商标评审委员会的复审决定书及送达回证。

(2)原告提交的证据如下。

①商评字(2015)第 39604 号决定。

②商标局的商标驳回通知书。

二、一审普通程序庭审前的准备

(一)原告方庭审前的准备

原告方庭审前的准备工作主要在于整理、制作并向法庭提供起诉材料,起诉材料具体包括以下几下几项。

1. 原告主体身份证明材料

原告系自然人的,应提交身份证复印件;原告为法人或其他组织的,应提交企业法人营业执照、社团法人证书、组织机构代码证、法定代表人身份证明书等能够证明原告主体身份的相关材料的复印件并在复印件上加盖单位公章。

2. 诉讼代理人证明文书

根据《中华人民共和国行政诉讼法》第 31 条的规定当事人、法定代理人,可以委托 1~2 人作为诉讼代理人。接受委托代为诉讼的诉讼代理人,应向法庭提交授权委托书,授权委托书应明确记载委托人和受托人身份、委托事项和委托权限。诉讼代理人是本单位员工的,应将工作证、身份证复印件作为授权委托书的附件一并提交;诉讼代理人是律师的,应将所在律师事务所出具的律师出庭函作为授权委托书的附件一并提交。

3. 行政起诉状

原告方在庭审前最核心的准备工作是行政起诉状的书写。行政起诉状,即公民、法人或者其他组织不服行政机关和法律、法规、规章授权的组织所作的行政行为,而向人民法院提起诉讼,请求人民法院对该行政行为是否合法进行审查并作出裁决,用以保护当事人合法权益的行政诉讼文书。根据《中华人民共和国行政诉讼法》第 50 条的规定，行政起诉原则上采取书面主义，即起诉人除书写起诉状确有困难的，可以口头起诉外，须递交行政起诉状，并按照被告人数提出副本。根据立案登记制，人民法院在接到起诉状时对符合《中华人民共和国行政诉讼法》第 49 条等规定的起诉条件的，应当登记立案。故起诉状必须具备法定的基本要素和要求，能初步证明符合《中华人民共和国行政诉讼法》第 49 条等规定的起诉条件。

4. 证据清单

鉴于行政诉讼一审审查的对象是行政行为的合法性，根据《中华人民共和国行政诉讼法》第 34 条的规定，被告对作出的行政行为负有举证责任。故原告虽可以提供证明行政行为违法的证据，但并非原告的举证义务，也不承担相应的败诉责任。实践中，原告提交证明行政行为违法的证据的，可以制作证据清单并附证据后作为起诉状的附件。

以上起诉材料中相关法律文书的制作方法，以及结合本节模拟案例制作的实例参见本章第四节。

（二）被告方庭审前的准备

根据《中华人民共和国行政诉讼法》第 67 条的规定，被告应当在收到起诉状副本之日起 15 日内向人民法院提交作出行政行为的证据和所依据的规范性文件，并提出答辩状。故被告方在接到起诉状副本后，应当在答辩期内向法院提交以下材料。

（1）被告主体身份证明材料（同原告方）。

（2）诉讼代理人证明文书（同原告方）。

（3）行政诉讼答辩状。行政诉讼答辩状是行政诉讼中的被告（或被上诉人）针对原告（或上诉人）在行政起诉状（或上诉状）中提出的诉讼请求、事实与理由，向人民法院作出的书面答复。

（4）证据清单。根据《中华人民共和国行政诉讼法》第 34 条和第 67 条的规定，被告对作出的行政行为负有举证责任。由于行政诉讼主要的举证责任在于被告，因此关于证据清单的制作对被告尤为重要。

以上应诉材料中相关法律文书的制作方法，以及结合本节模拟案例制作的实例参见本章第四节。

（三）合议庭庭审前的准备

根据《行政诉讼法》的规定，法院在受理一审行政案件后原则上应当由审判员或审判员、陪审员组成合议庭，合议庭成员应是 3 人以上的单数。合议庭组成后至开庭前，主要进行下列准备工作：（1）向被告和原告发送有关文书。法院应在立案之日起 5 日内，将起诉状副本和应诉通知书发送被告，通知被告应诉。并应在收到被告答辩状之日起 5 日内，将答辩状副本发送原告。（2）审查诉讼文书和调查搜集证据，即通过对原、被告提供的起诉状、答辩状和各种证据的审查，法院可以全面了解案情，明确案件的争议点。如发现当事人材料或证据不全，应通知其补充。对当事人不能搜集的材料和证据，法院可根据需要主动调查搜集。（3）审查和决定其他事项，包括更换和追加当事人；决定或通知第三人参加诉讼；决定诉的合并与分离；确定审理的形式、开庭审理的时间、地点等。

三、一审普通程序庭审流程

下文将结合本节模拟案例来说明知识产权案件行政诉讼一审普通程序的庭审流程。因一审普通程序的庭审流程包括开庭准备和开庭宣布、法庭调查、法庭辩论、当事人最后陈述、休庭合议及宣判五大阶段。故具体说明的方式是首先说明每一阶段的开庭流程及注意事项，然后以模拟案例的审理为例说明该阶段如何具体进行。

（一）开庭准备和开庭宣布

1. 流程说明及注意事项

（1）书记员的庭前准备工作。

①请诉讼参加人入庭就坐，检查诉讼参加人出庭情况。

②核对诉讼参加人的身份。如有证人、鉴定人、勘验人、检查人、专家出庭的，核对其身份后请其退席，等候传唤。

③核实《当事人诉讼权利义务告知书》《举证通知书》《告知审判庭组

成人员通知书》和开庭《传票》及《通知书》以及诉状等诉讼材料的收悉情况。

④公开开庭的，应检查参加旁听人员是否适合，是否有现场采访的记者，确认其是否办理审批手续。

（2）书记员宣布法庭规则和法庭纪律。

法庭规则和法庭纪律的具体内容以《中华人民共和国法庭规则》的有关规定为准。

（3）书记员主持法官入庭和报告庭审前准备情况。

（4）审判长宣布开庭及核对、确认诉讼参加人的身份。依次核对原告、被告的身份，如有第三人的，说明第三人出庭的法律依据并一并核对。并询问当事人对对方当事人及诉讼代理人的出庭资格有无异议，如有异议，合议庭应对异议的理由进行审查并休庭合议后，口头裁定（记入笔录）。如因异议成立，当事人的出庭资格受影响，而不能使庭审继续的，另作出延期审理的决定。开庭宣布也可在核对确认诉讼参加人的身份之后，或在宣布法庭调查之前。

（5）审判长宣告案名、案件由来、审理程序和方式并介绍合议庭组成人员和书记员。如有追加当事人、延长审限、召开预审庭等情形的，应一并予以说明。系再审案件、合并审理案件的，亦应说明。如不公开开庭审理的，应说明理由。

（6）告知诉讼权利义务，并征询申请回避意见。

庭前已经将《诉讼权利义务告知书》《举证通知书》等送达各方当事人的，为节约庭审时间，可不再宣读诉讼权利义务的内容，审判长询问各方当事人是否知悉自己在诉讼中的权利义务即可。在当事人确认知悉后，审判长逐一询问各方当事人是否申请合议庭成员和书记员回避，如有申请回避的，应查明申请回避的事实和理由，休庭后按《行政诉讼法》第55条的规定进行处理。

（7）宣告庭审的阶段。庭审活动分为：法庭调查、法庭辩论、当事人最后陈述和休庭评议后进行宣判。

2. 参考实例

下文就以上开庭准备和开庭宣布的流程，结合模拟案例的审理说明该阶段如何具体进行。

书记员：请诉讼参加人入庭就坐。

…………

书记员：现在宣布法庭规则和法庭纪律。

诉讼参加人应当遵守法庭规则，不得喧哗、吵闹，发言、陈述和辩论，应当经审判长许可。

旁听人员必须遵守下列纪律：

（1）不得对庭审活动进行录音、录像、拍照或使用移动通信工具等传播庭审活动；

（2）不得随意走动和进入审判活动区；

（3）不得发言和提问；

（4）不得鼓掌、喧哗、哄闹和实施其他妨害法庭秩序的行为；

（5）进入法庭必须关闭移动通信工具，不得拨打和接听电话。

媒体记者经许可实施对庭审活动进行录音、录像、拍照或使用移动通信工具等传播庭审活动的行为，应当在指定的时间及区域进行，不得影响或干扰庭审活动。

对于违反法庭规则和法庭纪律的人，审判长可以口头警告、训诫，也可以没收录音录像和摄影器材、责令退出法庭或经院长批准予以罚款、拘留。对哄闹、冲击法庭，侮辱、诽谤、威胁、殴打审判人员等严重扰乱法庭秩序的人，依法追究刑事责任，情节较轻的予以罚款、拘留。

书记员：全体起立，请审判长、审判员、人民陪审员入庭。

…………

审判长：请坐下

书记员（站立，面向审判长）：

书记员：报告审判长，原告艾米集团总公司诉被告国家工商行政管理总局商标评审委员会商标申请驳回复审行政纠纷一案法庭准备工作就绪，可以开庭。

审判长：（敲击法槌）现在开庭！

审判长：首先核对双方当事人身份。

审判长：原告方艾米集团总公司的法定代表人弗某某·某某是否出庭？

原告代理人：未出庭。

审判长：请原告代理人代为陈述原告方的基本情况，以及原告代理人的姓名、工作单位和代理权限。

原告代理人：原告方艾米集团总公司，住所地法兰西共和国巴黎，马塞大街 N 号。

法定代表人弗某某·某某，职务董事局主席。原告委托代理人耿某，北京市一鸣律师事务所律师。原告委托代理人姚某，北京市一鸣律师事务所律师。原告代理人的代理权限均为特殊代理，详见委托书。

审判长：被告方中华人民共和国国家工商行政管理总局商标评审委员会法定代表人何某某是否出庭？

被告代理人：未出庭。

审判长：请被告代理人代为陈述被告方的基本情况，以及被告代理人的姓名、工作单位和代理权限。

被告代理人：被告方中华人民共和国国家工商行政管理总局商标评审委员会，住所地中华人民共和国北京市西城区茶马南街 1 号。法定代表人何某某，职务主任。被告委托代理人章某，为商标评审委员会审查员，代理权限是一般代理。

审判长：原告对被告及诉讼代理人出庭应诉的资格是否有异议？如有异议，请说明理由。

原告代理人：没有（有，说明理由）。

审判长：被告对原告及诉讼代理人出庭应诉的资格是否有异议？如有

229

异议，请说明理由。

被告代理人：没有（有，说明理由）。

审判长：经法庭当庭核对确认，上述诉讼代理人的身份与代理权限，均与庭前在本院办理的手续一致。诉讼各方对到庭的诉讼参加人及诉讼代理人参加本案诉讼没有异议。上述诉讼参加人及诉讼代理人的出庭资格有效，准予参加本案的庭审活动。（审判长敲击法槌）

审判长：根据《中华人民共和国行政诉讼法》第54条规定，某某人民法院行政审判庭今天公开审理原告艾米集团总公司诉被告国家工商行政管理总局商标评审委员会商标申请驳回复审行政纠纷一案。原告艾米集团总公司因不服被告国家工商行政管理总局商标评审委员会于2015年5月20日作出的商评字（2015）第39604号《关于第12861579号"途顺"商标驳回复审决定书》，于法定期限内向本院提起行政诉讼。本院于2015年10月9日决定受理本案。本院受理本案后，依法组成合议庭。现依照《中华人民共和国行政诉讼法》的规定，本庭依照第一审程序，公开开庭审理本案。根据《中华人民共和国行政诉讼法》第68条规定，审理本案的合议庭由本院行政审判庭审判员刘某（就是我）、与审判员黄某、人民陪审员孙某某组成，由我担任审判长并兼任本案的主审法官，由法官助理张某、书记员王某某担任法庭记录。

审判长：《中华人民共和国行政诉讼法》第8条规定，当事人在行政诉讼中的法律地位平等。本院在受理本案后，依法向原告艾米公司发送了受理案件通知书，权利义务告知书，及举证须知，向被告商标评审委员会发送了应诉通知书，起诉状副本、权利义务告知书，及举证须知，上述诉讼文件已经载明了行政诉讼当事人在行政诉讼过程所享有的诉讼权利和应履行的诉讼义务。对此，原告是否明确？

原告代理人：明确。

审判长：被告是否明确？

被告代理人：明确。

审判长：依照《中华人民共和国行政诉讼法》第55条的规定，当事人对合议庭组成人员、书记员有申请回避的权利。如果你们认为审理本案的合议庭成员、书记员等与本案有利害关系或其他关系，可能影响本案的公正审理的，可以申请上述人员回避，不参加本案的审理活动。原告是否申请回避？

原告代理人：不申请。

审判长：被告是否申请回避？

被告代理人：不申请。

审判长：法庭审理的程序包括法庭调查、法庭辩论、当事人最后陈述和休庭评议后进行宣判。各方当事人应当正确行使诉讼权利，切实履行诉讼义务，遵守法庭规则，服从法庭指挥，确保庭审活动的顺利进行。在审理过程中，诉讼参与人发言要经过法庭的允许、在陈述案件事实、发表质证意见、辩论意见时，语言要文明，不得使用侮辱性语言攻击对方。当事人各方是否听清？

原告代理人：听清。

被告代理人：听清。

（二）法庭调查

1. 流程说明及注意事项

（1）宣布法庭调查，陈述行政争议。

根据《中华人民共和国行政诉讼法》第6条的规定，人民法院审理行政案件，对被诉的行政行为是否合法进行审查，故可先由被告宣读或说明本案被诉行政行为的主要内容，也可由法庭宣读或说明，即陈述行政争议。

（2）当事人陈述。

依次为原告宣读起诉状或简要陈述诉讼请求及所依据的事实和理由；被告宣读答辩状或简要陈述诉讼主张及所依据的事实和理由，本案被诉行政行为还未宣读或说明的，主持人可以要求被告先宣读和说明，然后再答辩；第三人宣读答辩状或简要陈述诉讼主张及所依据的事实和理由。实践中，宣读诉状确无实际必要的，可以省略"宣读诉状"这一环节。

在当事人宣读诉状的基础上，法庭可以根据案件需要组织当事人进行补充陈述。并引导当事人针对对方当事人的陈述，补充陈述相应的事实和理由。法庭亦可根据案件的需要有针对性地向当事人发问，以厘清案情、明确无争议的事实和讼争焦点。对法庭的发问，当事人应如实进行答问陈述；同时，针对当事人的答问陈述，法庭应征询对方当事人的意见。

（3）归纳小结——审理对象及争议焦点的揭示阶段。

包括法庭归纳当事人没有争议的事实；归纳诉讼争议的焦点；归纳证据交换或者举证的情况。在庭审归纳小结的基础上，经合议庭事先评议或者当庭评议确定法庭进一步调查的范围。法庭确定调查的范围时无须征询当事人的意见。法庭调查的范围不以当事人诉讼争议的内容为限；但二者不一致的，法庭应予以释明。法庭调查的范围确定后，应当针对法庭调查范围内的事项逐一、有序地展开调查，当事人当庭举证、质证应当围绕法庭确定的范围进行。

（4）合法性审查阶段——举证、质证和认证。

这一阶段是庭审的重心。根据行政诉讼法的规定，行政诉讼是审查行政行为的合法性，故法庭一般要依次进行六项事项的审查：①权限审查，也就是审查被诉的行政行为是否超越法定权限；②事实审查，即审查被诉的行政行为是否有充足的事实根据，证据是否确凿；③法律适用审查，即审查被诉的行政行为是否适用法律正确；④程序审查，即审查被诉的行政行为是否符合法定的程序，简单的程序也可以在事实、法律审查中同时进行。双方对程序争议较大的，可单独进行；⑤目的审查，即审查被诉的行政行为是否有滥用职权的情况存在。⑥行政行为有无明显不当的审查。但以上事项当事人无争议的可由法庭评议后直接认定，无须再进行举证、质证。在上述每一项审查过程中，一般先由行政机关举证，其后由原告和第三人质证，然后进行交叉举证、质证，最后由法官进行认证或认定。

对于不作为案件，审查的内容和方式则有所不同。审查的内容主要有四项：第一，原告是否提出了一个合法的申请和要求；第二，被告有无相应的法定职责或职权；第三，原告是否具备申请的法定条件；第四，被告有没有不履行或拖延履行法定职责的状况，包括有无正当理由和法定阻却事由。在进行每一项审查的时候，一般应当先由原告举证，其后由被告和第三人质证，然后进行交叉质证和辩论，最后由法官进行认证或认定。

关于举证、质证的注意事项。关于举证，法庭应当引导举证当事人根据具体调查事项，有针对性地提供证据材料，并说明要证明的对象和内容。关于质证，当庭质证一般以"一举一质"或"类举类质"的方式进行。法庭应当引导当事人围绕证据的真实性、关联性、合法性，针对证据证明力有无以及证明力大小，进行辨认与辩驳。质证时，法庭应当引导质证当事人首先作出是否认可的意思表示。如不认可，应提出具体的理由，并组织当事人展开质辩。在质证中，质证当事人提出相应的反证的，法庭应当当庭组织举证和质证。如有证人出庭作证的，遵循传唤—证人保证—证人作证—举证当事人向证人发问—证人答问 质证当事人向证人发问—证人答问—法庭根据需要发问—证人退庭—对证人证言举证质证。鉴定人、勘验检查人、专家出庭作证的具体程序，除出具保证外参照证人出庭作证的程序执行。

关于认证的注意事项。证据经当庭举证、质证后，合议庭当庭评议或者暂时休庭评议，对证据进行审查核实并作出认证结论。能够当庭宣布认证结论的，即当庭宣布；不能当庭宣布的，在下次开庭时或者宣判时宣布。认证结论的表述主要有两种方式，确认证据足予采信的，认证结论为：经合议庭评议确认，……（证据名称）内容真实，形式合法，可以作为认定……（案件事实）的根据。确认证据不予采信的，认证结论为：经合议庭评议确认，……（证据名称），因……（不予采信的理由），故不能作为本案认定事实的根据，不予采信。不予采信的理由包括：①证据缺乏真实性、合法性或关联性，以致没有证明效力，故不能作为认定事实的根据；②该证据虽然有证明效力，但与其他证据相冲突，经比较证明力大小而不予采信，故不能作为认定事实的根据。

此外，法庭根据案件审理的需要，可以给当事人相互发问的机会，并指示被问当事人答问。知识产权行政案件的法庭辩论也可在庭审调查阶段就一并进行，即质辩合一模式。因此有些观点、在庭审调查阶段就可以发表，而不必非等到辩论阶段。法庭亦可视情况向当事人发问。当事人对发问有异议的，可向法庭提出。异议是否成立，由合议庭评议确定。

（5）宣布法庭调查结束。

经确认各方当事人没有新的证据提供和其他事实需要调查后，即宣布法庭调查结束。

2. 参考实例

下文就以上法庭调查的流程，结合模拟案例的审理说明该阶段如何具体进行。

审判长：现在进行法庭调查。依照《中华人民共和国行政诉讼法》第6条的规定，人民法院审理行政案件，对被诉的行政行为是否合法进行审查，根据原告艾米公司庭前向本院提交的起诉状，原告诉请本院审查的行政行为是被告商标评审委员会于2015年5月20日针对艾米公司就第12861579号"途顺"商标提出的驳回复审申请作出的被诉决定即商评字（2015）第39604号《关于第12861579号"途顺"商标驳回复审决定书》。下面由被告说明该第39604号决定书的具体内容。

被告代理人：商评字（2015）第39604号决定书主要内容如下：申请商标"途顺"与第11806175号"顺途"商标即引证商标文字构成相同，仅文字排列顺序不同，两商标已构成近似商标。申请商标指定使用的车轮内胎、履带式车辆用履带等商品与引证商标核定使用的汽车、轮胎（运载工具用）等商品属于类似商品，两商标共同使用在上述类似商品上，易使消费者对商品来源产生混淆误认，已构成《中华人民共和国商标法》第30条所指的使用在同一种或类似商品上的近似商标。依照《商标法》第30条和第34条的规定，商标评审委员会决定：申请商标在复审商品上的注册申请予以驳回。完毕。

审判长：原告，你起诉的行政行为是否即被告前述内容？

原告代理人：是的。

审判长：现在由各方当事人陈述诉讼主张。先由原告艾米公司陈述诉讼请求并陈述主要的事实和理由。

原告代理人：诉讼请求有两点：一、原告请求法院依法撤销被告作出的商评字（2015）第 39604 号被诉决定，并责令被告重新作出决定。二、判令被告承担本案的诉讼费用。事实与理由如下：一、申请商标与引证商标存在一定区别，准予注册不会造成混淆误认。从整体视觉效果看，申请商标与引证商标虽然均由"途"和"顺"两个字组成，但排列顺序完全相反，按照通常从左向右顺序的阅读习惯，二者呼叫读音完全不同，不构成近似商标。从指定商品看，第一，在实际使用过程中，申请商标会与"AIMI 及地球图形"、对应英文商标"GOODTRIP"一起使用在轮胎标贴面的胎壁，引证商标所有人江苏驰骋汽车有限公司的产品主要为客车、卡车、专用车等，引证商标一般作为驰骋、奔腾的子品牌进行使用。第二，申请商标指定使用的商品不属于终端消费品，与引证商标核定使用的客车等商品在消费对象、购买渠道等方面明显不同，不构成类似商品。因此，相关公众在实际购买时不会产生混淆误认。二、原告目前正与引证商标所有人洽谈商标共存事宜，故应对共存协议予以尊重。因此，原告请求法院依法撤销被告作出的被诉决定，并责令被告重新作出决定。完毕。

审判长：被告，针对原告的诉讼请求以及事实和理由简要陈述你方的答辩意见。

被告代理人：就原告艾米集团总公司诉请贵院撤销商评字（2015）第 39604 号决定一案，现就原告诉讼请求及理由，依法提出如下答辩意见：申请商标指定使用的商品与引证商标核定使用的商品构成类似商品，两商标亦构成近似商标。因此被诉决定认定事实清楚，适用法律正确，审查程序合法，请求人民法院依法维持被诉决定，驳回原告艾米集团总公司的诉讼请求。完毕。

审判长：原告代理人是否有新观点要补充？

原告代理人：没有。

审判长：被告代理人是否有新观点要补充？

被告代理人：没有。

审判长：根据上述原告陈述的诉讼理由及被告陈述的答辩意见，合议庭归纳如下：当事人没有争议的事实如下：被告依法享有作出被诉行政决定的职权；申请商标与引证商标均由"途"和"顺"两个字组成；引证商标的申请日在申请商标之前。以上事实，各方当事人陈述一致或均予认可，足以认定。以上经法庭认定的事实，无须当事人举证、质证。根据双方当事人的诉辩主张，本案的争议焦点问题为申请商标的注册申请是否属于《中华人民共和国商标法》第30条规定之情形。各方当事人对本庭归纳的争议焦点有无异议和补充？

原告代理人：没有补充。

被告代理人：没有补充。

审判长：根据《中华人民共和国行政诉讼法》的规定，行政诉讼是审查行政行为的合法性，故一般要依次对行政行为的权限、认定事实、适用法律、程序以及有无滥用行政权和行政行为有无明显不当进行审查。但以上事项当事人无争议的可由法庭评议后直接认定，无需再进行举证质证。故经合议庭评议确定法庭进一步调查的范围如下：被告所作的商评字（2015）第39604号决定是否遵循法定程序作出；认定事实及适用法律方面有无错误，申请商标的注册申请是否属于《商标法》第30条规定之情形。那么各方当事人应当围绕上述法庭确定的调查范围提出证据和发表质证意见。

审判长：首先合议庭根据本诉的性质及《中华人民共和国行政诉讼法》《最高人民法院关于行政诉讼证据若干问题的规定》说明本案举证责任的分担，及举证、质证应当注意的事项。依照《中华人民共和国行政诉讼法》第34条、第67条，《最高人民法院关于行政诉讼证据若干问题的规定》第1条的规定，本案的被告对其作出的商评字（2015）第39604号决定是否合法负有举证责任，应向法庭提供被诉行政行为的全部证据及依据。如果不提供或者无正当理由逾期提供证据的视为被诉行政行为没有相应的证据。依照《最高人民法院关于行政诉讼证据若干问题的规定》第6条的规定，本案原告可以提供证明被诉行政行为违法的证据，如原告提供的证据不成立，不免除被告对被诉行政行为合法的举证责任。依照《最高人民法院关于行政诉讼证据若干问题的规定》第35条、第39条的规定，证据应该在法庭上出示，并经庭审质证，未经庭审质证的证据不能作为定案的依据。当事人应当围绕证据的关联性、合法性和真实性，针对证据有无证明力，以及证明效力的大小进行质证，并发表辩论意见，经法庭准许，当事人及其诉讼代理人，可以就证据问题进行发问，发问的内容，应当与案件事实内容有关联，不得采取引诱、威胁、侮辱等语言方式。庭前本案的流程机构，已经组织原告、被告交换了各自提交的证据材料，故举证时，当事人应按照在庭前向本院提交的证据清单所罗列的序号说明其提交的证据的名称、来源、证明对象和内容。

审判长：下面首先就被诉行政行为是否符合法定程序进行审查。行政行为必须按照法定的步骤、方法、顺序、时限进行，以保证程序合法。现由被告举证证明其作出的被诉行政行为符合法定程序。

被告代理人：被告方就被诉的行政行为符合法定程序出示7份证据，分别为：商标局的商标驳回通知书、原告在评审程序中提交的驳回商标复审申请书、原告委托律师代为办理复审事宜的相关委托手续、商标评审委员会的案件的受理通知书及送达回证、商标评审委员会的行政机关立案呈批表、商标评审委员会的案件讨论笔录、商标评审委员会的复审决定书及送达回证。以上证据足以证明被诉行政决定遵循了立案、调查、告知、讨论、决定、送达等法定程序，因此被诉行政行为程序合法。完毕。

审判长：请法警把证据递交原告进行质证。

审判长：原告对被告作出的行政行为的程序有何意见，请说明理由、依据。

原告代理人：对被告的行政行为的程序不持异议。

审判长：现在对被诉行政行为认定事实的证据是否确凿、充分进行审查。由被告向法庭提交被诉行政行为认定事实方面所依据的证据。

被告代理人：被告方出示两份证据，证据一申请商标的商标档案及附图、证据二引证商标的商标档案及附图，证明对象是被诉行政决定，证明内容是被诉行政决定认定事实清楚，申请商标与引用商标属于类似商标，且使用在类似商品上。完毕。

审判长：请法警把证据递交原告进行质证。

原告代理人：原告对上述证据的真实性、合法性不持异议，但对其关联性有异议。我方认为这些证据不足以证明我方申请商标的注册申请属于《商标法》第30条规定的同他人在同一种商品或者类似商品上已经注册的或者初步审定的商标相同或者近似的情形。申请商标与引证商标存在一定区别，且申请商标指定使用的商品不属于终端消费品，与引证商标核定使用的客车等商品在消费对象、购买渠道等方面明显不同，不构成类似商品。因此，相关公众在实际购买时不会产生混淆误认。另外，我们正在与引证商标权利人即江苏驰骋汽车有限公司磋商达成共存协议。完毕。

审判长：被告对原告的质证意见有无反驳意见？

被告代理人：有两点反驳意见。第一，原告提出"申请商标与引证商标存在一定区别"，这种表述仅仅说明了申请商标与引证商标不完全相同，但并不排除两者为近似商标。第二，原告提出"申请商标使用的商品不是终端消费品，与引证商标核定使用的客车等商品在消费对象、购买渠道等方面明显不同"故不构成类似商品理由不成立，我们刚才出示的两份证据已经明确显示：申请商标使用的商品为第12类车辆充气轮胎、车轮内胎、翻新轮胎用胎面、履带式车辆用履带；引证商标使用的商品为第12类陆、空、水或铁路用机动车运载工具、小型机动车、汽车、陆地车辆引擎、自行车、缆车、手推车、轮胎（运载工具用）、空中运载工具、船商品上。

这里申请商标使用的商品"车辆充气轮胎"就属于终端消费品，与引证商标使用的"运载工具用轮胎"在消费对象、购买渠道是完全一致的。其他商品也有一定的相关性，属于公众一般认为其存在特定联系、容易造成混淆的商品，属类似商品。完毕。

审判长：原告，根据《最高人民法院关于行政诉讼证据若干问题的规定》，你方享有向法庭提交证据证明被诉行为违法的权利，你是否有证据提交？如有，请举示反驳的证据。

原告代理人：我方没有证据提交。

审判长：原被告双方是否需要相互发问？

原告代理人：不需要。

被告代理人：不需要。

审判长：那下面合议庭发问，原告，你方与引证商标权利人即江苏驰骋汽车有限公司磋商是否已经达成共存协议？

原告代理人：现在尚未达成共存协议。

审判长：原告，就你申请注册的商标，你们有无已经实际使用？

原告代理人：没有。

审判长：下面对作出行政行为所适用的法律依据进行审查，审查所适用的法律规范是否正确。

审判长：由被告举示作出行政行为所适用的法律依据，说明具体条、款、项、目和适用的理由。

被告代理人：我们作出被诉行政决定适用的法律是《商标法》第30条的规定："申请注册的商标，凡不符合本法有关规定或者同他人在同一种商品或者类似商品上已经注册的或者初步审定的商标相同或者近似的，由商标局驳回申请，不予公告。"完毕。

审判长：原告对此法律依据及适用发表意见。

原告代理人：我们认为被告适用该法律是错误的，因为我们申请注册的商标并没有与他人在同一种商品或者类似商品上已经注册的或者初步审定的商标相同或者近似的，所以不应该适用该法律条款，被告作出的行政决定属于适用法律错误的情形。完毕。

审判长：请被告辩解。

被告代理人：我们刚才在前一个举证环节已经证明了申请商标指定使用的商品与引证商标核定使用的商品构成类似商品，两商标亦构成近似商标。因此被诉决定适用法律正确。

审判长：请原告辩驳。

原告代理人：我们坚持刚才的意见。

审判长：原告还有质证意见吗？

原告代理人：没有了。

审判长：双方当事人是否还有其他事实需要调查或者有其他证据需要出示？

原告代理人：没有了。

被告代理人：没有了。

审判长：经评议对各方当事人提交的证据进行如下认证：对被告向本院提交的证据：商标局的商标驳回通知书、原告在评审程序中提交的驳回商标复审申请书、原告委托律师代为办理复审事宜的相关委托手续、商标评审委员会的案件的受理通知书及送达回证、商标评审委员会的行政机关立案呈批表、商标评审委员会的案件讨论笔录、商标评审委员会的复审决定书及送达回证，上述证据来源合法真实，予以认证。对于被告向本院提交的申请商标的商标档案及附图、引证商标的商标档案及附图，上述证据来源合法真实，予以认证。

审判长：结合以上经法庭认证的证据和原被告双方的陈述和举证质证意见，合议庭总结本案无争议的事实如下：双方被诉行政决定的作出程序均不持异议；申请商标没有使用，原告与引证商标权利人尚未达成共存协议。上述事实合议庭经审查予以确认。合议庭归纳本案争议焦点问题为申请商标的注册申请是否属于《商标法》第30条规定之情形。双方当事人对本庭所归纳的争议焦点有无意见？是否需要补充？

原告代理人：没有意见，不需要补充。

被告代理人：没有意见，不需要补充。

审判长：法庭调查结束。

（三）法庭辩论

1. 流程说明及注意事项

（1）宣布法庭辩论。

法庭可以确定辩论的范围，并强调法庭辩论规则。在法庭辩论中，审判人员始终处于指挥者和组织者的地位，应引导当事人围绕争议焦点进行辩论，同时，审判人员应为各方当事人及其诉讼代理人提供平等的辩论机会，保障并便利他们充分行使辩论权。

在法庭辩论中各方诉讼代理人的意见主要体现为其代理词，行政诉讼代理词是指行政诉讼代理人以被代理人的名义，在被代理人授权范围内参加行政诉讼，为维护被代理人的合法权益，在法庭辩论阶段所发表的有关对案件的观点和意见的非正式文书。相对于其他诉讼文书，代理词的写法比较灵活，并没有统一的格式，但通常情况下仍然是由首部、正文和尾部三部分组成。代理人可以在开庭审理前就已形成初步的代理意见，在庭审过程中可以根据具体情况调整，在法庭辩论阶段正式形成并发表。代理词的具体制作方法及本案代理词实例参见本章第四节。

法庭辩论分为对等辩论和互相辩论。法庭认为不需要明确划分对等辩论和互相辩论阶段的，也可以灵活掌握。

（2）对等辩论。

原告、被告、第三人依次进行辩论发言，辩论发言一般不宜重复诉状的内容，法庭根据需要可限定各方当事人辩论发言的时间。一轮辩论结束，法庭可根据实际情况决定是否进行下一轮辩论，如进行下一轮辩论的，应强调发言的内容不宜重复。

（3）互相辩论。

在互相辩论中，当事人要求辩论发言的，可以向法庭举手示意。经法庭许可，方能发言。当事人不得未经许可而进行自由、无序的辩论发言。

（4）法庭调查阶段的回转。

在辩论中发现有关案件事实需要进行调查，或者需要对有关证据进行审查的，应当宣布中止法庭辩论，恢复法庭调查。法庭调查结束后再宣布恢复法庭辩论，庭审活动恢复到中止时的阶段。

（5）宣布法庭辩论结束。

在确认各方当事人辩论意见陈述完毕后，主持人即可宣布法庭辩论结束。

2. 参考实例

下文就以上法庭辩论的流程，结合模拟案例的审理说明该阶段如何具体进行。

审判长：法庭调查结束，现在进行法庭辩论，诉讼各方应当围绕着本案的争议焦点对被诉行政行为所认定事实、适用法律等方面发表辩论意见。在法庭辩论中，辩论发言应当经法庭许可；注意用语文明，不得使用讽刺、侮辱的诽谤、攻击性的语言；语速要适中，以便法庭记录；发言的内容应当避免重复。先由原告发表第一轮辩论意见。

原告代理人：原告的主要辩论意见是被告作出的被诉行政决定认定事实不清、适用法律错误。申请商标与引证商标不构成近似商标，而且也不使用在同一种或类似商品上。在实际使用过程中，申请商标会与"AIMI及地球图形"、对应英文商标"GOODTRIP"一起使用在轮胎标贴面的胎壁，引证商标主要用于机动车的使用，此外，申请商标指定使用的商品不属于终端消费品，与引证商标核定使用的客车等商品在消费对象、购买渠道等方面明显不同，不构成类似商品。因此，相关公众在实际购买时不会产生混淆误认。故我方申请商标的注册申请不属于《商标法》第30条规定之情形，即同他人在同一种商品或者类似商品上已经注册的或者初步审定的商标相同或者近似的情形。完毕。

审判长：下面由被告发表第一轮辩论意见。

被告代理人：被告的辩论意见如下：本案的争议焦点是申请商标的注册申请是否属于《商标法》第30条规定之情形，即"申请注册的商标，凡不符合本法有关规定或者同他人在同一种商品或者类似商品上已经注册的或者初步审定的商标相同或者近似的，由商标局驳回申请，不予公告"。

被告认为类似商品是指在功能用途、生产部门、销售渠道、消费对象等方面相同或相关，公众一般认为其存在特定联系、容易造成混淆的商品。在法庭调查阶段我们提交的证据足以表明申请商标与引证商标用于类似商品上，申请商标指定使用的车辆充气轮胎、车轮内胎、翻新轮胎用胎面、履带式车辆用履带等商品，与引证商标核定使用的机动车运载工具、小型机动车、汽车、轮胎等商品在产品特征、功能用途、销售渠道、消费对象等方面基本一致或存在重合，故二者已经构成相同或类似商品。

被告认为商标近似是指商标文字的字形、读音、含义或者图形的构图及颜色，或者其各要素组合后的整体结构相似，或者其立体形状、颜色组合近似，易使相关公众对商品或服务的来源产生误认或者认为其来源之间有特定的联系。本案中，申请商标"途顺"与引证商标"顺途"在文字构成、整体外观、含义解读等方面基本相同，只是左右排列顺序相反，若将申请商标与引证商标共同使用在同一种或类似商品上，依据相关公众的一般注意程度，容易对商品来源产生误认或者认为其来源之间有特定的联系，故申请商标与引证商标构成近似商标。综上，被告作出的被诉行政决定，证据确凿、适用法律法规正确、程序合法。完毕。

审判长：除第一轮已经发表过的辩论意见外，各方是否还有新的辩论意见需要发表？

原告代理人：没有新的辩论意见。

被告代理人：没有新的辩论意见。

（四）当事人最后陈述

1. 流程说明及注意事项

当事人最后陈述的内容，主要是归纳本方诉讼意见，以及就案件的具体处理向法庭提出最后请求。最后陈述的内容应简明扼要，言简意赅。

在民事诉讼中，当事人最后陈述结束，法庭会征询各方当事人的调解意向，各方均同意调解的，法庭组织调解工作。鉴于知识产权行政诉讼案件适用调解的情形很少，一般仅在行政赔偿、补偿以及行政机关行使法律、法规规定的自由裁量权的案件时可以调解。故关于法庭调解程序可参照本书民事诉讼程序，此处不再赘述。

2. 参考实例

下文就以上当事人最后陈述的流程，结合模拟案例的审理说明该阶段如何具体进行。

审判长：各方的辩论意见本庭已充分注意，并已记录在案，法庭辩论到此结束，现在由当事人作最后陈述。在最后陈述阶段当事人可以就本案的事实和法律适用发表综合性的陈述和辩论意见，刚才在法庭审查阶段，当事人就对方当事人提出的证据以及法律适用已经作了充分陈述，那么在最后陈述阶段当事人可以将自己的意见作一个简要的陈述。首先由原告来讲。

原告代理人：基于前述我们发表的辩论意见，故请求法院依法撤销被告作出的商评字（2015）第39604号被诉决定，并责令被告重新作出决定。完毕。

审判长：被告发表你的最后陈述意见。

被告代理人：基于前述我们发表的辩论意见，故请求法院驳回原告艾米集团总公司的诉讼请求。完毕。

（五）休庭、评议和宣判

1. 流程说明及注意事项

（1）宣布休庭。

审判长宣布休庭，并告知当事人复庭的时间；如果案件事实尚未查清，需要当事人补充证据或者人民法院依职权调取证据的，或者因案情重大复杂，需要择期宣判的，审判长应说明情况，并告知宣判的时间或者交待宣判时间另行通知。

（2）法官退庭和评议。

合议庭决定当庭宣判的，应于休庭后立即进行评议。评议不对外公开，采取少数服从多数原则，评议应当制作笔录，对不同意见也须如实记入笔录。评议后，合议庭应当依照规定的权限，及时对已经评议形成一致或者多数意见的案件直接作出判决或者裁定。

（3）法官入庭和宣判。

评议结束后，审判长应宣布继续开庭并宣读判决的主要内容。不能当庭宣判的审判长应宣布另定日期宣判。定期宣判的案件，还要重复宣读法庭规则，请合议庭入庭，报告庭审准备，宣布开庭，核对当事人等程序。宣布某某一案于何时开庭审理，经合议庭评议，现在宣布判决。

一审案件审理终结，合议庭应制作相应的行政裁判文书。行政诉讼一审程序主要裁判文书是行政判决书。行政诉讼一审判决书是指第一审人民法院受理行政案件后，按照行政诉讼法的规定程序审理终结，依照法律和行政法规、地方性法规、参照行政规章，就案件实体问题作出的书面处理决定。根据行政诉讼一审判决种类的不同，一审判决书略有不同。具体制作方法及本案判决书实例参见本章第四节。

（4）交待诉权和说明文书的送达方式。

当庭宣判的判决书，于闭庭后 N 日内，送达给各方当事人。除判决结果外，判决书的文字，以庭后送达的判决书为准。定期宣判的闭庭后即可签收判决书。

（5）宣布闭庭。

待合议庭成员退庭后，诉讼参加人和旁听人员方可退庭。

（6）审阅笔录的说明。

当事人在休庭后到书记员处阅看法庭记录，如有遗漏或差错，可以申请补正，确认无误后，应在笔录上签名。

2. 参考实例

下文就以上休庭、评议和宣判的流程，结合模拟案例的审理说明该阶段如何具体进行。

审判长：今天庭审到此结束，本案待合议庭休庭评议后，择日宣判，宣判时间另行通知。请原告、被告在休庭后到书记员处阅看法庭记录，如有遗漏或差错，可以申请补正，确认无误后，应在笔录上签名。现在休庭。（击法槌）

书记员：全体起立，请审判长、审判员、人民陪审员退庭。

定期宣判…………

书记员：请肃静，请原告、被告及其他诉讼参与人入庭。

书记员：现在宣布法庭纪律。

…………

书记员：全体起立，请审判长、审判员入庭。

…………

审判长：请坐下

…………

书记员：报告审判长，原告艾米集团总公司诉被告国家工商行政管理总局商标评审委员会商标申请驳回复审行政纠纷一案法庭准备工作就绪，可以开庭。

审判长：（敲击法槌）现在开庭！

审判长：下面核对双方当事人身份。

…………

审判长：经审查，各方当事人及其委托代理人的身份符合法律规定，可以参加今天的诉讼活动。（审判长敲击法槌）

审判长：原告艾米公司因商标申请驳回复审行政纠纷一案，不服被告商标评审委员会商评字（2015）第 39604 号决定（以下简称被诉决定），于法定期限内向法院提起行政诉讼。法院于 2015 年 10 月 9 日受理本案后，依法组成合议庭，于 2015 年 11 月 11 日公开开庭进行了审理。经过合议庭评议，评议结论已经作出。现在宣判。（敲击法槌）

审判长：宣读（2015）××行初字第××××号行政判决书（详见本章第四节"知识产权行政诉讼主要诉讼文书"）……综上所述，被诉行政决定证据确凿、适用法律法规正确、程序合法，原告艾米公司的各项主张不能成立，本院不予支持。依照《中华人民共和国行政诉讼法》第 69 条的规定，本院判决如下：请各方当事人起立。

驳回原告艾米公司的诉讼请求。（敲击法槌）各方当事人请坐。

案件受理费人民币 100 元，由原告艾米公司承担（已缴纳）。

如不服本判决，原告艾米公司可在本判决书送达之日起 30 日内，被告中华人民共和国国家工商行政管理总局商标评审委员会可在本判决书送达之日起 15 日内，向本院递交上诉状及副本，并缴纳上诉案件受理费人民币 100 元，上诉于中华人民共和国北京市高级人民法院。

庭后将送达判决书，请各方当事人签收判决书及回执。

原告艾米集团总公司诉被告国家工商行政管理总局商标评审委员会商标申请驳回复审行政纠纷一案现已审理终结。闭庭。（敲击法槌）

书记员：全体起立，请审判长、审判员、人民陪审员退庭。

待合议庭成员退庭后，

书记员宣布：散庭。

【思考与练习】

1. 作为知识产权行政诉讼原告应如何准备起诉材料？
2. 知识产权行政诉讼审查的对象和标准是什么？
3. 在知识产权行政诉讼中如何准确确定法庭调查的范围？
4. 法庭调查阶段和法庭辩论阶段有何不同？

第三节　知识产权行政案件二审程序模拟

一、模拟案例背景材料

（一）案件由来[*]

涉案商标 AIYICI 的注册人为弗朗斯股份有限公司（以下简称弗朗斯公司），注册申请日为 2003 年 12 月 17 日，有效期限自 2007 年 2 月 14 日至 2017 年 2 月 13 日。经国家工商行政管理总局商标局核准，核定使用在第 25 类服装、鞋、皮带等商品上。涉案商标权人弗朗斯公司许可浙江元华服饰有限公司（以下简称元华公司）在中国境内独占使用涉案商标，许可期限自 2011 年 5 月 7 日至 2017 年 2 月 13 日。上述许可合同已在商标局备案，备案号为 201115401。2012 年 2 月 8 日，元华公司向北京市工商行政管理局××分局（以下简称工商××分局）投诉北京晶彩商贸有限公司（以下简称晶彩公司）销售侵犯涉案商标专用权的商品。2012 年 2 月 14 日，工商××分局予以立案调查，后依法履行现场检查、扣押、调查询问、听证告知、举行听证会程序。并查明：晶彩公司自 2011 年 5 月 30 日起，在位于北京市××区依山路 8 号院一层 N3-11、二层 N3-21 的经营场所内，专门销售标有"AIYICI"和"AIYICI2"标识的服装、鞋和皮带等商品，在调查过程中，晶彩公司辩称其销售的商品来源合法，并向工商××分局提交了意大利 AIYICI2 有限公司（以下简称 AIYICI2 公司）授权其销售 AIYICI2 有关商品的文件。2012 年 10 月 18 日，工商××分局对晶彩公司作出京工商×处字（2012）第××××号行政处罚决定（以下简称被诉处罚决定），认定：晶彩公司存在侵犯他人注册商标专用权的行为，发现尚未售出的侵权商品 528 件，按标价计算，价值 2 702 750 元。晶彩公司自 2011 年 5 月 30 日开业至 2012 年 2 月 14 日执法检查时止，销售侵权商品的销售额共计 8 303 531 元。

---

[*] 北京市知识产权法院.（2015）京知行终字第 1518 号行政判决书［EB/OL］. http://www.chinaiprlaw.cn/index.php? id＝4336, 2016-08-18/2016-11-28.

上述已售及未售侵权商品的非法经营额共计 11 006 281 元。因此，依据《中华人民共和国商标法》第 53 条和《中华人民共和国商标法实施条例》第 52 条的规定，责令晶彩公司立即停止侵权行为，并对其作出如下处罚：（1）没收侵犯第 3849642 号"AIYICI"商标专用权的服装、鞋和皮带等商品 528 件；（2）处以罚款 11 000 000 元。

晶彩公司不服被诉处罚决定，向一审法院提起行政诉讼，请求撤销被诉处罚决定。2014 年 12 月 24 日，一审法院作出判决认为：根据《商标法》第 54~55 条之规定，工商××分局对辖区内侵犯注册商标专用权的行为有进行查处并作出处罚的法定职权。晶彩公司销售标有"AIYICI"和"AIYICI2"的服装、鞋和皮带等商品，属于侵犯弗朗斯公司涉案商标专用权的违法行为，被诉处罚决定认定事实清楚、证据确凿。工商××分局在作出被诉处罚决定前，依法履行了立案、调查询问、听证告知、举行听证会、内部审批、送达等程序，符合法律规定。依据《商标法》第 53 条、《商标法实施条例》第 52 条规定并结合《北京市工商行政管理局相关违法行为行政处罚裁量权执行标准》的相关规定，以认定的晶彩公司的非法经营额 11 006 281 元为基础，对其处以 11 000 000 元的罚款，处罚幅度适当，不存在显失公正的情况。综上，一审法院依据《中华人民共和国行政诉讼法》第 69 条之规定，判决驳回了晶彩公司的诉讼请求。上诉人晶彩公司不服一审判决，向二审法院提起上诉。

（二）双方当事人主要观点

上诉人诉请：（1）一审判决事实认定不清。晶彩公司销售的 AIYICI2 商品来源合法，且工商××分局认定的违法数额不当。（2）一审法院适用法律错误。晶彩公司行为不属于《商标法》第 52 条所规定的侵犯注册商标专用权的情形，涉案商标从未进行过使用，且是对他人在先商标的恶意抢注。综上，晶彩公司请求撤销一审判决和被诉处罚决定，并责令工商××分局重新作出行政行为。

被上诉人答辩：被上诉人工商××分局同意一审判决，请求依法予以维持。

（三）双方当事人提交的证据材料

1. 上诉人一审提交的证据

（1）意大利 AIYICI2 有限公司授权晶彩公司销售 AIYICI2 有关商品的文件；

（2）被控侵权商品的报关手续；

（3）证明被控侵权商品 AIYICI/AIYICI2 服装在涉案商标于国内申请注册前已经在公众中具有一定知名度的相关证据，即 2003 年以前的媒体报刊、杂志、互联网购物网站的商品目录等。

2. 被上诉人一审提交的证据

（1）涉案商标 AIYICI 的注册档案；

（2）在商标局备案的备案号为 201115401 的"弗朗斯公司许可元华公司在中国境内独占使用涉案商标的许可合同"；

（3）晶彩公司向其员工郭某出具的委托其代为处理与该行政执法相关事宜的授权委托书；

（4）证明销售被控侵权商品数额的有郭某签字认可的现场笔录、询问笔录；

（5）证明销售被控侵权商品数额的加盖有晶彩公司公章的销售清单；

（6）证明与涉案商标构成近似商标的被控侵权商品的照片。

3. 上诉人二审提交的新证据

（1）元华公司（甲方）和意大利 AIYICI2 有限公司（乙方）共同签署的《商标转让合同》及（2014）沪×证经字第××××号公证书；

（2）在商标局备案的涉案商标转让申请文件；

（3）显示涉案商标权利人已变更为意大利 AIYICI2 有限公司的商标档案。

二、二审程序庭审前的准备

（一）上诉人一方庭审前的准备

提起上诉的当事人应当向人民法院递交行政上诉状。根据《中华人民共和国行政诉讼法》第85条的规定，行政上诉状是行政诉讼当事人不服地方各级人民法院第一审行政判决或裁定，在法定的上诉期限内，向上一级人民法院提出上诉，请求撤消、变更原裁判的书状。除此以外，和一审相同需提交上诉人主体身份证明材料、诉讼代理人证明文书，如果有新证据提交的，可制作证据清单。

以上上诉材料中相关法律文书的制作方法，以及结合本节模拟案例制作的实例参见本章第四节。

（二）被上诉人一方庭审前的准备

被上诉人收到上诉状副本后应当提出答辩状。行政诉讼二审答辩状是行政诉讼中的被上诉人针对上诉人在行政上诉状中提出的诉讼请求、事实与理由，向人民法院作出的书面答复。除此以外，和一审相同需提交被上诉人主体身份证明材料、诉讼代理人证明文书，如果有新证据提交的，可制作证据清单。

以上材料中相关法律文书的制作方法，以及结合本节模拟案例制作的实例参见本章第四节。

（三）合议庭庭审前的准备

二审法院收到上诉状后，经审查认为，诉讼主体合格，未超过法定的上诉期限，应当予以受理，并将上诉状副本送达被上诉人。❶ 根据《中华人民共和国行政诉讼法》第86条的规定，人民法院针对上诉案件，应当组成合议庭。合议庭组成后，进一步审查诉讼文书和证据，即通过对上诉状、答辩状和各种证据的审查，全面了解案情，明确案件的争议点。经过阅卷、调查和询问当事人，对没有提出新的事实、证据或者理由，合议庭认为不需要开庭审理的，也可以不开庭审理。合议庭决定开庭审理的，应当通知当事人开庭审理的时间、地点等。

---

❶ 姜明安. 行政法与行政诉讼法［M］. 北京：北京大学出版社，2015：492.

三、二审程序庭审流程

下文将结合本节模拟案例来说明知识产权案件行政诉讼二审程序的庭审流程。因二审程序的庭审流程与一审程序的庭审流程大致相同，所以就二者相同的地方不再赘述。二审庭审流程也包括开庭准备和开庭宣布、法庭调查、法庭辩论、当事人最后陈述、休庭合议及宣判五大阶段，故具体说明的方式是首先说明每一阶段的开庭流程及注意事项，然后以模拟案例的审理为例说明该阶段如何具体进行。

（一）开庭准备和开庭宣布

1. 流程说明及注意事项

（1）书记员的庭前准备工作。

（2）书记员宣布法庭纪律。

（3）书记员主持法官入庭和报告庭审前准备情况。

（4）审判长宣布开庭及核对、确认诉讼参加人的身份。

依次核对上诉人、被上诉人的身份，如有第三人的，说明第三人出庭的法律依据并一并核对。

（5）审判长宣告案名、案件由来、审理程序和方式并介绍合议庭组成人员和书记员。

如果一方当事人在一审之后提供新的证据的，法庭可以以送达的方式交换。如新证据较多，或者双方当事人均提供证据的，法庭认为有必要的，也可以召集当事人当面交换，或者召开预备庭。

（6）告知诉讼权利义务并征询申请回避意见。

二审法院不必再行书面告知当事人诉讼权利义务。如有必要，法庭可以当庭告知当事人的诉讼权利义务相关的内容即可。

2. 参考实例

下文就以上开庭准备和开庭宣布的流程，结合模拟案例的审理说明该阶段如何具体进行。

书记员：请肃静，请上诉人、被上诉人及其他诉讼参与人入庭。

书记员：现在宣布法庭纪律。

…………

书记员：全体起立，请审判长、审判员入庭。

…………

审判长：请坐下

…………

书记员：报告审判长，上诉人北京晶彩商贸有限公司（以下简称晶彩公司）与被上诉人北京市工商行政管理局××分局（以下简称工商××分局）工商行政处罚一案，法庭准备工作就绪，可以开庭。

审判长：请坐下。（敲击法槌）现在开庭！

审判长：上诉人北京晶彩商贸有限公司因工商行政处罚一案，不服北京市××区人民法院（以下简称一审法院）作出的（2013）×行初字第××号行政判决（以下简称一审判决），于法定期限内向本院提起上诉。本院于2015年3月23日受理后，依照《中华人民共和国行政诉讼法》第86条及相关司法解释对二审程序的相关规定，今天公开开庭审理本案。

审判长：请问各方当事人是否收到我院送达的《案件受理通知书》《应诉通知书》及《举证通知》？各方当事人对各自的诉讼权利与义务是否已经清楚？

上诉人：上诉人收到，清楚。

被上诉人：被上诉人收到，清楚。

审判长：现在核对双方当事人身份。

审判长：请上诉人北京晶彩公司陈述你方基本情况，以及法定代表人姓名、职务、是否到庭？并说明委托代理人的姓名、身份和代理权限。

上诉人代理人：上诉人北京晶彩商贸有限公司，住所地北京市××区依山路8号。

法定代表人张某，职务董事长，未到庭。代理人有两位，委托代理人徐某，北京永安律师事务所律师。委托代理人刘某，北京永安律师事务所律师。代理权限是特殊授权,详见委托书。完毕。

审判长:被上诉人,北京市工商行政管理局××分局,请陈述你方基本情况以及法定代表人姓名、职务、是否到庭?并说明委托代理人的姓名、身份和代理权限。

被上诉人代理人:被上诉人北京市工商行政管理局××分局,住所地北京市××区依云路88号。法定代表人郭某,职务局长,其本人未到庭参加本次庭审。参加本次庭审的是两位委托代理人,委托代理人柳某,北京市工商行政管理局××分局干部。委托代理人包某某,北京市升平律师事务所律师。代理人的委托权限均为特殊授权。详见委托书。完毕。

审判长:各方当事人,对对方当事人、出庭人员出庭应诉的资格是否有异议?如有异议,请说明理由。

上诉人代理人:没有(有,说明理由)。

被上诉人代理人:没有(有,说明理由)。

审判长:经审查,各方当事人及其委托代理人的身份符合法律规定,可以参加今天的诉讼活动。(审判长敲击法槌)

审判长:现在宣布合议庭组成人员。今天开庭的案件由本院审判员张某即我本人担任审判长,与审判员刘某、周某某组成合议庭进行审理,法官助理王某、书记员许某某担任法庭记录。

审判长:根据《中华人民共和国行政诉讼法》的规定,审判人员、书记员如果与今天审理的案件有利害关系可能影响本案的公正审理的,当事人有权申请上述人员回避,上诉人是否申请上述人员回避?

上诉人代理人:不申请回避。

审判长:被上诉人是否申请上述人员回避?

被上诉人代理人:不申请回避。

(二)法庭调查

1. 流程说明及注意事项

(1)宣布法庭调查。

（2）当事人陈述。

二审庭审时，在当事人陈述之前，法庭可以宣布原审判决或者裁定的主要内容。

（3）归纳小结。

二审庭审时，法庭归纳小结可包括以下几个方面的内容：①当事人没有争议事实；②诉讼争议的焦点，在确认当事人无争议的事实和争议的焦点时，除了明确当事人之间的争议情况外，还应特别明确当事人各方对原判认定的事实和判决依据的意见，充分考虑当事人上诉的理由和根据；③当事人举证、质证和原审认证的情况；④法庭进一步调查的范围。由于原审裁判是上诉审的直接审查对象，故在确定法庭调查的范围时，必须考虑到原判认定事实是否清楚、证据是否确实充分，审判程序是否合法，裁判适用法律是否正确，裁判结果是否适当等问题。至于当事人之间对被诉行政行为发生的争议，应当结合到对原裁判的审查当中进行审查确认。

（4）当庭举证、质证和认证。

法庭按照确定的调查事项逐一展开调查，每一调查事项应遵循当事人当庭举证、质证的流程进行。《关于行政诉讼证据若干问题的规定》第50条规定："在第二审程序中，对当事人依法提供的新证据，法庭应当进行质证；当事人对第一审认定的证据仍有争议的，法庭也应当进行质证。"至于当事人没有争议的证据，法庭认为在二审中有进一步审查之必要的，也应当组织当事人质证，并作出认证结论。

（5）发问和答问。

（6）宣布法庭调查结束。

2. 参考实例

下文就以上法庭调查的流程，结合模拟案例的审理说明该阶段如何具体进行。

审判长：现在进行法庭调查。根据《中华人民共和国行政诉讼法》第87条的规定：人民法院审理上诉案件，应当对原审人民法院的判决、裁定和被诉行政行为进行全面审查。

现在法庭首先就一审判决的主要内容宣布如下：一审判决认为：根据《商标法》第54条、第55条之规定，工商××分局对辖区内侵犯注册商标专用权的行为有进行查处并作出处罚的法定职权。

晶彩公司销售的"AIYICI""AIYICI2"商标商品，不是由弗朗斯股份有限公司（以下简称弗朗斯公司）或浙江元华服饰有限公司（以下简称元华公司）生产或授权生产。晶彩公司销售的服装、鞋和皮带等商品本身及其吊牌上标记的"AIYICI"标识与涉案商标"AIYICI"相同，销售的服装、鞋和皮带等商品本身及其吊牌上标记的"AIYICI2"标识与涉案商标"AIYICI"近似。根据《商标法》第52条第（2）项规定，销售侵犯注册商标专用权的商品的，属侵犯注册商标专用权。故晶彩公司销售标有"AIYICI"和"AIYICI2"的服装、鞋和皮带等商品，属于侵犯弗朗斯公司涉案商标专用权的违法行为，被诉处罚决定认定事实清楚、证据确凿。

工商××分局在作出被诉处罚决定前，依法履行了立案、调查询问、听证告知、举行听证会、内部审批、送达等程序，符合法律规定。

《商标法》第53条规定："工商行政管理部门处理时，认定侵权行为成立的，责令立即停止侵权行为，没收、销毁侵权商品和专门用于制造侵权商品、伪造注册商标标识的工具，并可处以罚款。"《商标法实施条例》第52条规定："对侵犯注册商标专用权的行为，罚款数额为非法经营额3倍以下；非法经营额无法计算的，罚款数额为10万元以下。"工商××分局依据上述法律规定并结合《北京市工商行政管理局相关违法行为行政处罚裁量权执行标准》的相关规定，以认定的晶彩公司的非法经营额11 006 281元为基础，对其处以11 000 000元的罚款，处罚幅度适当，不存在显失公正的情况。

关于晶彩公司认为涉案商标的合法性尚不明确，AIYICI2服装在国内已成为一种知名商品，而AIYICI/AIYICI2作为该知名商品的特有名称，依法享有相应的在先权利，理应予以保护的诉讼主张，一审法院认为，晶彩公司既然提出在先权利抗辩，其应当提供证据证明在涉案商标申请注册前，

AIYICI2 服装已经在中国境内具有一定的市场知名度，为相关公众所知悉的商品，而根据晶彩公司提供的相关证据所显示的被控侵权商品在涉案商标申请注册前中国市场的销售时间和销售范围，其仅能证明 AIYICI/AIYICI2 服装在相关具体国外市场的知名度，而尚不足以证明 AIYICI/AIY-ICI2 服装在涉案商标在国内申请注册前已经在国内相关公众中具有一定的知名度。因此，在现有证据情况下，工商××分局依据权利人有效的权利证明，对晶彩公司侵犯他人商标专用权的行为进行查处并无不当，一审法院亦无法认定 AIYICI/AIYICI2 构成知名商品的特有名称。故对于北京晶彩公司的诉讼主张，一审法院不予支持。

综上，一审法院依据《最高人民法院关于执行〈中华人民共和国行政诉讼法〉若干问题的解释》第 56 条第（4）项之规定，判决驳回了晶彩公司的诉讼请求。

审判长：现在继续进行法庭调查。

审判长：下面由上诉人简要陈述上诉的请求、事实及理由，并由被上诉人进行答辩。首先由上诉人简要陈述上诉的请求、事实及理由。

上诉人代理人：上诉人的上诉请求有三项：

一、请求撤销北京市××区人民法院（2013）×行初字第××号行政判决。

二、请求撤销北京市工商行政管理局××分局（简称工商××分局）的京工商×处字（2012）第××××号行政处罚决定。

三、责令工商××分局重新作出具体行政行为。

事实与理由：1. 一审判决事实认定不清。晶彩公司销售的 AIYICI2 商品来源合法，且工商××分局认定的违法数额不当。2. 一审法院适用法律错误。晶彩公司行为不属于《商标法》第 52 条所规定的侵犯注册商标专用权的情形，涉案商标从未进行过使用，且是对他人在先商标的恶意抢注。综上，晶彩公司请求撤销一审判决和被诉处罚决定，并责令工商××分局重新作出具体行政行为。完毕。

审判长：请被上诉人答辩。

被上诉人代理人：被上诉人工商××分局同意一审判决，请求依法予以维持。完毕。

审判长：结合上诉人的上诉请求、被上诉人的答辩，以及本案的证据事实，本庭认为，本案争议焦点为：1. 晶彩公司销售的标有"AIYICI"和"AIYICI2"标识的服装、鞋和皮带等商品（简称被控侵权商品）是否具有合法来源？2. 晶彩公司销售被控侵权商品的行为是否构成《商标法》第52条第（2）项所指情形？3. 工商××分局认定的违法数额是否正确？以上是本院归纳的本案争议焦点的三大问题，请问各方当事人是否同意？有无补充？

上诉人代理人：同意，没有补充。

被上诉人代理人：同意，没有补充。

审判长：现在围绕本案争议焦点依次进行法庭调查。请各方当事人结合有关证据进行陈述。下面就第一个问题被控侵权商品是否具有合法来源展开调查。首先请上诉人陈述意见。

上诉人代理人："AIYICI2"品牌是由 AIYICI2 公司1995年在意大利首先创建，全球范围内也是由 AIYICI2 公司率先注册和使用的，我司被控侵权商品及其上所使用的标识均源于意大利 AIYICI2 有限公司授权，所有进口货物均有合法完整的报关手续，所以我司被控侵权商品具有合法来源。现出示证据证明我们的这一主张。

第一组证据，签署于2011年1月12日的意大利 AIYICI2 公司授权晶彩公司销售 AIYICI2 有关商品的授权文件，该文件显示意大利 AIYICI2 公司为 AIYICI2 品牌商品的独家被许可人，并授权晶彩公司在中国北京销售 AIYICI2 品牌男女服装、特定配件、鞋。这组证据证明我们是经过 AIYICI2 商标权人合法授权销售其商品的。

第二组证据，被控侵权商品的报关手续，证明我们的商品是合法进口的。

第三组证据，2003年以前的媒体报刊、杂志、互联网购物网站的商品目录，证明被控侵权商品在涉案商标于国内申请注册前即2003年12月17日前已经在国内相关公众中具有一定的知名度。在这之前"AIYICI2"品牌已经通过互联网等科技手段让中国消费者知晓，具有了一定知名度，中国相关公众也能通过互联网购物、阅读报刊杂志、海外旅游等方式了解到该品牌。

第四组证据，元华公司和意大利 AIYICI2 公司共同签署的《商标转让合同》及（2014）沪×证经字第××××号公证书；在商标局备案的涉案商标转让申请文件；显示涉案商标权利人已变更为意大利 AIYICI2 公司的商标档案共 3 份证据材料，上述证据显示，2014 年 11 月 17 日，元华公司（甲方）和意大利 AIYICI2 公司（乙方）共同签署《商标转让合同》，约定甲方将其拥有的包括涉案商标在内的系列 AIYICI 商标转让给乙方，涉案商标权利人目前已变更为 AIYICI2 公司。上述证据证明晶彩公司现已与投诉人元华公司达成和解，包括涉案商标在内的系列商标目前已转让至晶彩公司的关联公司意大利 AIYICI2 公司名下。完毕。

审判长：请被上诉人陈述质证意见。

被上诉人代理人：关于上诉人出示的第一组证据，我们对其真实性不持异议，但对其关联性不予认可。该证据仅表明上诉人销售的被控侵权商品及所使用的商标均源自意大利 AIYICI2 公司授权，且 AIYICI2 公司为授权文件中所称"AIYICI2"商标的独家被许可人。但该证据无法证明上述"AIYICI2"商标权利人的具体情况及 AIYICI2 公司获得了商标权利人的授权，且"AIYICI2"商标的相关信息亦未有体现。且截至工商××分局行政执法时，晶彩公司或其关联公司并未在中国大陆地区在服装、鞋、皮带等商品上获准注册"AIYICI"或"AIYICI2"商标。由于商标保护具有明显的地域性，故其在中国大陆境内并不享有相关商标权益。相关商标在国外注册的情况与本案无关。晶彩公司主张其销售的被控侵权商品具有合法来源，则应当举证证明其是相关商标在中国大陆地区的权利人或得到了中国大陆地区权利人的授权或许可。

关于上诉人出示的第二组证据，我们对其真实性不持异议，但对其关联性不认可。不能因为被控侵权商品履行了报关手续就不构成侵权商品。

关于上诉人出示的第三组证据，我们对其真实性不持异议，但对其关联性不认可。我们认为该证据仅能证明 AIYICI/AIYICI2 服装具有一定的市场知名度，并不能表明该商品已在国内形成大规模的销售范围，因而尚不足以证明 AIYICI/AIYICI2 服装于涉案商标在国内申请注册前已经在国内相关公众中具有一定的知名度。

关于上诉人出示的第四组证据，我们对其真实性不持异议，但对其关联性不予认可。尽管涉案商标目前已经发生转让，但在元华公司投诉及工商××分局行政执法时，涉案商标权利归属仍属元华公司，工商××分局基于此作出被诉处罚决定，并无不当。具体行政行为作出后，特定主体对涉案私权利的处分或相互间达成和解等情形，并非撤销具体行政行为的当然理由。因此，即便涉案商标目前已转让至晶彩公司的关联公司名下，该事由亦不影响工商××分局在当时接受本案投诉并依据相关证据作出被诉处罚决定的合法性。完毕。

审判长：上诉人有什么要回应的吗？

上诉人代理人：没有。

审判长：被上诉人出示证据。

被上诉人代理人：出示三组证据：涉案商标的注册档案一份、在商标局备案的备案号为 201115401 的"弗朗斯公司许可元华公司在中国境内独占使用涉案商标的许可合同"一份、标有与涉案商标近似商标的被控侵权商品的照片一组，上述证据显示：经国家工商行政管理总局商标局（以下简称商标局）核准，涉案商标的注册人为弗朗斯公司，核定使用在第 25 类服装、鞋、皮带等商品上，涉案商标的注册申请日为 2003 年 12 月 17 日，有效期限自 2007 年 2 月 14 日至 2017 年 2 月 13 日；弗朗斯公司许可元华公司在中国境内独占使用涉案商标，许可期限自 2011 年 5 月 7 日至 2017 年 2 月 13 日；被控侵权商品上使用的商标与涉案商标构成近似商标。故上述证据足以证明晶彩公司销售的标有"AIYICI"和"AIYICI2"标识的服装、鞋和皮带等商品属侵权商品，不具有合法来源。完毕。

审判长：上诉人陈述质证意见。

上诉人代理人：我们对这些证据的真实性没有异议，但这些证据不能证明我们的商品没有合法来源。而且我们的商品使用在先，涉案商标的注册存有故意抢注之嫌。AIYICI2 公司于 1995 年便在国外申请注册了"AIYICI2"系列商标并进行使用，在 2002 年时已有一定知名度。而涉案商标的注册申请于 2003 年年底才被提出，并且涉案商标的字母组合与 AIYICI2 公司先在国外注册使用的商标字母组合完全相同，涉案商标的注册难谓善意。同时，在涉案商标获准注册后，弗朗斯公司和元华公司并未实际使用该商标。完毕。

审判长：被上诉人有什么要回应的吗？

被上诉人代理人：没有。

审判长：当事人双方是否需要相互发问？

上诉人代理人：不需要。

被上诉人代理人：不需要。

审判长：那下面合议庭发问，上诉人，截至工商××分局于 2012 年 2 月 14 日行政执法时，你公司或你方关联公司有无在中国大陆地区就"AIYICI"或"AIYICI2"在服装、鞋等商品上获准商标注册？

上诉人代理人：没有在中国大陆地区就"AIYICI"或"AIYICI2"在服装、鞋等商品上获准商标注册。

审判长：下面就第二个争议焦点问题：晶彩公司销售被控侵权商品的行为是否构成《商标法》第 52 条第（2）项所指情形进行法庭调查。关于《商标法》的适用首先说明如下：由于现行《商标法》于 2014 年 5 月 1 日开始实施。根据《最高人民法院关于商标法修改决定施行后商标案件管辖和法律适用问题的解释》之规定，对于 2014 年 5 月 1 日之前的被诉侵犯商标权行为，应当适用修改前的《商标法》。本案中，元华公司投诉及工商××分局行政执法的时间均在 2014 年 5 月 1 日之前，故本案应当适用现行《商标法》修改前的 2001 年《商标法》进行审理。即以下要审查的是晶彩公司销售被控侵权商品的行为是否构成 2001 年《商标法》第 52 条第（2）

项规定所指情形，即"销售侵犯注册商标专用权的商品，构成侵犯注册商标专用权"的行为。首先请上诉人结合证据陈述意见。

上诉人代理人：晶彩公司系通过合法渠道取得国外"AIYICI2"商标在国内的使用权，且该商标经过长期使用，已经具有极高知名度。而涉案商标自注册以来从未进行过实际使用，且属于抢注商标，元华公司在实际市场行为中也存在很多针对 AIYICI2 公司的不正当竞争行为。工商××分局和一审法院将商标元素近似即等同于商标侵权，属于法律适用错误。完毕。

审判长：请被上诉人陈述意见。

被上诉人代理人：我们前面已经出示了涉案商标的注册档案一份和标有和涉案商标近似商标的被控侵权商品的照片，证明在我们进行行政执法时弗朗斯公司为涉案商标权利人，元华公司为涉案商标在中国大陆地区的独占许可人。被控侵权商品并非由弗朗斯公司或元华公司生产或授权生产，其与涉案商标核定使用的服装、鞋、皮带等商品在功能、用途、生产部门、销售渠道等方面相同或相近，构成相同或类似商品；其上所使用的"AIYICI""AIYICI2"标识与涉案商标"AIYICI"构成相同或近似。因此，晶彩公司在中国大陆地区销售被控侵权商品的行为，构成《商标法》第 52 条第（2）项规定所指销售侵犯注册商标专用权商品的情形。而且，本案系不服工商行政处罚所提之行政诉讼，应当围绕工商××分局作出被诉处罚决定的合法性进行司法审查。在被诉处罚决定所依据的涉案商标权利状态稳定的情况下，被控侵权商品上所使用标识的知名度情况、涉案商标是否属于对他人商标的抢注以及元华公司是否存在不正当竞争行为，与本案均无关联。完毕。

审判长：下面就第三个争议焦点问题：工商××分局认定的违法数额是否正确进行法庭调查。首先请上诉人举证并陈述意见。

上诉人代理人：没有证据出示。

审判长：请被上诉人举证并陈述意见。

被上诉人代理人：出示三组证据。

第一组证据是晶彩公司向其员工郭某出具的委托其代为处理与该行政执法相关事宜的授权委托书，该证据证明，我局对晶彩公司涉嫌商标侵权进行行政执法时，晶彩公司向其员工郭某出具了授权委托书，委托其代为处理与该行政执法相关事宜，并有权代表公司接受调查、回答询问、签署文书。

第二组证据是郭某签字认可的现场笔录、询问笔录，该证据证明：我局查扣的被控侵权商品为 528 件、总价值为 2 702 750 元。

第三组证据是加盖有晶彩公司公章并由郭某签字认可的销售清单，证明晶彩公司自 2011 年 5 月 30 日开业至 2012 年 2 月 14 日我局行政执法时，销售被控侵权商品的销售额总计为 8 303 531 元。

基于以上被控侵权商品销售额及未销售商品价值，我局认定北京晶彩公司在本案中的非法经营额 11 006 281 元。此后，郭某又向我局口头释明上述 8 303 531 元销售额中有 241 400 元为涉案商标核定使用商品之外的其他商品的销售额，也即晶彩公司销售被控侵权商品的金额应为 8 062 131 元，鉴于其在此之前已经在书面文件中签字认可 8 303 531 元的销售总额，对此口头意见我局未予采纳。完毕。

审判长：请上诉人发表质证意见。

上诉人代理人：我们对第一组证据的真实性予以认可，但是被询问人仅为晶彩公司员工郭某一人，我们认为不应直接采信一人的口头陈述。

对于第二组证据予以认可。

对于第三组证据不予认可。该销售清单显示的 8 303 531 元销售额中有 241 400 元为涉案商标核定使用商品之外的其他商品的销售额。而且被上诉人出示的《销售清单》的内容为英文，无法直接反映晶彩公司的实际销售情况，其中销售额一栏的金额总计为 506 772 元，与最下方的总金额 8 303 531 元相差甚远。故工商××分局仅依据两份笔录和一张内容不明的《销售清单》认定的违法数额存在明显疑问。完毕。

审判长：被上诉人对此有无回应？

被上诉人代理人：上诉人主张《销售清单》中销售额一栏加总的金额

与最下方的销售总额不符，但从该清单右上角标示的页码可知，完整的《销售清单》并非仅此一页，故《销售清单》此页加总的销售额不等于根据完整《销售清单》计算得到的销售总额并非质疑《销售清单》真实性的当然理由。而且，在《销售清单》系由郭某通过北京晶彩公司电脑查询打印并签字确认的情况下，北京晶彩公司仅以单页销售金额与销售总额不符为由，不予认可我局认定的非法经营额，是理由不充分的。完毕。

审判长：各方当事人还有无新的证据要出示？

上诉人代理人：没有了。

被上诉人代理人：没有了。

审判长：通过法庭调查，结合当事人双方的陈述和举证、质证意见，合议庭归纳本案争议焦点为：被控侵权商品是否具有合法来源？晶彩公司销售被控侵权商品的行为是否构成《商标法》第52条第（2）项所指情形？工商××分局认定的违法数额是否正确？当事人双方对合议庭总结的本案争议焦点有无异议或者补充？

上诉人代理人：没有。

被上诉人代理人：没有。

审判长：法庭调查结束。

（三）法庭辩论

1. 流程说明及注意事项

就法庭已经认定的事实及无争议的事实不需再发表辩论意见。

（1）宣布法庭辩论。

（2）对等辩论。

（3）互相辩论。

（4）宣布法庭辩论结束。

2. 参考实例

下文就以上法庭辩论的流程，结合模拟案例的审理说明该阶段如何具体进行。

审判长：法庭调查结束，现在进行法庭辩论，诉讼各方应当围绕着本案的争议焦点发表辩论意见。在法庭辩论中，辩论发言应当经法庭许可；注意用语文明，不得使用讽刺、侮辱的诽谤、攻击性的语言；语速要适中，以便法庭记录；发言的内容应当避免重复。首先由上诉人发表辩论意见。

上诉人代理人：我们的辩论意见主要有两点：一是我司系通过合法渠道取得国外"AIYICI2"商标在国内的使用权，"AIYICI2"品牌是由 AIYICI2 公司 1995 年在意大利首先创建，率先注册和使用的，截至 2003 年年底在中国消费者中具有了极高知名度，而涉案商标自注册以来从未进行过实际使用，且属于抢注商标。涉案商标在内的系列商标目前已转让至晶彩公司的关联公司 AIYICI2 公司名下。故我司销售 AIYICI2 商品的行为不构成《商标法》第 52 条第（2）项所指情形。二是工商××分局仅依据两份笔录和一张内容不明的《销售清单》认定的违法数额存在明显疑问。完毕。

审判长：请被上诉人发表辩论意见。

被上诉人代理人：我们的辩论意见有两点：一、上诉人在中国大陆地区销售被控侵权商品的行为，构成《商标法》第 52 条第（2）项规定所指销售侵犯注册商标专用权商品的情形。在案证据表明在我们进行行政执法时弗朗斯公司为涉案商标权利人，元华公司为涉案商标在中国大陆地区的独占许可人。被控侵权商品并非由弗朗斯公司或元华公司生产或授权生产，其与涉案商标核定使用的服装、鞋、皮带等商品在功能、用途、生产部门、销售渠道等方面相同或相近，构成相同或类似商品；其上所使用的"AIYICI""AIYICI2"标识与涉案商标"AIYICI"构成相同或近似。因此，晶彩公司在中国大陆地区销售被控侵权商品的行为，构成《商标法》第 52 条第（2）项规定所指销售侵犯注册商标专用权商品的情形。

二、我局认定晶彩公司在本案中的非法经营额 1 076 488 元并无不当。在案证据显示，我局对晶彩公司涉嫌商标侵权进行行政执法时，晶彩公司向其员工郭某出具了授权委托书，委托其代为处理与该行政执法相关事宜，并有权代表公司接受调查、回答询问、签署文书。之后，我局对晶彩公司进行现场调查，对郭某进行相关询问，并查扣本案被控侵权商品。作为晶彩公司的代理人，郭某在多份加盖有北京晶彩公司公章的现场笔录、询问笔录及《销售清单》上对相关情况签字予以确认，认可工商××分局查扣的被控侵权商品为 528 件、总价值为 2 702 750 元，亦认可北京晶彩公司自 2011 年 5 月 30 日开业至 2012 年 2 月 14 日行政执法时的销售额总计为 8 303 531 元。基于以上被控侵权商品销售额及未销售商品价值，我局认定北京晶彩公司在本案中的非法经营额 11 006 281 元。完毕。

审判长：各方当事人还有无辩论意见？

上诉人代理人：没有了。

被上诉人代理人：没有了。

审判长：各方的辩论意见本庭已充分注意，并已记录在案，法庭辩论到此结束。

（四）当事人最后陈述

1. 流程说明及注意事项

法庭指示上诉人、被上诉人、原审当事人依次作最后陈述。

2. 参考实例

下文就当事人最后陈述的流程，结合模拟案例的审理说明该阶段如何具体进行。

审判长：现在由当事人作最后陈述。在最后陈述阶段当事人可以就本案的事实和法律适用发表综合性的陈述和辩论意见，刚才在法庭审查阶段，当事人就对方当事人的提出的证据以及法律适用已经作了充分的陈述，那么在最后陈述阶段当事人可以将自己的意见作一个简要的陈述。首先由上诉人来发表最后陈述意见。

上诉人代理人：一、一审判决事实认定不清。晶彩公司销售的 AIYICI2

商品来源合法，且工商××分局认定的违法数额不当。二、一审法院适用法律错误。晶彩公司行为不属于《商标法》第 52 条所规定的侵犯注册商标专用权的情形，涉案商标从未进行过使用，且是对他人在先商标的恶意抢注。综上，晶彩公司请求撤销一审判决和被诉处罚决定，并责令工商××分局重新作出具体行政行为。完毕。

审判长：被上诉人发表你的最后陈述意见。

被上诉人代理人：根据《商标法》第 54 条、第 55 条之规定，我局对辖区内侵犯注册商标专用权的行为有进行查处并作出处罚的法定职权。晶彩公司销售标有"AIYICI"和"AIYICI2"的服装、鞋和皮带等商品，属于侵犯弗朗斯公司涉案商标专用权的违法行为，被诉处罚决定认定事实清楚、证据确凿。我局在作出被诉处罚决定前，依法履行了立案、调查询问、听证告知、举行听证会、内部审批、送达等程序，行政程序合法。我局依据《商标法》第 53 条、《商标法实施条例》第 52 条规定并结合《北京市工商行政管理局相关违法行为行政处罚裁量权执行标准》的相关规定，以认定的晶彩公司的非法经营额 11 006 281 元为基础，对其处以 11 000 000 元的罚款，处罚幅度适当，不存在显失公正的情况。综上，被上诉人工商××分局同意一审判决，请求依法予以维持。完毕。

（五）休庭、评议和宣判

1. 流程说明及注意事项

（1）宣布休庭。

（2）法官退庭和评议。

（3）法官入庭和宣判

二审案件审理终结，合议庭成员应制作相应的行政裁定书和行政判决书。行政诉讼二审判决书是供二审人民法院在收到当事人不服一审判决提起上诉的行政案件后，按照第二审程序审理终结，就案件的实体问题依法作出判决时使用的法律文书。根据《中华人民共和国行政诉讼法》第 89 条的规定，二审判决包括驳回上诉、维持原判的判决和改判、撤销或者变更的判决。❶ 具体制作方法及本案判决书实例参见本章第四节。

（4）说明文书的送达方式。

（5）宣布闭庭。

（6）审阅笔录的说明。

2. 参考实例

下文就以上休庭、评议和宣判的流程，结合模拟案例的审理说明该阶段如何具体进行。

审判长：今天庭审到此结束，本案待合议庭休庭评议后，择日宣判，请上诉人、被上诉人在休庭后到书记员处阅看法庭记录，如有遗漏或差错，可以申请补正，确认无误后，应在笔录上签名。现在休庭。（击法槌）

书记员：全体起立，请审判长、审判员退庭。

定期宣判……

书记员：请肃静，请上诉人、被上诉人及其他诉讼参与人入庭。

书记员：现在宣布法庭纪律。

……

书记员：全体起立，请审判长、审判员入庭。

……

审判长：请坐下

……

书记员：报告审判长，上诉人北京晶彩商贸有限公司与被上诉人北京市工商行政管理局××分局工商行政处罚一案，法庭准备工作就绪，可以开庭。

审判长：（敲击法槌）现在开庭！

审判长：下面核对双方当事人身份

……

---

❶ 姜明安．行政法与行政诉讼法［M］．北京：北京大学出版社，2015：521．

审判长：经审查，各方当事人及其委托代理人的身份符合法律规定，可以参加今天的诉讼活动。（审判长敲击法槌）

审判长：上诉人北京晶彩商贸有限公司因工商行政处罚一案，不服北京市××区人民法院（简称一审法院）作出的（2013）×行初字第××号行政判决，于法定期限内向本院提起上诉。本院于2015年3月23日受理后，依法组成合议庭，于2013年5月8日进行公开开庭审理。经过合议庭评议，评议结论已经作出。现在宣判。（敲击法槌）

审判长：宣读（2015）京知行终字第××××号行政判决书（详见本章第四节"知识产权行政诉讼主要诉讼文书"）……综上所述，合议庭经评议认为一审判决认定事实清楚，适用法律、法规正确，一审法院判决驳回北京晶彩公司的诉讼请求正确，本院应予维持。上诉人北京晶彩公司的上诉理由缺乏事实及法律依据，其上诉请求本院不予支持。依照《中华人民共和国行政诉讼法》第89条第1款第（1）项的规定，本院判决如下：请各方当事人起立。

驳回上诉，维持一审判决。（敲击法槌）各方当事人请坐。

二审案件受理费50元，由上诉人北京晶彩商贸有限公司负担（已缴纳）。

本判决为终审判决。庭后将送达判决书，请各方当事人签收判决书及回执。

上诉人北京晶彩商贸有限公司与被上诉人北京市工商行政管理局××分局工商行政处罚一案现已审理终结。闭庭。

宣读完毕，审判长敲击法槌。

书记员宣布：全体起立，请审判长、审判员、人民陪审员退庭。

【思考与练习】

1. 作为知识产权行政诉讼上诉人应如何准备上诉材料？

2. 作为知识产权行政诉讼被上诉人应如何准备答辩材料？

3. 知识产权行政诉讼二审审查的范围与一审有何不同？

第四节　知识产权行政诉讼主要法律文书

一、行政起诉状

（一）文本格式和制作注意事项

行政起诉状

原告＊＊＊，……（自然人写明姓名、性别、工作单位、住址、有效身份证件号码、联系方式等基本信息；法人或其他组织写明名称、地址、联系电话、法定代表人或负责人等基本信息）。

委托代理人＊＊＊，……（写明姓名、工作单位等基本信息）。

被告＊＊＊，……（写明名称、地址、法定代表人等基本信息）。

其他当事人＊＊＊，……（参照原告的身份写法，没有其他当事人，此项可不写）。

诉讼请求：……（写明具体的诉讼请求。根据《最高人民法院关于适用中华人民共和国行政诉讼法》若干问题的解释，"具体的诉讼请求"是指：（一）请求判决撤销或者变更行政行为；（二）请求判决行政机关履行法定职责或者给付义务；（三）请求判决确认行政行为违法；（四）请求判决确认行政行为无效；（五）请求判决行政机关予以赔偿或者补偿；（六）请求解决行政协议争议；（七）请求一并审查规章以下规范性文件；（八）请求一并解决相关民事争议；（九）其他诉讼请求）。

事实和理由：……（写明起诉的理由及相关事实依据。事实部分须写明被告侵犯起诉人合法权益的事实经过、原因及造成的结果，指出行政争议的焦点。理由部分是依据法律法规进行分析，论证诉讼请求合理合法，指出被诉行政行为认定事实、适用法律、行政程序，以及权限违法、明显不当等方面的错误）。

证据和证据来源、证人姓名和住址：……（可无。这部分内容要求原告就诉讼请求、列举的事实、阐述的理由举出证据，应当详细、分明，以便人民法院在办案过程中核对查实）。

此致
××××人民法院

原告：＊＊＊（签字盖章）

［法人：＊＊＊（盖章）］

××××年××月××日

（写明递交起诉之日）

附：

1. 起诉状副本××份

2. 被诉行政行为××份

3. 其他材料××份

（二）参考实例

行政起诉状

原告艾米集团总公司，住所地法兰西共和国巴黎，马塞大街 N 号。

法定代表人弗某某·某某，董事会主席。

委托代理人耿某，北京市一鸣律师事务所律师。

委托代理人姚某，北京市一鸣律师事务所律师。

被告中华人民共和国国家工商行政管理总局商标评审委员会，住所地中华人民共和国北京市西城区茶马南街 1 号。

法定代表人何某某，主任。

诉讼请求：

1. 原告请求法院依法撤销被告作出的商评字（2015）第 39604 号被诉

决定，并责令被告重新作出决定。

2. 判令被告承担本案的诉讼费用。

事实与理由：

原告艾米集团公司系一国际知名轮胎制造公司，于2013年12月5日向国家工商行政管理总局商标局申请商标注册，申请商标为第12861579号"途顺"商标，指定使用的商品为第12类车辆充气轮胎、车轮内胎、翻新轮胎用胎面、履带式车辆用履带。2014年11月6日，商标局向其发出《商标驳回通知书》，驳回理由是申请商标"途顺"与江苏驰骋汽车有限公司在2013年10月23日在先申请的类似商品上的商标相同或近似。2014年12月4日，艾米公司向国家工商行政管理总局商标评审委员会提出驳回商标注册申请复审申请。商标评审委员会于2015年5月20日针对艾米公司就第12861579号"途顺"商标提出的驳回复审申请作出被诉决定即商评字（2015）第39604号《关于第12861579号"途顺"商标驳回复审决定书》，认为申请商标已构成《中华人民共和国商标法》第30条所指的使用在同一种或类似商品上的近似商标。依照《商标法》第30条和第34条的规定，商标评审委员会决定：申请商标在复审商品上的注册申请予以驳回。原告认为申请商标的注册申请不属于《商标法》第30条规定之情形。商评字（2015）第39604号行政决定违法，理由如下：一、申请商标与引证商标存在一定区别，准予注册不会造成混淆误认。从整体视觉效果看，申请商标与引证商标虽然均由"途"和"顺"两个字组成，但排列顺序完全相反，按照通常从左向右顺序的阅读习惯，二者呼叫读音完全不同，不构成近似商标。从指定商品看，第一，在实际使用过程中，申请商标会与"AIMI及地球图形"、对应英文商标"GOODTRIP"一起使用在轮胎标贴面的胎壁，引证商标所有人江苏驰骋汽车有限公司的产品主要为客车、卡车、专用车等，引证商标一般作为驰骋、奔腾的子品牌进行使用。第二，申请商标指定使用的商品不属于终端消费品，与引证商标核定使用的客车等商品在消费对象、购买渠道等方面明显不同，不构成类似商品。因此，相关公众在实际购买时不会产生混淆误认。二、原告目前正与引证商标所有人洽谈商标共存事宜，故应对共存协议予以尊重。因此，原告请求法院依法撤销被告作出的被诉决定，并责令被告重新作出决定。

此致
××××人民法院

原告：[艾米集团总公司（盖章）]
××××年××月××日

附：
1. 起诉状副本1份
2. 被诉行政行为1份

二、行政诉讼答辩状

（一）文本格式和制作注意事项

行政诉讼答辩状

答辩人＊＊＊，……（写明名称、地址、法定代表人等基本信息）。
法定代表人＊＊＊，……（写明姓名、职务等基本信息）。
委托代理人＊＊＊，……（写明姓名、工作单位等基本信息）。

因＊＊＊诉我单位……（写明案由或起因）一案，现答辩如下：
答辩请求：……（写明针对原告诉讼请求或上诉人上诉请求的相应的答辩主张，如要求驳回原告的诉讼请求、驳回上诉人的上诉请求、维持原判等）。
事实和理由：……（写明答辩的观点、事实与理由。针对原告在起诉状中提出的事实和理由，或上诉人在上诉状中提出的上诉请求和理由，并围绕行政行为的合法性进行答辩，要注意条理清晰）。

此致

××××人民法院

答辩人：＊＊＊（盖章）

××××年××月××日

（写明递交答辩状之日）

附：

1. 答辩状副本×份

2. 证据目录及证据×件份

3. 法律和法规复印件×份

4. 其他文件×份

（二）参考实例

行政诉讼答辩状

答辩人中华人民共和国国家工商行政管理总局商标评审委员会，住所地中华人民共和国北京市西城区茶马南街1号。

法定代表人何某某，主任。

委托代理人章某，商标评审委员会审查员。

因原告艾米集团总公司诉我单位商标申请驳回复审行政纠纷一案，现答辩如下：

答辩请求：驳回原告艾米集团总公司的诉讼请求。

事实和理由：我委作出的商评字（2015）第39604号《关于第12861579号"途顺"商标驳回复审决定书》合法。该行政认定事实清楚、适用法律正确。申请商标的注册申请属于《商标法》第30条规定之情形。理由如下：申请商标"途顺"与第11806175号"顺途"商标（简称引证商标）文字构成相同，仅文字排列顺序不同，两商标已构成近似商标。申请商标指定使用的车轮内胎、履带式车辆用履带等商品与引证商标核定使用的汽车、轮胎（运载工具用）等商品属于类似商品，两商标共同使用在上述类似商品上，易使消费者对商品来源产生混淆误认，已构成《中华人民共和国商标法》第30条所指的使用在同一种或类似商品上的近似商标。依照《商标法》第30条和第34条的规定，商标评审委员会决定：申请商标在复审商品上的注册申请予以驳回。因此被诉决定认定事实清楚，适用法律正确，审查程序合法，故请求人民法院依法驳回原告艾米集团总公司的诉讼请求。

　　此致
××××人民法院

答辩人：商标评审委员会（盖章）

××××年××月××日

　　附：

1. 答辩状副本1份

2. 证据清单1份

3. 法律和法规复印件1份

三、行政诉讼代理词

（一）文本格式和制作注意事项

代理词

审判长、审判员（或人民陪审员）：

　　根据《中华人民共和国行政诉讼法》第31条之规定，××律师事务所接受本案原告（被告、上诉人、被上诉人）××的委托，指派我担任委托代理人，代理诉讼。接受委托之后，本诉讼代理人进行了阅卷并进行了全面调查，今天又参加了庭审，比较清楚地掌握了本案的全部情况。现依据事实和法律发表如下代理意见，请合议庭在合议时能予以考虑。

……（写明具体的代理意见）。

综上所述，本代理人认为，为了维护当事人的合法权益，请合议庭依法公正判决。

此致
××××人民法院

委托代理人：××律师事务所（盖章）

××律师（签名）

××××年××月××日

（二）参考实例

代理词

（一审原告）

审判长、人民陪审员：

根据《中华人民共和国行政诉讼法》第31条之规定，北京市一鸣律师事务所接受本案原告艾米集团总公司的委托，指派我担任委托代理人，代理诉讼。接受委托之后，本诉讼代理人进行了阅卷并进行了全面调查，今天又参加了庭审，比较清楚地掌握了本案的全部情况。现依据事实和法律发表如下代理意见，请合议庭在合议时能予以考虑。

被告作出的商评字（2015）第39604号行政决定违法，该行政认定事实不清、适用法律错误。申请商标的注册申请不属于《商标法》第30条规定之情形。理由如下：一、申请商标与引证商标存在一定区别，准予注册不会造成混淆误认。从整体视觉效果看，申请商标与引证商标虽然均由"途"和"顺"两个字组成，但排列顺序完全相反，按照通常从左向右顺序的阅读习惯，二者呼叫读音完全不同，不构成近似商标。从指定商品看，第一，在实际使用过程中，申请商标会与"AIMI 及地球图形"、对应英文商标"GOODTRIP"一起使用在轮胎标贴面的胎壁，引证商标所有人江苏驰骋汽车有限公司的产品主要为客车、卡车、专用车等，引证商标一般作为驰骋、奔腾的子品牌进行使用。第二，申请商标指定使用的商品不属于终端消费品，与引证商标核定使用的客车等商品在消费对象、购买渠道等方面明显不同，不构成类似商品。因此，相关公众在实际购买时不会产生混淆误认。故申请商标的注册申请不属于《商标法》第 30 条规定的同他人在同一种商品或者类似商品上已经注册的或者初步审定的商标相同或者近似的情形。二、原告目前正与引证商标所有人洽谈商标共存事宜，故应对共存协议予以尊重。

综上所述，本代理人认为，为了维护当事人的合法权益，请合议庭依法公正判决。

此致
××人民法院

委托代理人：北京市一鸣律师事务所（盖章）

耿某律师（签名）

××××年××月××日

代理词

（一审被告）

审判长、审判员（或人民陪审员）：

根据《行政诉讼法》第 31 条之规定，我接受本案被告中华人民共和国国家工商行政管理总局商标评审委员会的委托，担任其行政诉讼一审代理人。接受委托之后，本诉讼代理人进行了阅卷并进行了全面调查，今天又参加了庭审，比较清楚地掌握了本案的全部情况。现依据事实和法律发表如下代理意见，请合议庭在合议时能予以考虑。

被告作出的商评字（2015）第39604号《关于第12861579号"途顺"商标驳回复审决定书》合法。该行政认定事实清楚、适用法律正确。申请商标的注册申请不属于《商标法》第30条规定之情形。理由如下：申请商标"途顺"与第11806175号"顺途"商标（简称引证商标）文字构成相同，仅文字排列顺序不同，两商标已构成近似商标。申请商标指定使用的车轮内胎、履带式车辆用履带等商品与引证商标核定使用的汽车、轮胎（运载工具用）等商品属于类似商品，两商标共同使用在上述类似商品上，易使消费者对商品来源产生混淆误认，已构成《中华人民共和国商标法》第30条所指的使用在同一种或类似商品上的近似商标。故，商标评审委员会依照《商标法》第30条和第34条的规定作出的商评字（2015）第39604号驳回复审决定认定事实清楚，适用法律正确，审查程序合法。

综上所述，本代理人认为，为了维护当事人的合法权益，请合议庭依法公正判决。

此致
××人民法院

委托代理人：章某（签名）
××××年××月××日

四、一审行政判决书

（一）文本格式和制作注意事项

因知识产权行政诉讼一审程序的主要判决种类是驳回诉讼请求、撤销及部分撤销被诉行政行为、变更行政行为、限期被告履行法定职责、确认被诉行政行为违法、确认被诉行政行为无效的判决，故以下主要结合此几类判决和行政诉讼一审判决书判决书的文本格式分首部、事实、理由、判决结果、尾部和附录几大部分阐述其制作注意事项。

××××人民法院

行政判决书

（××××）×行初字第××号

原告＊＊＊，……（写明姓名或名称等基本情况）。

法定代表人＊＊＊，……（写明姓名、职务）。

法定代理人（或指定代理人）……（写明姓名等基本情况）。

委托代理人……（写明姓名等基本情况）。

被告＊＊＊，……（写明行政主体名称和所在地址）。

法定代表人＊＊＊，……（写明姓名、职务）。

委托代理人＊＊＊，……（写明姓名、工作单位和职务等基本情况）。

第三人＊＊＊，……（写明姓名或名称等基本情况）。

法定代表人＊＊＊，……（写明姓名、职务）。

法定代理人（或指定代理人）……（写明姓名等基本情况）。

委托代理人……（写明姓名等基本情况）。

原告＊＊＊不服被告＊＊＊（行政主体名称）……（行政行为），于×
×××年××月××日向本院提起行政诉讼。本院于××××年××月××日立案后，
于××××年××月××日向被告送达了起诉状副本及应诉通知书。本院依法组
成合议庭，于××××年××月××日公开（或不公开）开庭审理了本案。……
（写明到庭参加庭审活动的当事人、行政机关负责人、诉讼代理人、证人、
鉴定人、勘验人和翻译人员等，如当事人经合法传唤无正当理由未到庭的，
应当写明："×告×××经本院合法传唤，无正当理由拒不到庭"）。到庭参
加诉讼。……（写明发生的其他重要程序活动）。本案现已审理终结。

被告＊＊＊（行政主体名称）于××××年××月××日作出……（被诉行
政行为名称），……（此为行政行为的叙述部分。一般应写明被诉行政行

为认定的主要事实、定性依据以及处理结果等核心内容）。

原告＊＊＊诉称，……（写明原告的诉讼请求、主要理由及原告提供的证据、依据等）。

被告＊＊＊辩称，……（写明被告的答辩请求及主要理由）。

被告＊＊向本院提交了以下证据、依据：1.……（证据的名称及内容等）；2.……。

第三人＊＊＊述称，……（写明第三人的意见、主要理由及第三人提供的证据、依据等）。

本院依法调取了以下证据：……（写明证据名称及证明目的）。

经庭审质证（或庭前交换证据、庭前准备会议），……（写明当事人的质证意见）。

本院对上述证据认证如下：……（写明法院的认证意见和理由。认证意见应当明确，对当事人有争议的证据，应写明采纳或不采纳的理由。案件的争议主要集中在事实问题的，也可将对证据的具体质证、认证意见与案件的争议焦点结合起来，置于"本院认为"部分论述）。

经审理查明，……（写明法院查明的事实。可以区分写明当事人无争议的事实和有争议但经法院审查确认的事实）。

本院认为，……（写明法院判决的理由。理由部分要根据查明的事实和有关法律、法规和法学理论，就行政主体所作的行政行为是否合法、原告的诉讼请求是否成立等进行分析论证，阐明判决的理由）。依照……（写明判决依据的行政诉讼法以及相关司法解释的条、款、项、目。条文内容较多的，也可以只援引法律条款，将具体内容附在判决书的附录部分）的规定，判决如下：

……写明判决结果。结合知识产权行政诉讼案件，判决结果一般分七种情况：

第一，驳回原告诉讼请求的，写："驳回原告＊＊＊的诉讼请求。"（行政行为证据确凿，适用法律、法规正确，符合法定程序的，或者原告申请被告履行法定职责或者给付义务理由不成立的，人民法院判决驳回原告的诉讼请求）。

第二，撤销被诉行政行为的，写："一、撤销被告＊＊＊（行政主体名称）作出的（××××）……字第×××号……（行政行为名称）；二、责令被告＊＊＊（行政主体名称）在××日内重新作出行政行为（不需要重作的，此项不写；不宜限定期限的，期限不写）。"

第三，部分撤销被诉行政行为的，写："一、撤销被告＊＊＊（行政主体名称）作出的（××××）……字第××号……（行政行为名称）的第××项，即……（写明撤销的具体内容）；二、责令被告＊＊＊（行政主体名称）在××日内重新作出行政行为（不需要重作的，此项不写；不宜限定期限的，期限不写）；三、驳回原告＊＊＊的其他诉讼请求。"

第四，判决变更行政处罚的，或判决变更其他行政行为对款额的确定、认定的，写："变更××××（行政机关名称）××××年××月××日（××××）×××字第××号处罚决定（或复议决定），改为……（写明变更后的内容）。"

第五，确认被诉行政行为违法的，写："一、确认被告＊＊＊（行政主体名称）××××年××月××日作出的（××××）字第×××号……（行政行为名称）违法；二、责令被告＊＊＊（行政主体名称）在××日内，……（写明采取的补救措施。不需要采取补救措施的，此项不写）。"

第六，确认被诉行政行为无效的，写："一、确认被告＊＊＊（行政主体名称）××××年××月××日作出的（××××）字第×××号……（行政行为名称）无效；二、责令被告＊＊＊（行政主体名称）在××日内，……（写明采取的补救措施。不需要采取补救措施的，此项不写）。"

第七，判决被告在一定期限内履行法定职责的，写："责成被告＊＊＊＊……（写明被告应当履行的法定职责内容和期限）"。

……（写明诉讼费用的负担）。

如不服本判决，可以在判决书送达之日起 15 日内向本院递交上诉状，并按对方当事人的人数提出副本，上诉于××××人民法院。

审　判　长　　＊＊＊
审　判　员　　＊＊＊
审　判　员　　＊＊＊

××××年××月××日

（院印）

本件与原本核对无异
书　记　员　　＊＊＊

附：本判决适用的相关法律依据

（根据案件的不同需要，可将判决书中的有关内容载入附录部分，如：判决书中所提到的法律规范条文，群体诉讼案件中原告名单及其身份情况、知识产权案件中的图案等均可以列入此部分）

（二）参考实例

中华人民共和国××××法院

行政判决书❶

（2015）京×行初字第××××号

原告艾米集团总公司，住所地法兰西共和国巴黎，马塞大街 N 号。

---

❶　北京市第一中级人民法院．米其林集团总公司诉中华人民共和国国家工商行政管理总局商标评审委员会行政判决书〔EB/OL〕．http：//openlaw.cn/judgement/29fde91d8b4f4448b822ae0f10e11305，2012-07-20/2016-11-20.

法定代表人弗某某·某某，董事会主席。

委托代理人耿某，北京市一鸣律师事务所律师。

委托代理人姚某，北京市一鸣律师事务所律师。

被告中华人民共和国国家工商行政管理总局商标评审委员会，住所地中华人民共和国北京市西城区茶马南街1号。

法定代表人何某某，主任。

委托代理人章某，商标评审委员会审查员。

原告艾米集团总公司（以下简称艾米公司）因商标申请驳回复审行政纠纷一案，不服被告中华人民共和国国家工商行政管理总局商标评审委员会（以下简称商标评审委员会）于2015年5月20日作出的商评字（2015）第39604号《关于第12861579号"途顺"商标驳回复审决定书》（以下简称被诉决定），于法定期限内向本院提起行政诉讼。本院于2015年10月9日受理本案后，依法组成合议庭，于2015年11月11日公开开庭进行审理。原告艾米公司的委托代理人耿某、被告商标评审委员会的委托代理人章某到庭参加了诉讼。本案现已审理终结。

被诉决定系商标评审委员会针对艾米公司就第12861579号"途顺"商标（以下简称申请商标）提出的驳回复审申请作出的。该决定认定：申请商标"途顺"与第11806175号"顺途"商标（以下简称引证商标）文字构成相同，仅文字排列顺序不同，两商标已构成近似商标。申请商标指定使用的车轮内胎、履带式车辆用履带等商品与引证商标核定使用的汽车、轮胎（运载工具用）等商品属于类似商品，两商标共同使用在上述类似商品上，易使消费者对商品来源产生混淆误认，已构成《中华人民共和国商标法》（以下简称《商标法》）第30条所指的使用在同一种或类似商品上的近似商标。依照《商标法》第30条和第34条的规定，商标评审委员会决定：申请商标在复审商品上的注册申请予以驳回。

原告艾米公司诉称：一、申请商标与引证商标存在一定区别，准予注册不会造成混淆误认。从整体视觉效果看，申请商标与引证商标虽然均由

"途"和"顺"两个字组成，但排列顺序完全相反，按照通常从左向右顺序的阅读习惯，二者呼叫读音完全不同，不构成近似商标。从指定商品看，第一，在实际使用过程中，申请商标会与"AIMI及地球图形"、对应英文商标"GOODTRIP"一起使用在轮胎标贴面的胎壁，引证商标所有人江苏驰骋汽车有限公司的产品主要为客车、卡车、专用车等，引证商标一般作为驰骋、奔腾的子品牌进行使用。第二，申请商标指定使用的商品不属于终端消费品，与引证商标核定使用的客车等商品在消费对象、购买渠道等方面明显不同，不构成类似商品。因此，相关公众在实际购买时不会产生混淆误认。二、原告目前正与引证商标所有人洽谈商标共存事宜，故应对共存协议予以尊重。因此，原告请求法院依法撤销被告作出的被诉决定，并责令被告重新作出决定。

被告商标评审委员会辩称：申请商标指定使用的商品与引证商标核定使用的商品构成类似商品，两商标亦构成近似商标。因此被诉决定认定事实清楚，适用法律正确，审查程序合法，请求人民法院依法维持被诉决定。

本院经审理查明：

引证商标为第13406175号"顺途"商标（商标图样附后），申请日为2013年10月23日，2015年3月8日核准注册，专用权人为江苏驰骋汽车有限公司，核定使用在第12类陆、空、水或铁路用机动车运载工具、小型机动车、汽车、陆地车辆引擎、自行车、缆车、手推车、轮胎（运载工具用）、空中运载工具、船商品上。商标专用期限至2025年3月7日止。

申请商标为第13661579号"途顺"商标（商标图样附后），由艾米公司于2013年12月5日申请注册，指定使用的商品为第12类车辆充气轮胎、车轮内胎、翻新轮胎用胎面、履带式车辆用履带。

2014年11月6日，中华人民共和国国家工商行政管理总局商标局发出《商标驳回通知书》，根据《商标法》第31条的规定，决定驳回申请商标的注册申请。

2014 年 12 月 4 日，艾米公司向商标评审委员会提出驳回商标注册申请复审申请，其主要理由为：申请商标与引证商标未构成近似商标。

商标评审委员会于 2015 年 5 月 20 日作出被诉决定。

在本案诉讼程序中，艾米公司未提交证据材料。商标评审委员会提供了申请商标与引证商标的商标档案、商标驳回通知书以及艾米公司在评审程序中提交的复审申请书、相关委托手续；艾米公司对上述证据的证明效力和被诉决定的作出程序均不持异议，并表示申请商标没有使用，与引证商标权利人即南京依维柯汽车有限公司尚未达成共存协议。

上述事实，有申请商标及引证商标的商标档案、商标驳回通知书、驳回商标复审申请书以及双方当事人陈述等证据在案佐证。

本院认为：

鉴于艾米公司对被诉决定作出程序不持异议，本院经审查予以确认。根据双方当事人的诉辩主张，本案焦点问题为申请商标的注册申请是否属于《商标法》第 30 条规定之情形。

《商标法》第 30 条的规定："申请注册的商标，凡不符合本法有关规定或者同他人在同一种商品或者类似商品上已经注册的或者初步审定的商标相同或者近似的，由商标局驳回申请，不予公告。"

类似商品是指在功能用途、生产部门、销售渠道、消费对象等方面相同或相关，公众一般认为其存在特定联系、容易造成混淆的商品。

本案中，申请商标指定使用的车辆充气轮胎、车轮内胎、翻新轮胎用胎面、履带式车辆用履带等商品，与引证商标核定使用的机动车运载工具、小型机动车、汽车、轮胎等商品在产品特征、功能用途、销售渠道、消费对象等方面基本一致或存在重合，故二者已经构成相同或类似商品。

商标近似是指商标文字的字形、读音、含义或者图形的构图及颜色，或者其各要素组合后的整体结构相似，或者其立体形状、颜色组合近似，易使相关公众对商品或服务的来源产生误认或者认为其来源之间有特定的联系。

本案中，申请商标"途顺"与引证商标"顺途"在文字构成、整体外观、含义解读等方面基本相同，只是左右排列顺序相反，若将申请商标与引证商标共同使用在同一种或类似商品上，依据相关公众的一般注意程度，容易对商品来源产生误认或者认为其来源之间有特定的联系，故申请商标与引证商标构成近似商标。申请商标属于《商标法》第30条所指之情形。

艾米公司确认尚未与引证商标权利人达成商标共存协议，本院不予考虑。

综上所述，被诉决定证据确凿、适用法律法规正确、程序合法，艾米公司的各项主张不能成立，本院不予支持。依照《中华人民共和国行政诉讼法》第69条的规定，本院判决如下：

驳回原告艾米集团总公司的诉讼请求。

案件受理费人民币100元，由原告艾米集团总公司承担（已缴纳）。

如不服本判决，原告艾米集团总公司可在本判决书送达之日起30日内，被告中华人民共和国国家工商行政管理总局商标评审委员会可在本判决书送达之日起15日内，向本院递交上诉状及副本，并缴纳上诉案件受理费人民币100元，上诉于中华人民共和国北京市高级人民法院。

审　判　长　　刘某

审　判　员　　黄某

人民陪审员　　孙某某

二〇一五年十一月二十日

（院印）

本件与原本核对无异

法官助理　　张某

书　记　员　　王某某

附图：

申请商标

引证商标

五、行政上诉状

（一）文本格式和制作注意事项

行政上诉状

上诉人＊＊＊，……（写明姓名或名称等基本情况）。

被上诉人＊＊＊，……（写明姓名或名称等基本情况）。

上诉人＊＊＊因……（写明案由）一案，不服××××人民法院××××年××月××日作出的（××××）×行×字第××号（判决或裁定），现提出上诉。

上诉请求：

……（写明具体的上诉请求，即上诉人请求第二审人民法院依法撤销或变更一审裁判，以及如何解决行政诉讼的具体请求）。

上诉理由：

……（写明不服原审判决和裁定的事实及理由。针对第一审裁判在认定事实、适用法律和诉讼程序等方面的错误或不当之处，运用事实证据和法律依据进行论证，以说明上诉人的上诉请求是合理合法的）。

此致

××××人民法院

上诉人：＊＊＊（签字或者盖章）

××××年××月××日

附：上诉状副本××份（上诉状副本份数，应按被上诉人的人数提交）

（上诉时有新证据的，应附上新的证据）

（二）参考实例

行政上诉状

上诉人（一审原告）北京晶彩商贸有限公司，住所地北京市××区依山路8号。

法定代表人张某，董事长。

委托代理人徐某，北京永安律师事务所律师。

委托代理人刘某，北京永安律师事务所律师。

被上诉人（一审被告）北京市工商行政管理局××分局，住所地北京市××区依云路88号。

法定代表人郭某，局长。

上诉人北京晶彩商贸有限公司因工商行政处罚一案，不服北京市××区人民法院作出的（2013）×行初字第××号行政判决，现提出上诉。

上诉请求：

1. 请求撤销北京市××区人民法院（2013）×行初字第××号行政判决

2. 请求撤销北京市工商行政管理局××分局（简称工商××分局）的京工商×处字（2012）第××××号行政处罚决定。

3. 责令工商××分局重新作出具体行政行为。

上诉理由：

1. 一审判决事实认定不清。上诉人销售的 AIYICI2 商品来源合法，系意大利 AIYICI2 有限公司授权其销售，履行了合法的报关手续，且被控侵权商品在涉案商标于国内申请注册前即2003年12月17日前已经在国内相关公众中具有一定的知名度。且工商××分局认定的违法数额不当，销售清单显示的 8 303 531 销售额中有 241 400 元为涉案商标核定使用商品之外的其他商品的销售额。

2. 一审法院适用法律错误。上诉人的行为不属于《商标法》第52条所规定的侵犯注册商标专用权的情形，涉案商标从未进行过使用，而且是对他人在先商标的恶意抢注。另外，涉案商标目前已经发生转让，元华公司和上诉人的关联公司意大利 AIYICI2 公司已经签署了《商标转让合同》，并在商标局做了权利人变更登记。

综上，上诉人请求撤销一审判决和被诉处罚决定，并责令工商××分局重新作出具体行政行为。

此致
××××人民法院

上诉人：北京晶彩商贸有限公司（盖章）

××××年××月××日

附：上诉状副本 1 份
　　证据清单 1 份

六、二审行政判决书

（一）文本格式和制作注意事项

××××人民法院

行政判决书

（二审维持原判或改判用）

（××××）×行终字第××号

上诉人（原审×告）＊＊＊，……（写明姓名或名称等基本情况）。

被上诉人（原审×告）＊＊＊，……（写明姓名或名称等基本情况）。

（当事人及其他诉讼参加人的列项和基本情况的写法，除当事人的称谓外，与一审行政判决书样式相同。原告、被告和第三人都提出上诉的，可并列为"上诉人"。上诉案件当事人中的代表人、诉讼代理人等，分别

289

在该当事人项下另起一行列项书写）。

上诉人＊＊＊因……（写明案由）一案，不服××××人民法院（×××
×）×行初字第××号行政判决，向本院提起上诉。本院依法组成合议庭，公
开（或不公开）开庭审理了本案。……（写明到庭的当事人、诉讼代理人
等）到庭参加诉讼。本案现已审理终结。（未开庭的，写"本院依法组成
合议庭，对本案进行了审理，现已审理终结"）

……（概括写明原审认定的事实、理由和判决结果，简述上诉人的上诉
请求及其主要理由和被上诉人的主要答辩的内容及原审第三人的陈述意见）。

……（当事人二审期间提出新证据的，写明二审是否采纳以及质证情
况，并说明理由。如无新证据，本段不写）。

经审理查明，……（写明二审认定的事实和证据）。

本院认为，……（写明本院判决的理由，针对上诉请求和理由，重点
围绕争议焦点，就原审判决及被诉行政行为是否合法，上诉理由是否成立，
上诉请求是否应予支持等，阐明维持原判或者撤销原判予以改判的理由。
具体写法可参照一审判决书理由部分）。依照……（写明判决依据的法律
以及相关司法解释的条、款、项、目）的规定，判决如下：

……写明判决结果。分为以下四种情形：

第一，维持原审判决的，写："驳回上诉，维持原判。"

第二，对原审判决部分维持、部分撤销的，写："一、维持××××人民
法院（××××）×行初字第××号行政判决第×项，即……（写明维持的具体
内容）；二、撤销××××人民法院（××××）×行初字第××号行政判决第×项，
即……（写明撤销的具体内容）；三、……（写明对撤销部分作出的改判
内容。无需改判的此项不写）。"

第三，撤销原审判决，驳回原审原告的诉讼请求的，写："一、撤销×
×××人民法院（××××）×行初字第××号行政判决；二、驳回×××（当事人
姓名）的诉讼请求。"

第四，撤销原审判决，同时撤销或变更行政机关的行政行为的，写：
"一、撤销××××人民法院（××××）×行初字第××号行政判决；二、撤销

（或变更）××××（行政主体名称）××××年××月××日（××××）×××字第××号……（写明行政行为或者复议决定名称）；三、……（写明二审法院改判结果的内容。无需改判的此项不写）。"

　　……（写明诉讼费用的负担。对驳回上诉，维持原判的案件，二审诉讼费用由上诉人承担；双方当事人都提出上诉的，由双方分担。对撤销原判，依法改判的案件，应同时对一、二两审的各项诉讼费用由谁负担，或者共同分担的问题作出决定，相应地变更一审法院对诉讼费用负担的决定）。

　　本判决为终审判决。

审　判　长　　＊＊＊
审　判　员　　＊＊＊
审　判　员　　＊＊＊

××××年××月××日
（院印）

本件与原本核对无异
书　记　员　　＊＊＊

附：本判决适用的相关法律依据

（二）参考实例

××××人民法院
行政判决书❶

（2015）京×行终字第××××号

---

❶ 北京市知识产权法院．（2015）京知行终字第 1518 号行政判决书［EB/OL］．http：//www.chinaiprlaw.cn/index.php？id=4336，2016-08-18/2016-11-28.

上诉人（一审原告）北京晶彩商贸有限公司，住所地北京市××区依山路8号。

法定代表人张某，董事长。

委托代理人徐某，北京永安律师事务所律师。

委托代理人刘某，北京永安律师事务所律师。

被上诉人（一审被告）北京市工商行政管理局××分局，住所地北京市××区依云路88号。

法定代表人郭某，局长。

委托代理人柳某，北京市工商行政管理局××分局干部。

委托代理人包某某，北京市升平律师事务所律师。

上诉人北京晶彩商贸有限公司（以下简称晶彩公司）因工商行政处罚一案，不服北京市××区人民法院（以下简称一审法院）作出的（2013）×行初字第××号行政判决（以下简称一审判决），于法定期限内向本院提起上诉。本院于2015年3月23日受理后，依法组成合议庭对本案进行了审理。本案现已审理终结。

2012年10月18日，工商××分局对晶彩公司作出京工商×处字（2012）第××××号行政处罚决定（以下简称被诉处罚决定），认定：晶彩公司存在侵犯他人注册商标专用权的行为，发现尚未售出的侵权商品528件，按标价计算，价值2 702 750元。晶彩公司自2011年5月30日开业至2012年2月14日执法检查时止，销售侵权商品的销售额共计8 303 531元。上述已售及未售侵权商品的非法经营额共计11 006 281元。因此，依据《中华人民共和国商标法》第53条和《中华人民共和国商标法实施条例》第52条的规定，责令晶彩公司立即停止侵权行为，并对其作出如下处罚：（1）没收侵犯第3849642号"AIYICI"商标专用权的服装、鞋和皮带等商品528件；（2）处以罚款11 000 000元。

晶彩公司不服被诉处罚决定，向一审法院提起行政诉讼，请求撤销被诉处罚决定。

2014 年 12 月 24 日，一审法院作出判决认为：

根据《商标法》第 54 条、第 55 条之规定，工商××分局对辖区内侵犯注册商标专用权的行为有进行查处并作出处罚的法定职权。

晶彩公司销售标有"AIYICI"和"AIYICI2"的服装、鞋和皮带等商品，属于侵犯弗朗斯公司涉案商标专用权的违法行为，被诉处罚决定认定事实清楚、证据确凿。工商××分局在作出被诉处罚决定前，依法履行了立案、调查询问、听证告知、举行听证会、内部审批、送达等程序，符合法律规定。

依据《商标法》第 53 条、《商标法实施条例》第 52 条规定并结合《北京市工商行政管理局相关违法行为行政处罚裁量权执行标准》的相关规定，以认定的晶彩公司的非法经营额 11 006 281 元为基础，对其处以 11 000 000 元的罚款，处罚幅度适当，不存在显失公正的情况。

综上，一审法院依据《中华人民共和国行政诉讼法》第 69 条之规定，判决驳回了晶彩公司的诉讼请求。上诉人晶彩公司不服一审判决，向二审法院提起上诉。

关于晶彩公司认为涉案商标的合法性尚不明确，AIYICI2 服装在国内已成为一种知名商品，而 AIYICI/AIYICI2 作为该知名商品的特有名称，依法享有相应的在先权利，理应予以保护的诉讼主张，一审法院认为，晶彩公司既然提出在先权利抗辩，其应当提供证据证明在涉案商标申请注册前，AIYICI2 服装已经在中国境内具有一定的市场知名度，为相关公众所知悉的商品，而根据晶彩公司提供的相关证据所显示的被控侵权商品在涉案商标申请注册前中国市场的销售时间和销售范围，其仅能证明 AIYICI/AIYICI2 服装在相关具体国外市场的知名度，而尚不足以证明 AIYICI/AIYICI2 服装在涉案商标在国内申请注册前已经在国内相关公众中具有一定的知名度。因此，在现有证据情况下，工商××分局依据权利人有效的权利证明，对晶彩公司侵犯他人商标专用权的行为进行查处并无不当，一审法院亦无法认定 AIYICI/AIYICI2 构成知名商品的特有名称。故对于北京晶彩公司的诉讼主张，一审法院不予支持。

综上，一审法院依据《最高人民法院关于执行〈中华人民共和国行政诉讼法〉若干问题的解释》第 56 条第（4）项之规定，判决驳回了晶彩公司的诉讼请求。

上诉人晶彩公司不服一审判决，向本院提起上诉称：一、一审判决事实认定不清。晶彩公司销售的 AIYICI2 商品来源合法，且工商××分局认定的违法数额不当。二、一审法院适用法律错误。晶彩公司行为不属于《商标法》第 52 条所规定的侵犯注册商标专用权的情形，涉案商标从未进行过使用，且是对他人在先商标的恶意抢注。综上，晶彩公司请求撤销一审判决和被诉处罚决定，并责令工商××分局重新作出行政行为。

被上诉人工商××分局同意一审判决，请求依法予以维持。

结合双方当事人在一审诉讼期间提交的证据，一审法院查明以下事实：

涉案商标 AIYICI 的注册人为弗朗斯股份有限公司（以下简称弗朗斯公司），注册申请日为 2003 年 12 月 17 日，有效期限自 2007 年 2 月 14 日至 2017 年 2 月 13 日。经国家工商行政管理总局商标局核准，核定使用在第 25 类服装、鞋、皮带等商品上。涉案商标权人弗朗斯公司许可浙江元华服饰有限公司（以下简称元华公司）在中国境内独占使用涉案商标，许可期限自 2011 年 5 月 7 日至 2017 年 2 月 13 日。上述许可合同已在商标局备案，备案号为 201115401。

2012 年 2 月 8 日，元华公司向北京市工商行政管理局××分局（以下简称工商××分局）投诉北京晶彩商贸有限公司（以下简称晶彩公司）销售侵犯涉案商标专用权的商品。2012 年 2 月 14 日，工商××分局予以立案调查，后依法履行现场检查、扣押、调查询问、听证告知、举行听证会程序。并查明：晶彩公司自 2011 年 5 月 30 日起，在位于北京市××区依山路 8 号院一层 N3-11、二层 N3-21 的经营场所内，专门销售标有"AIYICI"和"AIYICI2"标识的服装、鞋和皮带等商品，在调查过程中，晶彩公司辩称其销售的商品来源合法，并向工商××分局提交了意大利 AIYICI2 有限公司（简称 AIYICI2 公司）授权其销售 AIYICI2 有关商品的文件。

2012 年 10 月 19 日，工商××分局对晶彩公司作出被诉处罚决定。

本院二审期间另查明：

2012 年 2 月 14 日晶彩公司向其员工郭某出具了授权委托书，委托其代为处理与该行政执法相关事宜，并有权代表公司接受调查、回答询问、签署文书。在随后由工商××分局制作的多份现场笔录、询问笔录及加盖有晶彩公司公章的销售清单上，均有郭某的签字确认。其中，郭某确认被查扣的商品共计 528 件，总价值为 2 702 750 元；加盖有晶彩公司公章并有郭某签字确认的销售清单显示，该公司自 2011 年 5 月 30 日开业至 2012 年 2 月 14 日执法检查时的商品销售额为 8 303 531 元。2015 年 3 月 5 日，郭某在接受工商××分局询问时自认前述销售清单所显示的销售额中，共计 241 400 元为涉案商标核定使用商品之外的其他商品的销售额。

2011 年 1 月 12 日，意大利 AIYICI2 公司出具相关文件，表明其为 AIYICI2 品牌商品的独家被许可人，并授权晶彩公司在中国北京销售 AIYICI2 品牌男女服装、特定配件、鞋。但截至工商××分局于 2012 年 2 月 15 日行政执法时，上述公司均未在中国大陆地区就"AIYICI"或"AIYICI2"在服装、鞋等商品上获准商标注册。

本案二审诉讼过程中，晶彩公司向本院提交了元华公司和意大利 AIYICI2 公司共同签署的《商标转让合同》及（2014）沪×证经字第××××号公证书；在商标局备案的涉案商标转让申请文件；显示涉案商标权利人已变更为意大利 AIYICI2 公司的商标档案共三份证据材料，上述证据显示，2014 年 11 月 17 日，元华公司（甲方）和意大利 AIYICI2 公司（乙方）共同签署《商标转让合同》，约定甲方将其拥有的包括涉案商标在内的系列 AIYICI 商标转让给乙方，涉案商标权利人目前已变更为 AIYICI2 公司。上述证据证明晶彩公司现已与投诉人元华公司达成和解，包括涉案商标在内的系列商标目前已转让至晶彩公司的关联公司意大利 AIYICI2 公司名下。

以上事实，有工商××分局一审提交的证据、晶彩公司二审提交的证据以及当事人陈述等证据在案佐证。

综合双方当事人诉辩主张，本院认为，本案存在以下焦点问题：

一、北京晶彩公司销售的标有"AIYICI"和"AIYICI2"标识的服装、

鞋和皮带等被控侵权商品是否具有合法来源

晶彩公司主张：被控侵权商品及其上所使用的标识均源于意大利 AIYI-CI2 公司授权，所有进口货物均有合法完整的报关手续。另外，晶彩公司现已与投诉人元华公司达成和解，包括涉案商标在内的系列商标目前已转让至晶彩公司的关联公司 AIYICI2 公司名下。

工商××分局除同意一审判决意见外，还进一步辩称：进行本案行政执法时，晶彩公司并未在中国大陆境内在服装、鞋和皮带等商品上获准注册"AIYICI"和"AIYICI2"商标，故其在中国大陆境内并不享有相关商标权益，相关商标在国外注册的情况与本案无关。

本院认为，合法权利应当受到法律保护，但如果相关权利具有时间或地域属性，则该权利应当在其授权范围内合法行使，超出相关时间或地域范围进行的使用，同样可能构成对他人合法权利的侵犯。

本案中，虽然晶彩公司主张其销售的被控侵权商品及其上所使用的商标均源自意大利 AIYICI2 公司授权，但首先，晶彩公司提交的相关授权文件仅能表明上述意大利公司为授权文件中所称"AIYICI2"商标的独家被许可人，而无法证明上述"AIYICI2"商标权利人的具体情况及 AIYICI2 公司获得了商标权利人的授权，且"AIYICI2"商标的相关信息亦未有体现。其次，即便如晶彩公司所主张，其具有真实、合法、有效的 AIYICI2 商标授权，但根据本院查明的事实可知，截至工商××分局行政执法时，晶彩公司或其关联公司并未在中国大陆地区在服装、鞋、皮带等商品上获准注册"AIYICI"或"AIYICI2"商标。由于商标保护具有明显的地域性，晶彩公司主张其销售的被控侵权商品具有合法来源，则应当举证证明其是相关商标在中国大陆地区的权利人或得到了中国大陆地区权利人的授权或许可。在晶彩公司并未在中国大陆地区就"AIYICI"或"AIYICI2"商标享有合法权益，而投诉人元华公司又为涉案商标独占许可人的情况下，晶彩公司在中国大陆地区销售的被控侵权商品不具有合法来源。

尽管晶彩公司还主张涉案商标目前已经发生转让，但在元华公司投诉及工商××分局行政执法时，涉案商标权利归属明确、法律状态稳定，工商

××分局基于此作出被诉处罚决定，并无不当。具体行政行为作出后，特定主体对涉案私权利的处分或相互间达成和解等情形，并非撤销具体行政行为的当然理由，法院也不应在缺乏充足理由的情况下，损及具体行政行为的稳定性及由此所形成的信赖利益。因此，即便涉案商标目前已转让至晶彩公司的关联公司名下，该事由亦不影响工商××分局在当时接受本案投诉并依据相关证据作出被诉处罚决定的合法性。

综上所述，晶彩公司有关其销售的被控侵权商品具有合法来源的主张不能成立，本院不予支持。

二、北京晶彩公司销售被控侵权商品的行为是否构成《商标法》第52条第（2）项所指情形

现行《商标法》于2014年5月1日开始实施。根据《最高人民法院关于商标法修改决定施行后商标案件管辖和法律适用问题的解释》之规定，对于2014年5月1日之前的被诉侵犯商标权行为，应当适用修改前的《商标法》。本案中，元华公司投诉及工商××分局行政执法的时间均在2014年5月1日之前，故本案应当适用现行《商标法》修改前的2001年《商标法》进行审理。

2001年《商标法》第52条第（2）项规定，销售侵犯注册商标专用权的商品的，属侵犯注册商标专用权。

晶彩公司主张：晶彩公司系通过合法渠道取得国外"AIYICI2"商标在国内的使用权，且该商标经过长期使用，已经具有极高知名度。而涉案商标从未进行过实际使用，且属于抢注商标，元华公司在实际市场行为中也存在很多针对迪斯奎德商标公司的不正当竞争行为。工商××分局和一审法院将商标元素近似即等同于商标侵权，属于法律适用错误。

工商××分局同意一审判决意见。

本院认为，针对晶彩公司相关来源合法的诉讼主张，本院前已论及。在案证据显示，在元华公司向工商××分局投诉时，弗朗斯公司为涉案商标权利人，元华公司为涉案商标在中国大陆地区的独占许可人。被控侵权商

品并非由弗朗斯公司或元华公司生产或授权生产，其与涉案商标核定使用的服装、鞋、皮带等商品在功能、用途、生产部门、销售渠道等方面相同或相近，构成相同或类似商品；其上所使用的"AIYICI""AIYICI2"标识与涉案商标"AIYICI"构成相同或近似。因此，晶彩公司在中国大陆地区销售被控侵权商品的行为，构成《商标法》第52条第（2）项规定所指销售侵犯注册商标专用权商品的情形。

如前所述，本案系不服工商行政处罚所提之行政诉讼，应当围绕工商××分局作出被诉处罚决定的合法性进行司法审查。在被诉处罚决定所依据的涉案商标权利状态稳定的情况下，被控侵权商品上所使用标识的知名度情况、涉案商标是否属于对他人商标的抢注以及元华公司是否存在不正当竞争行为，与本案均无关联。因此，被诉处罚决定和一审判决有关晶彩公司销售被控侵权商品属于侵犯涉案商标专用权的违法行为的认定正确。晶彩公司所持相关上诉主张不能成立，本院不予支持。

三、北京市工商行政管理局××分局认定的违法数额是否正确

晶彩公司主张：工商××分局仅依据两份笔录和一张内容不明的《销售清单》认定的违法数额存在明显疑问。且被询问人仅为晶彩公司员工郭某一人，不应直接采信一人的口头陈述。此外，《销售清单》的内容为英文，无法直接反映晶彩公司的实际销售情况，其中销售额一栏的金额总计为506 772元，与最下方的总金额8 303 531元相差甚远。

工商××分局同意一审判决意见。

本院认为，在案证据显示，工商××分局接受元华公司投诉对晶彩公司涉嫌商标侵权进行行政执法时，晶彩公司向其员工郭某出具了授权委托书，委托其代为处理与该行政执法相关事宜，并有权代表公司接受调查、回答询问、签署文书。之后，工商××分局对晶彩公司进行了现场调查，对郭某进行了相关询问，并查扣了本案被控侵权商品。作为晶彩公司的代理人，郭某在多份加盖有晶彩公司公章的现场笔录、询问笔录及《销售清单》上对相关情况签字予以确认，认可工商××分局查扣的被控侵权商品为528件、总价值为2 702 750元，亦认可晶彩公司自2011年5月30日开业至2012年

2月14日行政执法时的销售额总计为8 303 531元。此后，郭某还进一步向工商××分局释明上述8 303 531销售额中有241 400元为涉案商标核定使用商品之外的其他商品的销售额，也即晶彩公司销售被控侵权商品的金额应为8 062 131元。基于以上被控侵权商品销售额及未销售商品价值，工商××分局认定晶彩公司在本案中的非法经营额10 764 881元，并无不当。

晶彩公司还主张《销售清单》中销售额一栏加总的金额与最下方的销售总额不符，但从该清单右上角标示的页码可知，完整的《销售清单》并非仅此一页，故《销售清单》此页加总的销售额不等于根据完整《销售清单》计算得到的销售总额并非质疑《销售清单》真实性的当然理由。而且，在《销售清单》系由郭某通过晶彩公司电脑查询打印并签字确认的情况下，晶彩公司仅以单页销售金额与销售总额不符为由，不予认可工商××分局认定的非法经营额，本院不予支持。

综上，一审法院判决驳回晶彩公司的诉讼请求正确，本院应予维持。晶彩公司的上诉理由缺乏事实及法律依据，其上诉请求本院不予支持。依照《中华人民共和国行政诉讼法》第89条第（1）项之规定，本院判决如下：

驳回上诉，维持一审判决。

二审案件受理费50元，由上诉人北京晶彩商贸有限公司负担（已缴纳）。

本判决为终审判决。

审　判　长　　张某

审　判　员　　刘某

审　判　员　　周某某

二○一五年五月二十二日

（院印）

本件与原本核对无异

法 官 助 理　　王某

书 记 员　　许某某

七、行政裁定书

行政裁定书，是指人民法院依照我国《行政诉讼法》规定的程序，在审理行政案件过程中，为解决有关诉讼的程序问题，以裁定的形式作出的司法处理。行政裁定根据其适用的情形不同，文本格式也有不同。以下主要结合《中华人民共和国行政诉讼法》第89条第1款第（3）项和第（4）项规定的情形，就二审发回重审用行政裁定书阐述其制作注意事项。因本章模拟案例中未涉及行政裁定书，故不再举实例说明。

××××人民法院

行政裁定书

（二审发回重审用）

（××××）×行终字第××号

上诉人（原审×告）＊＊＊，……（写明姓名或名称等基本情况）。

被上诉人（原审×告）＊＊＊，……（写明姓名或名称等基本情况）。

（当事人及其他诉讼参加人的列项和基本情况的写法，与二审行政判决书样式相同）

上诉人＊＊＊因……（与明案由）一案，不服××××人民法院（××××）×行初字第××号行政判决，向本院提起上诉。本院受理后，依法组成合议庭，公开（不公开）开庭审理了本案。（未开庭的，写"本院受理后，依法组成合议庭审理了本案"）

上诉人＊＊＊上诉称，……

被上诉人＊＊＊答辩称，……

经审理查明，……（经审理查明的案件事实内容，主要写据以作出发回重审裁定的相关事实，与发回重审无关的可少写或不写）。

本院认为，……（写明发回重审的理由。写明原判决认定基本事实不清、证据不足，遗漏当事人或者违法缺席判决等严重违反法定程序而可能影响正确判决的理由）。依照……（写明裁定依据的法律以及相关司法解释的条、款、项、目）的规定，裁定如下：

一、撤销××××人民法院（××××）×行初字第××号行政判决；

二、发回××××人民法院重审。

审判长＊＊＊

审判员＊＊＊

审判员＊＊＊

××××年××月××日

（院印）

本件与原本核对无异

书记员＊＊＊

八、其他相关法律文书

（一）授权委托书

1. 文本格式和制作注意事项

授权委托书

委托方＊＊＊，（委托人为公民的写明委托人姓名，委托人为单位的写明名称、地址等基本信息，并另起一行写明法定代表人或负责人的姓名、职务等基本信息）。

受委托人＊＊＊，……（写明受委托人的基本信息如姓名、性别、年龄、工作单位、住址；受委托人是律师的，则写明律师姓名和所在律所即可）。

现委托上列受委托人在……（写明案由）一案中，作为我方诉讼代理人。

代理人＊＊＊的代理事项和权限为：

（……须记明委托事项和权限。诉讼代理人代为承认、放弃、变更诉讼请求，进行和解，提起反诉或者上诉，必须有委托人的特别授权）。

代理人＊＊＊的代理事项和权限为：

……

委托人：＊＊＊（签名盖章）

［委托单位：＊＊＊（盖章）］

××××年××月××日

2. 参考实例

授权委托书

委托单位艾米集团总公司，住所地法兰西共和国巴黎，马塞大街 N 号。

法定代表人弗某某·某某，董事会主席。

受委托人耿某，北京市一鸣律师事务所律师。

受委托人姚某，北京市一鸣律师事务所律师。

现委托上列受委托人在我公司诉被告国家工商行政管理总局商标评审委员会商标申请驳回复审行政纠纷一案中，作为我方诉讼代理人。

代理人耿某的代理事项和权限为：特殊授权，全权委托，包括代为参加庭审，进行辩论。

承认、放弃、变更诉讼请求，进行和解，签收法律文书。

代理人姚某的代理事项和权限为：特殊授权，全权委托，包括代为参加庭审，进行辩论。

承认、放弃、变更诉讼请求，进行和解，签收法律文书。

委托单位：艾米集团总公司（盖章）

××××年××月××日

（二）法定代表人身份证明书

1. 文本格式和制作注意事项

法定代表人身份证明书

＊＊＊（写明法定代表人的姓名等基本信息）在我单位担任＊＊＊职务，系我单位法定代表人（或负责人），特此证明。

单位（盖章）

××××年××月××日

2. 参考实例

法定代表人身份证明书

张＊同志（身份证号码：××××××××××××××××××）在我公司担任董事长职务，系我公司法定代表人，特此证明。

北京晶彩商贸有限公司（盖章）

××××年××月××日

（三）证据清单

1. 文本格式和制作注意事项

证据清单文本格式和制作注意事项见表4-1。

303

表 4-1

序号	证据名称	证据来源	证明目的
1			
2			
3			
4			
...			

2. 参考实例

证据清单参考实例见表 4-2。

表 4-2 证据清单

序号	证据名称	证据来源	证明目的
1	申请商标的商标档案及商标图样	商标局	申请商标与引证商标为近似商标，被诉决定认定事实清楚
2	引证商标的商标档案及商标图样	商标局	申请商标与引证商标为近似商标，被诉决定认定事实清楚
3	商标局的商标驳回通知书	商标局	被诉行政决定程序合法
4	驳回商标复审申请书	被告	被诉行政决定程序合法
5	原告委托律师代为办理复审事宜的相关委托手续	被告	被诉行政决定程序合法
6	商标评审委员会的案件的受理通知书及送达回证	被告	被诉行政决定程序合法
7	商标评审委员会的行政机关立案呈批表	被告	被诉行政决定程序合法
8	商标评审委员会的案件讨论笔录	被告	被诉行政决定程序合法
9	商标评审委员会的复审决定书及送达回证	被告	被诉行政决定程序合法

以上证据均系复印件，证据原件在开庭时一并提交。

证据提交人：商标评审委员会（公章）

××××年××月××日

【思考与练习】

1. 结合《中华人民共和国行政诉讼法》第 49 条规定的起诉条件分析行政起诉状的制作注意事项。

2. 结合行政诉讼的特点思考一审行政判决书的理由部分的撰写有哪些注意事项？

3. 在制作二审行政判决书时，为体现其上诉审的特点，应注意哪些写作技巧？

4. 自行寻找案例，制作一份二审发回重审用的行政裁定书。

参 考 文 献

[1] 张明楷. 刑法学 [M].第五版. 北京：法律出版社，2016.

[2] 高铭暄，马克昌. 刑法学 [M].第七版. 北京：北京大学出版社，2016.

[3] 程荣斌，王新清. 刑事诉讼法 [M].第五版. 北京：中国人民大学出版社，2013.

[4] 龙宗智，杨建广. 刑事诉讼法 [M].第五版. 北京：高等教育出版社，2016.

[5] 王伟. 模拟法庭演练 [M].杭州：浙江大学出版社，2012.

[6] 刘晓霞. 模拟法庭 [M].第五版. 北京：科学出版社，2017.

[7] 陈学权. 模拟法庭实验教程 [M].第三版. 北京：高等教育出版社，2016.

[8] 姜明安. 行政法与行政诉讼法 [M].北京：北京大学出版社，2015.

[9] 中国法院知识产权司法保护状况（2014）[M].北京：人民法院出版社，2015.

[10] 孙晓楼. 法律教育 [M].北京：中国政法大学出版社，1997.

[11] 吴汉东. 知识产权年刊（2006年号）[M].北京：北京大学出版社，2006.

[12] 房文翠. 法学教育价值研究——简论我国法学教育改革的走向 [M].北京：北京大学出版社，2005.

[13] 张唯. 知识产权法院不审理刑事案件 [EB/OL].http：//www.

legaldaily. com. cn/index_ article/content/2014 - 11/02/content_5828882. htm，2016-11-04.

［14］知识产权诉讼详解［EB/OL］.http：//www. docin. com/p -1661507948. html，2016-04-01/2016-11-18.

［15］最高人民法院．关于在全国法院推进知识产权民事、行政和刑事案件审判"三合一"工作的意见［Z].2016-07-05.

［16］最高人民法院．关于同意南京、苏州、武汉、成都中院内设专门审判机构并跨区域管辖部分知产案件的批复［Z].2017-01-09.

［17］最高人民法院．关于北京、上海、广州知识产权法院案件管辖的规定［Z].2014-10-27.

［18］全国人民代表大会常务委员会．关于在北京、上海、广州设立知识产权法院的决定［Z].2014-08-31.

［19］北京市第一中级人民法院．米其林集团总公司诉中华人民共和国国家工商行政管理总局商标评审委员会行政判决书［EB/OL］. ht-tp：//openlaw. cn/judgement/29fde91d8b4f4448b822ae0f10e11305，2012-07-20/2016-11-20.

［20］北京市知识产权法院．（2015）京知行终字第 1518 号行政判决书［EB/OL］.http：//www. chinaiprlaw. cn/index. php？id = 4336，2016-08-18/2016-11-28.

后　记

　　知识产权案件审判模拟是知识产权专业实践教学的重要方法，一方面可以调动学生的创造性、增加参与感，另一方面可以提高学生法律文书的写作水平、熟悉法庭环境。这种教学方式既回应了知识产权教育理论联系实际的需要，又满足了知识产权复合型人才培养的要求。编写组成员作为长期指导学生组织审判模拟的教师和审判部门的资深法官，深感审判模拟课程规范化对知识产权人才培养的重要意义，恰逢南京理工大学知识产权学院创新实践教育中心建设工作的顺利开展，将包括本书在内的系列实验教材纳入工作规划，在此背景下，本书得以出版。

　　本书编者南京理工大学知识产权学院聂鑫老师、尚苏影老师、谢喆老师和南京理工大学紫金学院王瑶老师从事教学科研工作多年，有着扎实的法学理论功底；同时，其中多位老师长期从事兼职律师工作，有着丰富的司法实践经验，更为重要的是，各位老师作为审判模拟的指导教师，曾多次带领学生参加全国各级模拟法庭比赛，取得优异成绩，审判模拟的教学经验丰富。南京市铁路运输法院沈菁副院长在繁忙的审判工作之余，参与本教材的编写，并利用其在长期的知识产权司法审判工作中积累的审判经验为本教材的审判环节提供专业指导，提出诸多重要的修改意见，鉴于各位编者术业有专攻，本书的撰写分工如下：第一章由聂鑫和沈菁撰写，第二章由谢喆撰写，第三章由王瑶撰写，第四章由尚苏影撰写。

　　在成书过程中，南京理工大学知识产权学院曾培芳教授一方面对本教材的编写思路和编写体例提出宝贵意见，另一方面为编写和付印过程中的组织协调工作提供极大帮助；知识产权出版社刘睿、邓莹等老师为本书的顺利出版和编者反复磋商，付出大量的时间和精力，在此编者对各位深表感谢。

本书在编写过程中，参考了相关领域许多研究人员的论文论著，在此一并谢过。

编写之初，编者的初衷是希望这是一本"能用"的书，成书以后，编者不免又抱有新的期待，希望这是一本"好用"的书，但由于时间和经验有限，本书不足之处恐怕难免，敬请各位读者批评指正。

编著者

2017 年 10 月 6 日